# 镇·江·史·要

严其林　著

苏州大学出版社

## 《镇江文化丛书》编委会

# 《镇江文化丛书》序

张甫雄

镇江是座历史悠久的江南古城，有文字记载的历史达3 000多年，是吴文化的发祥地。镇江是座山清水秀的园林城市，南山北水，江河交汇，真山真水，山水形胜，自古有“天下第一江山”、“城市山林”的美誉。镇江是座人文荟萃的文化名城，刘裕、沈括、米芾等名人辈出、名闻遐迩，《文心雕龙》、《昭明文选》、《梦溪笔谈》等名作迭现、光耀千秋。镇江是座民间文化的艺术宝库，民间文艺资料库被国内专家称为“中华第一库”，正则绣、竹编、瓷刻等民间工艺品享有盛名，丹徒南乡民歌、丹阳丹剧等地方曲艺特色浓郁。优越的地理位置、独特的山水形胜、悠久的文化传承、深厚的文化积淀，铸就出镇江这座国家级历史文化名城闪亮的城市名片。

文化资源是城市竞争发展的重要资源和不竭动力。今天，我们细数灿烂辉煌的历史文化，品味城市文化的独特魅力，就是要进一步传承、保护和开拓历史文化，推动现代文化的繁荣和发展。为深入挖掘、研究和宣传镇江丰富的历史文化资源，中共镇江市委宣传部组织编写的《镇江文化丛书》正式出版了。“丛书”一套八册，包括史要、山水、诗文、名人、书画、文物、风俗和掌故八个专题，涵盖了镇江文化历史的主要方面，其中有反映镇江文化历史发展轨迹的详实记录，有刻画镇江人文风貌的诗文书画精品，有再现镇江风俗民情演变历程的生动描述，向世人集中展示了镇江的文化特色及深厚底蕴。《镇江文化丛书》的出版，为系统、全面地整理镇江的地域文化开了个好头，是对镇江文化发展的重要贡献。

“丛书”编撰历时三年，参与本套“丛书”编写的各位作者，都是镇江市研究地域文化方面的专家。在编写过程中，他们广泛吸收了近年来镇江市历史文化研究的新成果，增强了“丛书”的权威性和史料性。“丛书”编撰之初，时任中共镇江市委副书记吴树南和市委常委、宣传部长孙燕丽都非常重视，精心审定编撰方案，确定编撰人员，为“丛书”的顺利编撰出版奠定了良好的基础。在此，特向关心“丛书”编撰的各位领导、各位作者和为“丛书”编撰作出贡献的各位朋友表示衷心的感谢。

文化是城市的灵魂，是观照历史、洞见未来的一面镜子。传承、弘扬一个地方的历史文化，培植、宣传一个地方的人文精神，对提升人们的精神理念，提升社会的人文素养，提升经济社会发展的支撑力具有巨大的促进作用。希望通过这套丛书的出版，能进一步带动和推进镇江历史文化的传承和开发，增进广大群众对镇江历史文化的了解和热爱，激发广大群众热爱家乡、建设家乡的热情，积极支持和参与文化镇江的各项建设，为全面达小康、建设新镇江作出更大的贡献。

（作者为中共镇江市委常委、宣传部长）

# 目 录

# 前　言

镇江是个古老的地名，位于长江下游南岸与大运河的交汇点上，境内宁镇丘陵和茅山丘陵绵延起伏，是个山水兼具、风貌独特的江南胜地。由于地理环境与自然条件相对优越，从远古时代起这一地区就有人类活动繁衍。三代(夏、商、周)时，镇江在《禹贡》中属于扬州的地域范畴。生活在这里的宁镇先民创造了先吴文化。镇江有文字(宜侯夨簋铭文)记载的历史已有3000年，有文献记载的确切纪年(朱方显名)的历史也有2500年。这里自古为江南用兵之地，被誉为东南锁钥；大运河开凿后又被视为漕运咽喉。正如宋人汪藻所论："观其千嶂所环，中横巨浸，风涛日夜驾百川而东之。其形胜之雄，实足以控制南北，岂直为骚人羁客区区登览之胜哉！"在这块热土上，先人们创造了丰富的地域文化，历代志士仁人表现出来的爱国主义精神成为镇江历史的一大亮点。

镇江发展史上有两个重要阶段：一是六朝，一是唐宋。六朝时期随着北方移民大量南迁，这一地区得到全面开发，经济起飞，文化兴盛。唐宋时期借助大运河血脉完成了城市的转型，使镇江发展成为以工商业和交通运输业著称的全国性城市。明清时，镇江港口十分繁荣，封建经济文化发展到新的高度，清康熙、乾隆帝南巡都要在镇江驻跸和览胜就充分说明这一点。历史车轮驶入近代，镇江与其他传统城市一样逐渐落伍。第二次鸦片战争后，镇江被辟为通商口岸。外国资本竞相入侵这一地区，在带来深重民族灾难的同时，客观上带来了植入近代文明的契机。在"自强"、"求富"理念的驱动下，镇江地区的近代航运业、近代邮电以及火柴、缫丝、电灯等近代工业顽强崛起。

当代是镇江发展史上的又一个重要时期。作为长江三角洲中的后起之秀,镇江地区的现代化建设突飞猛进,城乡面貌日新月异。在全市上下全力拼打以使镇江成为新型江南名城和经济、文化强市之际,以史资鉴,继承历史上的优秀传统,进一步弘扬“镇江精神”,应是件很具现实意义的事。

# 第一章　原始先民

人类在主宰自己之前，有一段极其漫长的原始社会进化史。大量考古发现表明，从旧石器时代到新石器时代，从原始人群到氏族社会，我们的原始祖先曾在今镇江地区活动繁衍，直到告别野蛮，踏进阶级文明社会。

## 一、古代地理环境

镇江位于北半球北纬31°37′~32°19′、东经118°58′~119°58′之间，属北半球亚热带季风型气候区。一年四季分明，冷暖交替，雨量比较充沛，年平均气温在15℃以上，适合人类生活及农作物生长。但因受季风影响显著，这里常有旱、涝灾害的发生，这是坏事；但这也磨炼了镇江人的意志及与困难作斗争的精神，也就成了好事。

在我国版图上，镇江坐落在长江下游的南岸，在古代滨江临海，与水结下了不解之缘。沧海桑田，万物变迁，地球一直处在冷暖交替的周期性变化中，受气候及海平面影响，长江入海口相应变化。据自然地质史的统计资料，最近10万年来长江入海口就发生过5次海侵海退的变化。每次冰期开始，气候变冷，海水后退，古长江向前延伸；每当气候回暖，冰川消融，海平面上升，长江入海口就会后退。最近一次海侵开始于约12000年前，全球气候迅速回暖，海水卷土重来，至6000~7000年前母系氏族公社繁荣时期，长江入海口退至镇江以上仪征一线。其后海面上升变缓，随泥沙淤积，海岸线复渐东移，距今3000~5000多年前长江在镇江以东附近入海，形成宽达数十里的喇叭形入海口。山谦之《南徐州记》称："京江，《禹贡》北江也。阔漫三十里，通望大壑。常以春秋朔望，辄有大涛，声势骇壮，极为奇观。”古代镇江先民就生活在面江临海的丘陵台地上，具有江海般的博大胸襟及大自然赋予的智慧与灵气。

在地形地貌上，镇江地区多丘陵，自古至今给开发利用带来诸多困难。这里是宁镇丘陵与茅山丘陵的交接地带，地势西高东低、南高北低。宁镇丘陵东西走向，略呈弧形，主要山峰有宝华山、九华山、高骊山、十里长山、五州山等，延绵于境内西北部一线，海拔多在300～400米。茅山丘陵南北走向，分布在句容西南与丹徒南境，主要山峰有大茅峰、二茅峰、瓦屋山、马山、凉帽山等，海拔多在200～300米。此外，在城区及市郊分布着许多残丘，东有汝山、京岘山、鼎石山等，东南有横山，南有招隐山、夹山、黄鹤山、磨笄山、菊花山等，西及西南有阳彭山、宝盖山、风车山、云台山等，形成山中有城、城中有山的城市山林特色。多山丘、多岗坡的地貌既是制约城市发展的因素，也是潜在优势，给今后的开发利用留下了空间。

山丘延绵，江流不绝，镇江是名副其实的山水城市，山水资源独特，山水文化深厚。在这块美丽的土地上，很早就有了原始先民的活动，从而揭开了镇江人文历史的第一页。





## 二、放牛山与莲花洞——旧石器时代文化遗存

长江是孕育中华文明的发源地之一，长江下游的江苏南部很早就有原始人类繁衍生息。1980年，在丹徒高资镇某工地附近的山土堆里发现两段古人类股骨化石及4枚石化程度很高的牛牙齿。两段股骨化石分别长24.5厘米和8.3厘米，分属两个个体，呈直形灰白色，骨脊较宽，骨壁较厚，髓腔狭小，带有明显的原始性特征，属旧石器中期。经有关方面测定，长的一段距今约20万年前。虽然“丹徒人”出土地点的物群不够丰富，加之出土地点不是原生地层，缺少更多的旁证依据，却传达了苏南地区可能有远古人类活动的信息。1993年，在南京汤山葫芦洞又发现两块古代人类颅骨、1枚牙齿化石及2000余件古脊椎动物化石，经测定距今约有35万年。“南京猿人”的出土是继北京猿人、蓝田猿人、元谋猿人后，我国古人类学领

域内的又一重大发现，确切表明今苏南地区有远古猿人栖息和活动。

南京猿人复原像
（距今约35万年）

宁镇地区在远古时代就有人类活动，但当时先民们又是怎样适应自然、征服自然、演绎自身的进化呢？1999年，考古工作者在句容市春城镇放牛山发现有3处远古时代的原始文化遗址，共出土23件文化标本，其中有石核、石片、砍砸器、刮削器等打制石器16件，时间距今约10万～30万年。这是第一处能比较准确判断江苏旧石器时代早期的原始文化遗存，是对“南京猿人”发现的有力支持，填补了苏南地区旧石器时代早期只有古人类化石，尚缺少古人类文化遗址的空白。

镇江地区发现旧石器文化遗存的另一地点是镇江西南郊的莲花洞。莲花洞坐落在润州区蒋乔镇檀山村白龙冈的北坡，洞口开阔，洞穴高大宽敞，周围丘陵起伏。远古时这里气候温暖湿润，植被丰茂，动物种群很多，适合原始人类生存居住。早在明代，此洞就曾被人发掘过，清人杨棨《京口山水志》记有：“白龙洞在山半，相传明万历间僧奇然得

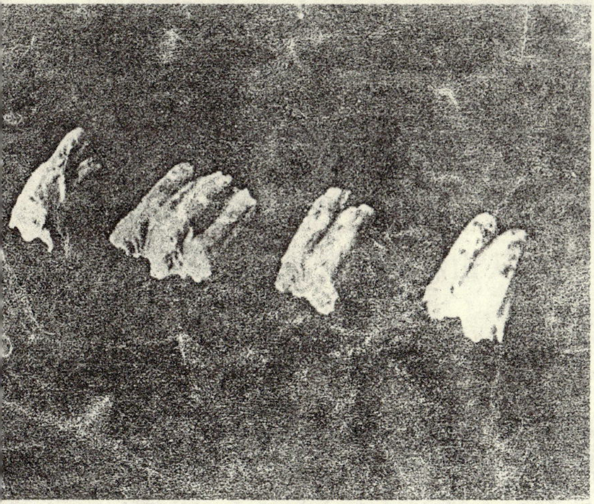

镇江高资发现的牛牙化石

龙骨数石于洞中,因名。洞前一石屏,状若莲萼,故又名莲花洞。”1981 年省、市考古部门曾对莲花洞进行过试掘,出土一枚晚期智人的右下第三臼齿化石及鬣狗、棕熊、豪猪、獾猪、犀牛、水牛、梅花鹿、猕猴、兔、鼠类等 18 个品种的哺乳动物化石,时代初定为更新世晚期,距今约 2 万 ~3 万年。2001 年又对这一遗址进行正式考古发掘,出土 600 多件动物标本及几件人工石器,经鉴定出土物距今应有 10 万 ~12 万年,属早期智人(古人)的旧石器时代中期。

镇江蒋乔白龙冈莲花洞

## 三、凤凰山、王家山、城头山和磨盘墩——新石器时代文化遗存

距今约 7000 年前,长江下游的原始先民普遍进入以磨制石器为标志的新石器时代,出现原始农业。新石器时代遗址在江苏南部地区主要有马家浜文化、崧泽文化及良渚文化。马家浜文化(因首次发现于浙江嘉兴马家浜而命名)距今约 6000 ~ 7000 年,到距今约 5000 ~ 6000 年又发展为崧泽文化(因首次发现于上海青浦崧泽而命

名)。这两种文化都处在母系氏族公社时期,范围包括浙江北部、上海及以太湖地区为主的江苏东南部。原始先民们使用磨制石器,出现稻作农业,过着定居生活。此外,采集和渔猎也占有重要地位。镇江地区的这两种文化遗存主要有丹阳麦溪凤凰山遗址、丹徒大港平头山遗址等。丹阳凤凰山遗址在丹阳城南约 7 里处,地处宁镇丘陵与太湖平原的毗连地带,是长 350 米、宽 250 米、高 4 ~5 米的椭圆形土岗,面积 80 000 余平方米。最上层是商周时代湖熟文化期,最底层即是新石器时代的马家浜文化期,从遗址的底层出土有陶器及原始瓷器近 300 件,内有距今约 6000 年的腰沿釜、鸭足鼎、鸡冠扁方形石锛等新石器生产工具及生活用具。6000 年前的凤凰山人处于母系氏族公社阶段,那时草木茂盛,河流纵横,简渎河与香草河从土岗两侧流过。凤凰山人已经过着农耕与狩猎的定居生活。

新石器时代晚期的良渚文化(因首先发现于浙江余杭良渚而命名)距今约 4000 ~ 5000 年,分布范围南至钱塘江北岸,西北至江苏常州一带,处在母系氏族公社后期及父系氏族公社时期。镇江地区则有丹徒磨盘墩遗址、谏壁烟袋山遗址、丹阳王家山遗址、句容城头山遗址等,这时原始农业与手工业已有长足发展,原始村落大大增加。经济形态以稻作农业为主,手工业有纺织、竹编、制陶、制玉等,其中玉器制作之精细及花纹之美观表现出空前的工艺水平。良渚文化相当于黄河流域的龙山文化,被认为已临近阶级文明的门槛边。

丹阳王家山出土新石器时代陶把杯

1959 年,在镇江东郊谏壁烟袋山出土有新石器时代晚期属于良渚文化的农业生产工具——磨制穿孔大石犁,长 70 厘米,宽 40 厘米,呈三角形,精良而坚固。犁面凿有 4 孔,可固定在木制犁座上,能大大提高犁耕的质量与速度。镇江出土的这件大石犁,在全国范围出土的原始农具中占有比较突出的地位。1983年，在镇江丹阳市区东侧王家山一处近30 000平方米的靴形土墩内，出土了一批磨制石器工具及陶器，石器有石钺、石锛、石镞等。出土的陶器更是品种众多，形状各异，有陶鼎、陶甑、陶盉、陶甗等炊煮器及食器、汲水器、饮水器等。其中一件黑陶杯，高10.4厘米，底径8厘米，口径9~11厘米，平底，有把有盖，在口沿一侧制成宽体扁环状的把手，便于平衡把握；杯上方有弧面盖，盖上有微凹的圆钮。这件陶杯不仅实用，且造型独特，整体平衡流畅，表现出原始先民很高的制陶工艺水平。在今句容市大卓乡光里庙村的城头山遗址的底层，也发现有新石器晚期的良渚文化层，挖出新石器时代的墓葬数以百计，出土有石锛、石镞、石纺轮、夹砂红陶鼎和甗、夹砂红陶罐、泥质红陶釜等，距今约5000年。其中一件双联鼎造型奇特，工艺水平很高。

镇江地区的新石器时代文化遗存以丹徒磨盘墩台形遗址最具代表性（1987年发掘），时间跨度大，文化内涵丰富。出土石制品多达5000多件，包括石器、石核、石片及废石料等，器形有刮削器、尖状器、石钻和雕刻器，其中石钻不仅数量多，而且加工精致，趋于定型化。另外还有少量磨光石器、陶器、玉饰品及炭化稻谷。大量石器及石料的出土表明，遗址可能是当时的一处石器制作工场。炭化的稻谷则表明当时的犁耕稻作农业已较发达。

除市郊外，考古工作者还在镇江市区云台山上发现新石器时代的原始先民居住遗址，出土有原始陶器，时间距今约有5000年，应属于母系氏族公社时期。前不久，考古工作者还在镇江东郊及句容等地发掘出新的古文化遗址，时间跨度自新石器时代到商周时期。

镇江地区诸多新石器时代遗址的发掘表明，原始农业与原始手工业在此时已有全面发展，农业工具进步，耕作技术提高，手工产品精巧，并表现出一定的专业水平。随着生产力的发展，距今4000~5000年前，父系社会逐渐代替母系社会，私有制开始出现，贫富分化现象日益明显，人类逐渐向阶级社会过渡。

# 第二章　先秦与镇江

西周前期，周的势力已经到达长江以南，宜就是姬姓贵族在今镇江大港沿江建立的统治据点。春秋时，今丹徒地称朱方，今丹阳称云阳，都是吴国西境的军事要邑。镇江有文字（宜侯夨簋铭文）记载的历史已历3000年。

## 一、宁镇地区的先吴文化

夏商时期，长江下游宁镇地区的先民被称为荆蛮族，商末周初起又称为句吴，渊源于古“百越”族的一支。宁镇丘陵位处长江下游以南、茅山山脉以西，长江自赣皖而东在这里向东北折成一个大弯，镇江就处在这个弯道的最北端。先秦时海口就在镇江以下附近的江面，从江右进入江左，或者说从江西进入江东，必先经过宁镇地带。由于其地理位置特殊，这一带就成为当时南北交流的文化走廊。

1951年，考古工作者在南京江宁县湖熟镇，首先发现商代文化遗址，被命名为湖熟文化。湖熟文化分布范围不大，西至皖境内滁县地区，东至茅山山脉一带，北抵江淮之间，南以太湖水网地带为界，又以宁镇丘陵及秦淮河流域分布最为密集。湖熟文化因受中原商文化的明显影响，又称为先吴文化，如陶制炊器中的鬲与甗应是商代中原地区的常见炊器，在宁镇地区湖熟文化遗址中大量出土，而在太湖地区却至今未见有出土。湖熟文化遗址中出土的青铜器如刀、斧、凿、箭镞、鱼钩等形制与中原商器完全一致。再如，有的遗址中出土有龟骨及牛羊肩胛骨，并有火烧的灼痕，这带有中原殷民用甲骨作为占卜工具的习俗痕迹，明显受到殷人尚鬼、每事必卜的文化思想影响。以上情况表明，宁镇地区的商代先民努力吸取、仿效中原文化，创造出比先越文化程度要高的先吴文化。

在镇江地区发现的湖熟文化遗址有龙脉团山遗址、马迹山遗址、小团山遗址、陈家团山遗址、烟袋山遗址、城头山遗址等100多处。其中又以龙脉团山遗址较具代表性，该遗址位于丹徒县西境的高资镇，属台形遗址。龙脉团山遗址发现有挡水墙垣、红烧土面及房屋遗迹，出土有鬲、釜、盆、罐、盘、钵、碗等陶器及小型青铜器，其年代相当于夏朝二里头文化时期至春秋中期。龙脉团山遗址的发掘，为探讨先吴文化的起因及宁镇地区商周时期先吴文化的分期提供了可靠的依据。

## 二、周人南来与姬姓宜国

商代宁镇地区的先吴文化优于太湖地区的土著文化，到商末周初，西北一支移民南下来到江南地区，使这一地区同中原的关系进一步密切，成为后来吴文化的发源地。

西周时期的东南地区（谭其骧主编《中国历史地图集》）

这支西北移民就是商末居于陕西渭水中游的周族一支。周族是西北的一个古老农业部落,始祖弃为尧时的农师,在舜时受封于邰(今陕西武功),别姓姬氏,号后稷。弃的四世孙公刘为避夏乱迁族于豳(今陕西旬邑西),相传随其迁者共18国(部落),《诗经》中的《大雅·公刘》就是歌颂公刘迁豳业绩的史诗。公刘九世孙古公亶父为避戎、狄侵扰,再率族迁徙到岐山下的周原(今陕西岐山县),在这里营建城郭,设置机构,建立了国家。因所居地名周原,国号为周。据《吴越春秋》记载,古公亶父是"一年成邑,二年成都,而民五倍其初",国势蒸蒸日上。在其晚年时因在继承人安排上发生纠纷,周族中的一支离开了渭水流域,辗转来到东南地区。

对这次中原文化的进一步南来,司马迁在《史记》中曾有详细记载。《史记·吴太伯世家》说:"吴太伯、太伯弟仲雍,皆周太王之子,而王季历之兄也。季历贤,而有圣子昌,太王欲立季历以及昌,于是太伯、仲雍二人乃奔荆蛮,文身断发,示不可用,以避季历。季历果立,是为王季,而昌为文王。太伯之奔荆蛮,自号句吴,荆蛮义之,从而归之千余家,立为吴太伯。太伯卒,无子,弟仲雍立,是为吴仲雍。仲雍卒,子季简立。季简卒,子叔达立。叔达卒,子周章立。是时周武王克殷,求太伯、仲雍之后,得周章。周章已君矣,因而封之。乃封周章弟虞仲于周之北故夏虚(墟),是为虞仲,列为诸侯。"太史公的记载如此详尽是不容怀疑的,不过当年太伯、仲雍奔吴名义上是让贤,实际上是为避开矛盾纠纷及潜伏着的祸害。当年的南奔既给荆蛮地区带来了劳动人手(族人),也带来了中原地区先进的生产技术,加之入乡随俗,尊重土著文化,受到了当地民众的拥戴。再从"乃奔荆蛮,文身断发"的地理特征及习俗特征看,这支南下移民应是到达了南方地区,又因其后同吴而非同楚发生直接关系,可推断是迁徙到江南而非江汉。司马迁在《史记·太史公自序》中又说:"太伯避历,江蛮是适。文武攸兴,古公王迹",可见荆蛮就是"江蛮"即江南。夏、商、周三代时还未出现贯通南北的人工河渠,当年的这支西北移民先是越过秦岭,穿汉水而南到达长江,再沿江东下,取皖境渡口进入江东,首先到达宁镇丘陵、茅山丘陵及沿江地带，其后在与土著文化不断融合的过程中逐渐向农耕条件更为优越的太湖平原推进。句容一带就有太伯、仲雍采药句曲山(茅山)并传授农耕技术而受到土著百姓拥戴的传说，也应是周族一支南迁这一历史事实所折射的影子。有的古籍还称太伯、仲雍亡奔时“托名采药于衡山”，古衡、横二字通用，衡山即古丹阳横山，在今安徽当涂县东北，即今南京以南。此外，今宁镇及皖南分布有大量西周至春秋时期的土墩墓址，是当年南下中原文化与江南土著文化相结合的文化遗存。商周时，宁镇地区的土著属荆蛮族，而太湖地区的土著则属古越族。春秋战国长江下游吴越文化逐渐形成，吴文化的主体就在太湖平原以北及宁镇丘陵，越文化的主体则在太湖平原以南及浙东、浙北地区，“句吴”与“于越”同气共俗，都源于古“百越”族。

当年太伯、仲雍一行到达荆蛮何处，《史记》中没有确载，东汉赵晔在《吴越春秋》中说：“故太伯起城，周三里二百步”，又说：“太伯殂卒，葬于梅里平墟”，梅里在太湖北岸的无锡境内。赵晔是东汉前期人，这是最早的关于太伯一行安营于梅里的记载。不过赵晔距太伯亡奔已1000多年，《吴越春秋》又是一部历史演义体裁的著作，引用了不少故事传说，而太伯至寿梦一十九世在梅里的具体情况除世系引用《史记》的记载外，并无更多提及。有些学者依据当代考古成果提出太伯、仲雍当年渡江首达皖南沿江及宁镇地区也是不无道理的。

1954年，在镇江丹徒烟墩山山坡中部，原为一大型土墩墓的耕地下，出土一批西周前期的青铜器，有鼎、簋、鬲、盘、觥、盂等，其中最重要的是“宜侯夨簋”。这件青铜夨簋形似香炉，腹内有铭文120余字，记载了周康王南巡时将虞侯夨改封为宜侯夨，并赐土地、人众之事，是迄今为止出土的唯一详细记载周天子分封诸侯的金文资料。郭沫若、唐兰、陈梦家、李学勤等古史专家对此均有考释，铭文大意是：在四月丁未这一天，周康王在宜地的宗庙察看了武王、成王伐商的壁图，又看了东土的地图。王在占卜后将面南向，对虞侯夨命令说，将你迁到宜地做诸侯，赐给你美酒、圭瓒、弓矢，赐给你山川、土地、人众，包括王人若干，郑七百又若干夫，众且(宜)庶人六百又若

西周宜侯夨簋

宜侯夨簋铭文

干夫。铭文最后落款为“众且(宜)侯夨扬王休,乍(作)虞公父丁障彝”,意即宜侯夨(虞侯夨)感激颂扬王的恩德,给虞公父丁做此尊彝。《史记·吴太伯世家》中记有周天子还曾封周章弟弟虞仲到北方,即周之北故夏墟做虞侯。《汉书·地理志》也提及此事:“太伯卒,仲雍立,至曾孙周章而武王克殷,因而封之。又封周章弟中(仲)于河北,是为北吴,后世谓之虞。”两部史著要籍记载大致相同,互为补充。虞侯夨应是北吴虞侯仲的后代,虞侯夨父虞公丁可能就是虞侯仲之子,夨即仲之孙,其受封时间在西周前期统治强盛时期。康王名姬钊,即位后继续推行成王的政策,致海内晏然,史称“成康之治”。康王还开拓疆域,将周的势力伸展到江南一带,封藩建卫,巩固成果。

宜与虞、虞与吴古文字相通,宜的封地就在今丹徒大港的沿江地带。从夨簋铭文的内容看“宜”国的方位、规模十分清楚:一是地处中原以南的东国,这与丹徒的方位相合;二是位于“厥川三百”水道纵横的江口、河口地带,这与丹徒的地貌相符;三是城邑有众多田宅与人口，具有一定规模。宜国为姬姓周人所封，当以周人为主，而早在商末就“归之千余家”的荆蛮土著主要在郊外从事农业生产。

周初统治并不稳定，周公东征历时三年才平定了殷商顽民武庚的叛乱，继又通过封藩建卫巩固并扩大周的势力。西周前期，被册封的齐、鲁诸侯国发动了对淮夷和东夷的战争，将周人势力扩展到淮水及长江下游以北地区。如果说这是武力征服的话，那么从商末荆蛮土著的义附到西周前期在丹徒沿江建宜，则是通过和平征服手段将周的势力扩大到长江下游以南地区。无论是分封还是迁封，所立封国都具有武装驻防性质，宜是姬姓周人在长江下游南岸建立的重要军事据点。

周封姬姓宜国不仅表明西周强盛时势力已达江南地区，还进一步实证了宁镇地区也是吴文化的重要发源地。

## 三、“吴头楚尾”话朱方

万里长江自源头至湖北宜昌为上游，自宜昌至江西鄱阳湖口为中游，自湖口至海口为下游。春秋战国时期，在上游有巴蜀文化出现，中游有荆楚文化出现，下游有吴越文化出现。楚文化的中心在两湖，春秋中期随楚国强大，势力一度达到江淮地区。吴越文化中的吴文化主体地带为太湖平原北部与宁镇丘陵，春秋后期吴国势力沿江西上，一度扩展到江北、皖南及淮南部分地区。其后越灭吴，战国中期越亡于楚，原吴越之地尽辖于楚国东楚之境。人们就将先秦时期吴、楚两国势力相接的中间地界，主要是江西地区称之为“吴头楚尾”之地，后来这一地理概念延伸扩大到长江下游即鄱阳湖口至瓜洲、镇江的沿江地带。“寒雨连江夜入吴，平明送客楚山孤”，先秦时期的古朱方（今丹徒）和古云阳（今丹阳）也属“吴头楚尾”之地。

据《史记》所载，自太伯、仲雍被荆蛮族拥戴为吴君后，至仲雍曾孙周章兄弟时被周天子册封：吴君在夷蛮（荆蛮），虞侯在北方。春秋中叶北虞为晋献公所灭，而后不久南方的吴逐渐强大。公元前 585 年，吴君寿梦继位，寿梦就是太伯的十九世孙，到他统治时，国力强盛，正式称王(吴王)。吴的统治中心早已推进到太湖流域,到寿梦长子诸樊为吴王时又从梅里“南徙吴(今苏州)”。吴国虽然是姬姓周人所建,但直到春秋前期同中原诸侯各国交往不多,至寿梦始“朝周,适楚,观诸侯礼乐”,又与鲁成公会于钟离(今安徽凤阳东北),逐渐加强了同中原的联系。接着晋国采纳了逃亡到晋国的楚臣申公巫臣的建议,扶吴以制楚,并派巫臣入吴,“教吴乘车,教之战阵,教之叛楚”。自后吴国政治军事力量逐渐强大,沿江西上攻取原属于楚的部分地区,吴楚成为世仇。吴王世系是:寿梦死,子诸樊立;诸樊死,弟余祭立;余祭死,弟余昧立;余昧死,子僚立。僚继位引发了吴国王位继承的纠纷,诸樊子公子光刺杀吴王僚,夺得王位,是为阖闾。阖闾筑吴大城(苏州城)。阖闾子即吴国末代国王夫差。

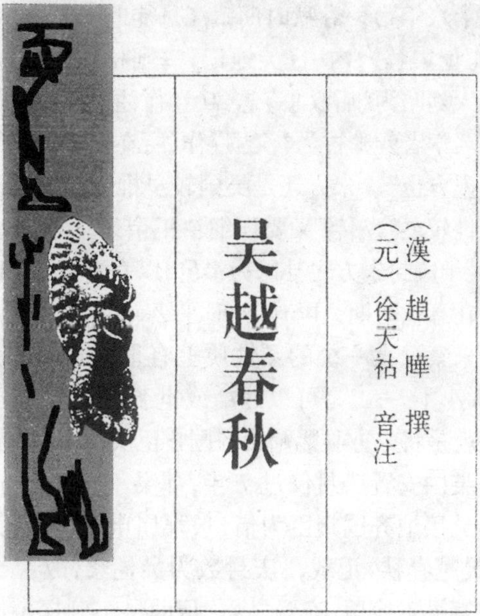


吴王余祭三年(前545年),发生齐相庆封在权力之争中失败率族南奔的事件。春秋中叶齐国大夫崔氏、庆氏势力强大,干预朝政,崔抒先立齐庄公,后又与庆封合谋弑庄公而改立齐灵公。齐左相庆封再伺机灭掉崔氏,独自专权擅政。这一系列权力之争引起齐国朝野不满。公元前545年,齐国陈氏、鲍氏、栾氏、离氏等合谋灭庆氏,齐相庆封率族人仓皇南奔,至鲁被拒纳,再逃吴国。吴出于日后争霸中原的考虑,重用庆封,“吴句余予之朱方,聚其族焉而居之,富于其旧”(《左传·襄公二十八年》)。春秋时期镇江丹徒地称朱方,南朝刘宋史学家裴骃撰有《史记集解》,内引《吴地记》一则材料说:"朱方,秦改曰丹徒"。南朝梁人刘昭为《后汉书》志30卷作注,也称丹徒在"春秋曰朱方"。唐代著名学者颜师古为《汉书》作注,在丹徒地名下注明:"师古曰,即春秋云朱方也"。朱方还是吴国较早推行县制的国家,《史记》记庆封奔吴事件较之《左传》又要详细:"王余祭三年,齐相庆封有罪,自齐来奔吴,吴予庆封朱方之县以为奉邑,以女妻之,富于在齐。"我国有郡县开始是在春秋时期,县与郡初时平级,县的设立还要早于郡的设立,不过与后来秦汉大一统的县性质上有很大不同。一是大的很大,小的很小,大小不一;二是可以赐赠或世袭,是奴隶分封制的残余,当年吴王余祭就是将朱方县赐赠给齐国亡臣庆封作为封邑的。

吴国安置庆封仅过7年,即吴王余祭十年(前538年)秋,楚灵王以吴接纳齐国叛臣为借口,拜屈申为将,纠集诸侯联军围攻朱方。据《吴越春秋》记载,"庆封数为吴伺察,故晋、楚伐之也",即庆封为了报答吴王容留、安置之恩,帮助吴王刺探楚国及中原各国的情报,当然为楚国所不容。不过这次晋国迫于楚的强势采取了不干预的默许态度,实际并未出兵。这年初夏,楚灵王大会诸侯于申(今河南南阳北),并在这次盟会上抓捕了吴国宫女所生的徐国国君,既树了权威,又断了可能会出现的通吴途径,接着于"秋七月,楚子、蔡侯、陈侯、许男、顿子、胡子、沈子、淮夷伐吴",八月克之,"执齐庆封而尽灭其族,"这就是春秋后期著名的朱方之战。为达到羞辱吴国的目的,楚灵王让俘虏庆封背缚斧钺牵行于参战的各诸侯国君前,逼之说:"无或如齐庆封弑其君,弱其孤,以盟其大夫"。庆封却喊叫:"无或如楚共王之庶子围弑其君兄之子麇而代之,以盟诸侯",反而揭了楚灵王不光彩的老底。楚灵王"速杀"庆封,而后退兵。朱方之战揭开了吴楚争霸战争的序幕。

吴王余祭在位17年,死后由弟余昧即位,余昧在位仅4年,死于周景王十八年即公元前527年。1984年,在丹徒大港沿江的北山顶发现吴王余昧的大型墓葬,墓在山之顶部,俯临长江,雄伟开阔,气势壮观，是墓葬的风水宝地。该墓封土高大，直径 30 多米，高达 6 米，有墓室、墓道。从墓室和墓道中出土青铜器 400 多件，其中有余昧矛（骹部铭文为“余昧自乍工其之用”）及青铜鼎、编磬、钮钟、编钟、錞于、悬鼓、丁宁、鸠杖、镨饰、镖、戟、镦、矢等青铜礼器、乐器、车马器、兵器等，其中 15 件青铜器有铭文，是迄今为止在先秦吴国境内发现的唯一一座有青铜铭文可以佐证的吴王墓葬。青铜钟磬与鼎表明墓主生前为钟鸣鼎食的贵族；青铜錞于、悬鼓、丁宁等表明墓主生前曾是战场指挥者；青铜鸠杖则表明墓主生前拥有至高无上的权力。墓道中还发现一具殉葬女性骨架，又与古籍文献中吴王用人殉葬的记载相符。虽然该墓室中的随葬品大多被盗，但仍可断定墓主即春秋后期的吴王余昧。当时吴国政治中心已在太湖平原，但余昧死葬大港的确耐人寻味。镇江东郊大港至谏壁沿江地带依山面江，形势壮观，除发现烟墩山一号墓（宜侯夨墓）、北山顶墓（吴王余昧墓）外，在这一带沿江山丘上还发现有烟墩二号墓、王家山墓、青龙西山及东山墓等，从墓葬规模及出土的青铜器物看，墓主生前都应是吴国的贵族或王族，尤其是青龙山磨子顶大墓，在考古界曾被疑为吴王寿梦之墓（寿梦之墓一说在苏州的真山顶，一说在镇江东郊大港沿江的青龙山顶）。所有这些都构成一个有机整体，即这一带可能是吴国早期的政治中心所在。先秦时这一带又是江口、河口交通咽喉，当年吴国争霸中原，水军就是从这里渡江沿邗沟北上的。

吴王寿梦四子中以小儿子季札最贤，且博学多才，颇得寿梦喜爱。寿梦在位时就想传位给季札，被辞不受，不得已立长子诸樊摄政事，临终前仍留下遗嘱，要诸樊日后将王位让给季札。诸樊死后，季札仍不受王位，史载吴人固立季札，季札坚辞不受，退耕于野，在当时被传为美谈。余祭元年（前 547 年），季札被封于延陵，故号延陵季子。明智的季札既避开了个人政治生涯的祸福不测，也使吴国避免了在王位继承上的政治纷争。他娴习礼乐，长于外交，曾出使中原考察诸侯各国，赏析鲁国的周乐，表现出很高的文化修养，使中原各国对地处东南的吴国刮目相看。随着吴王余祭、余昧相继去世，按

丹阳延陵季子墓碑

兄终弟及的惯例，季札理当即位，但仍固辞不受，逃回自己的封邑。古延陵地在今何处？《汉书·地理志》称毗陵（今常州）“季札所居”，颜师古注曰：“旧延陵，后改之”。《中国古今地名大辞典》称：“故城在今江苏省武进县西北70里”。秦汉时会稽郡（郡治吴）下辖有丹徒县、曲阿县（今丹阳）、毗陵县（今武进）。其实春秋时古延陵地域范围比较大，应包括了后来的毗陵和曲阿。南朝史学家山谦之在《丹阳记》中曾提到季子庙旧有三处：南庙在晋陵东郭外（今江阴），北庙在武进县博洛城西，西庙在曲阿延陵镇西北。南朝刘宋初南庙被毁，迁碑于西庙。今丹阳延陵镇西、行宫镇南九里村有季子庙，即是纪念“三让王位”的吴公子季札的祠庙建筑群，据称已有2000多年历史。元《至顺镇江志》称：“吴季子庙，在延陵西北九里。夫子题其墓曰：‘呜呼有吴延陵君子之墓’，人谓之十字碑，岁久湮没。唐开元中，明皇敕殷仲容摹刻。大历十四年，润州刺史萧定重刻石庙中。”但该志作者认为当时孔子“未尝过吴，不得亲铭季子之墓”，所谓孔子题碑是个古老的传说。季子庙巍峨壮观，祠庙主建筑在抗战时期毁于战火，庙中立有世传的孔子十字碑。丹阳九里季子庙建筑群与茅山道院建筑群齐名，远近香客素有“上茅山，徊九里”的朝觐传统，现为江苏省级文物保护单位。

春秋末叶，越王勾践乘吴王夫差统兵北上中原争做霸主之际大举伐吴。周元王四年（前472年）越灭吴，吴王夫差自杀，故吴地成为越地。越灭吴后重蹈吴国的覆辙，一度攻齐。战国前期越国内乱不断,国势日衰,江淮之间土地尽被楚国所占。周显王三十五年(前334年),楚灭越,杀越王无疆,尽取故吴之地。公元前306年,楚在江东地区设郡,越亡。朱方在战国时称谷阳,与云阳邑同辖于楚国东楚之境。镇江历代旧志都记朱方后称谷阳,而朱方到秦时,已改称丹徒,推测为战国中期楚灭越后所改。镇江旧志记载的依据可能是《吴录》,《吴录》中记有"朱方后名谷阳",可惜《吴录》已佚。

## 四、先秦荆蛮习俗

地处长江下游的吴越之地自古就是水乡泽国,地广人稀,饭稻羹鱼。宁镇地区位于长江以南的秦淮河水系及太湖水系之间,在丘陵以下的冲积平原上湖泊星罗、河道纵横。荆蛮土著以稻作农业为主,在镇江地区吴国贵族墓葬中就出土有炭化的稻谷。先秦时这里已培育有籼稻、粳稻等稻谷品种,籼稻性硬耐饥,粳米味香性软。随着中原文化南下,先秦时今宁镇地区的坡地及高地上也出现麦类种植,但直到魏晋南北朝时随北方人口大量南迁,旱地种麦才得到大面积推广,面食也得到了提倡。副食,除家禽、家畜外,主要是水产品,"东南之人食水产……食水产者,龟、蛤、螺、蚌,以为珍味,不觉其腥臊也。"(《博物志》)镇江面江临海,河塘众多,水产品应是主要副食品。

吴越之地气候湿润,环境多水,住宅多为防潮隔水、透气、通风的建筑,形成与北方穴居相反的巢居特点。西周宜国及春秋朱方邑的民居虽然缺乏考古实证,但具有水乡民居的风格大致是不错的。

先秦时期,宁镇地区土著居民盛行土墩葬的丧葬习俗,而与太湖平原所流行的石室墓不一样。土墩墓为西周春秋时期江南地区的重要文化遗存,又主要集中在宁镇地区。据遥感考古调查,在今镇江城郊及所辖丹徒、丹阳、句容三地现存土墩墓计有3000多座,散布在山头、坡脊,或地势稍高的平地上。所谓土墩墓,即有坟丘、无墓穴,平地起封(有的墓底铺垫木炭或卵石),成馒头状,一般高约5~10米,直径为20米左右,但也有少数贵族的土墩墓既有墓坑、墓室,也有墓道,形制较大。从土墩墓中出土有鬲、鼎、釜、甑、坛、罐等陶器及少量青铜器，而在丹徒大港至谏壁沿江山脊、山顶上的大型土墩墓中却出土有大量青铜用器、乐器、兵器及车马器等。镇江地区的土墩墓文化内容是相当丰富多彩的。

同吴地其他地区一样，先秦时期宁镇地区的民风同样尚武、强悍，“好用剑，轻死”。其后至东晋南朝时期，随着中原文化大举南下，尚文重教的风气才开始得到提倡。

先秦时期，宁镇地区的土著居民与太湖流域土著居民一样同操吴越方言。“太伯之奔荆蛮，自号句吴”，镇江句容茅山古称句曲山。颜师古注“句吴”称：“句音钩，夷俗语之发声也，亦犹越为于越也。”六朝时北方移民大举南下，宁镇地区的移民数超过了土著居民数，除迁来的北方流民外，原土著居民中的上层也学讲北方官话，后又经唐末五代及两宋之交北方居民大规模南迁，今宁镇地区居民已不操吴语，而改属北方官话中的江淮语系了。

当年太伯、仲雍亡奔江南，“文身断发，示不可用”。文(纹)身图案为龙、蛇之形，体现先秦时期古吴荆蛮人对“龙”图腾的崇拜。江水浩荡、河湖密布，既给古代居民带来独特的生存环境，也带来多水的灾害。土著居民在身上刺上龙、蛇图案，表明自己是“龙子”的身份，以期得到水神的保祐。断发就是剪发之意，将额前的发剃光，而将脑后的头发绾成髻。这一习俗或同长江下游湿润多雨的气候条件及在多河渠、多湖泊中生产活动以减少阻力及危险的作业方式有关。在中原地区，成年男子若不加冠束发被视为是非礼行为。而荆蛮吴人断发不带冠，与先秦中原文化礼制明显相悖，因而在当时被视为还未文明开化的“蛮”人。当年，寿梦继位称王后，曾出访中原，“朝周，适楚，观诸侯礼乐”，对中原的礼乐文化大加赞赏，感慨万分地说：“孤在夷蛮，徒以椎髻为俗，岂有斯之服哉？”“断发文身”习俗在吴王余昧墓葬出土文物中也得到了证实，在墓道层中出土的一件青铜鸠杖(权力杖)的杖首上有一只鸠，杖墩末端为一裸身跪坐的人，头上有短发，脑后有两个发髻，人的胸、背、股部都有云纹，这是先秦吴人“断发文身”的首例实证。

# 第三章　秦汉时期镇江形势

秦置丹徒、曲阿和江乘县，西汉设置句容县，镇江有县级行政单位设置的历史已有2200年。中国第一个大一统的封建帝王秦始皇南巡时来过镇江，至今从丹徒县名的传说中仍可窥见当年其威风巡行的影子。两汉时期镇江地区社会经济有所恢复和发展。东汉末年天下大乱，群雄并起，曾置家曲阿的孙氏家族脱颖而出，并由孙策开辟了江东根据地。

## 一、秦汉时期县制的确立

公元前223年，秦国灭楚。公元前222年，秦将王翦率军渡过长江，平定了楚的江南地，设置会稽郡，管辖江苏东南部和浙江北部地区，至此原辖于楚国东楚之境的今镇江地区并入秦的版图。

秦灭六国后，建立了统一的专制主义中央集权的封建国家，秦初分全国为36郡，后增加到40多郡。秦初36郡中，有两个郡同今镇江地区有着历史的渊源，一是会稽郡，一是鄣郡。其中会稽郡在今苏南和浙北地区，鄣郡（汉代改称丹阳郡）在今皖南及苏南部分地区。秦王朝在今镇江地区设有丹徒县、曲阿县和江乘县，其中丹徒、曲阿两县隶属于会稽郡，江乘县隶属于鄣郡。西汉前期又在今句容县境设置句容县，隶属于鄣郡。

丹徒、丹阳、句容都是江南地区的古县名。丹徒春秋时称朱方，秦时起称丹徒，沿用至今。早在春秋后期，今丹徒已有县名（朱方县）出现，秦统一后在全国范围推行郡县制，秦始皇南巡经此地改称为丹徒县。丹阳古称云阳，秦统一后改云阳邑为云阳县，秦始皇南巡时改云阳县为曲阿县，直到唐玄宗天宝元年（742年）始改称为丹阳县。江乘县是历史上的古县之一，自秦设置到隋初撤废前后存在七八个世纪，县境在今句容县北境至沿江，县治位于今下蜀至栖霞一带。江乘在古代还是长江下游的一处重要渡口。句容置县于西汉前期，隶于丹阳郡（即秦时的鄣郡）。汉武帝元光六年（前129年），封长沙王刘发之子刘党为句容侯，第二年即元朔元年（前128年）因刘党死，除国复县，句容一名沿用至今。以上4县县名在班固的《汉书·地理志》中均有确切记载。今镇江地区县级行政单位的设置历史已有2000多年。

秦始皇是中国历史上第一个封建皇帝，自诩为“德兼三皇，功过五帝”，巡行途中到过江东地区的丹徒、曲阿和江乘，丹徒、曲阿的命名也同他的活动有关。据《史记》记载，秦始皇三十七年（前210年）第五次出巡（随行有次子胡亥、丞相李斯及赵高等），这次由关中咸阳南下荆湖云梦地区，再乘舟沿江而下，由皖境当涂津渡登岸，进入江东地区，“过丹阳，至钱塘，临浙江”（丹阳即今南京江宁县南的小丹阳镇）。据清《江南通志》，始皇“东游至金陵，断山疏淮，由江东丹徒往会稽”。金陵为南京古称，秦始皇经此改金陵名为秣陵，淮即秦淮河，疏淮指疏通秦淮河水道，就是说秦始皇一行，经水道由宁镇地区到达浙北。回程时“还过吴”，吴即今苏州，是当时会稽郡的郡治，曾是春秋时吴国都城，人烟稠密。然后西行经云阳（今丹阳），从江乘渡江北归。这次南巡除上会稽山祭大禹外，沿途还有过哪些活动，因缺乏记载不得其详，但从古籍记载的一些传说和附会中还是可以推测一二的。南朝刘宋的刘损在《京口记》中载，镇江城东的京岘山下有“龙目湖。秦始皇东游观地势，云此有天子气。使赭衣徒三千人，凿此三湖间长岗使断，因名丹徒”。唐李吉甫的《元和郡县图志》也有类似记载，称秦始皇堑金陵北山改称秣陵（今南京），凿云阳北岗改称曲阿（今丹阳），凿京岘山改称丹徒（今丹徒镇附近）。秦时在宁镇地区的凿、堑工程，后人有的说是修驰道，有的说是开河道。不论是修驰道还是开河道，丹徒、曲阿行名于秦是确切无疑的。

早在春秋晚期，吴王夫差为了北上中原参与争霸，曾开凿邗沟以通江淮,吴国军事力量要从太湖流域北上,则须经丹徒水道达于长江,然后渡江经邗沟北上。但因近海口风险浪急,秦汉时丹徒水道入江口需由今丹徒镇、大港镇一带向西迁移。另外,原丹徒水道南段为直道,地势又相对较高,河水容易走泄,也需要加以改造。元《至顺镇江志》作者俞希鲁就认为,当年秦始皇南巡到这里,在丹徒县西乡的京岘山下开凿了一条新的通江河道,同时又凿云阳北岗,截直为曲,即改南段的直道为曲折的弯道,以减缓河水的走泄。该志在地理卷中称"漕渠之凿自秦始,历代因之"。又在山水卷中称:"秦凿丹徒、曲阿,齐通吴、会,隋使穿广",点明秦代开凿的这段人工河道为后来江南运河北段的雏形。

西汉时丹徒已经发展成为东南地区的大县。汉制,万户以上设令,不满万户设长,尉(负责地方军事与治安)大县二人,小县一人。1980 年在丹徒镇医院附近金家山西汉墓葬中出土一方"丹徒右尉"铜印——墓主人生前的职官印,证明汉时丹徒县设置有左右两尉,属万户以上的大县。秦时丹徒县规模无考,至西汉时丹徒县发展成为万户以上的大县则有出土文物可证。秦汉时丹徒县治在今丹徒镇沿江地带,建有城垣,史称丹徒故城,郦道元《水经注》说:"毗陵县,会稽之属县也。丹徒县北二百步有故城,本毗陵郡治也。旧去江三里,岸稍毁,遂至城下。城北有扬州刺史刘繇墓,沦于江,江即北江也。"

秦汉时期,镇江地区经济文化重心仍在丹徒沿江一线。1997 年,考古工作者在大港金东 135 工地发掘了 70 多座墓葬,其中汉墓有 28 座,规格大小不一,随葬品多寡不均,显示出家族墓葬的特征,表明这一带村落聚居集中,经济文化已发展到一定水平。此外,在市区

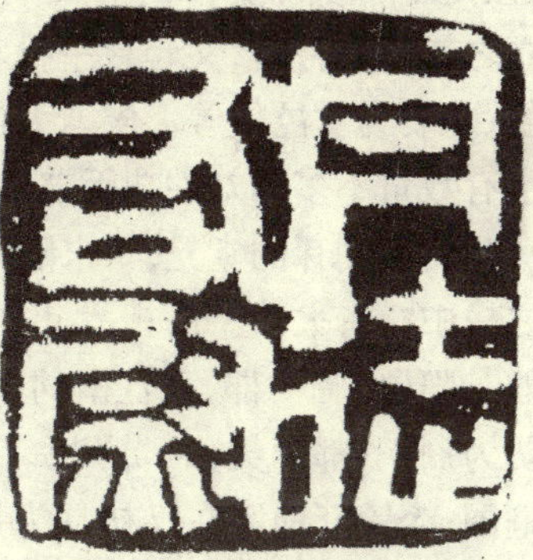

金家山西汉墓葬出土"丹徒右尉"铜印

东南部也发现了大片汉代及三国时代的文化遗址，出土大量具有中原汉文化及南方越文化双重风格的陶瓷器、炼铁器及炼铁作坊遗址，表明两汉时期随人口增加，镇江地区经济文化的发展正由东部沿江老区向东南新区作散状展开，呈现出一定的纵深性。

除沿江地带外，秦汉时期曲阿和句容两县的人口都有增加，两县的县治也都具有一定规模。但总的来说，与中原地区相比，江南地区的经济面貌和文化面貌还比较落后。司马迁在《史记·货殖列传》中就说“楚越之地，地广人稀，饭稻羹鱼，或火耕而水耨，果陏蠃蛤，不待贾而足”。其后东汉班固在《汉书》中也说“江南卑湿，丈夫多夭。”两汉时随着社会经济发展，中原先进的牛耕技术逐渐向南方推广。据《后汉书》记载，东汉前期会稽郡（其时吴郡还未从会稽郡中分出）民间就养牛，不过因信巫常屠牛以祭神，影响了农业生产。汉光武帝任命第五伦为会稽太守，他到任后严禁屠牛，违者重究，生产很快得到恢复，“百姓以安”。不过，南方地区的大规模开发要到六朝时期。

## 二、郡国并行制下的江左形势

秦王朝仅仅存世 15 年，即被埋葬于秦末农民大起义的风暴中。在随后的楚汉战争中，刘邦战胜项羽建立了西汉王朝。为战胜对手、壮大自己，刘邦曾封赏拥有军事实力的将帅为王，如封韩信为齐王（旋改楚王）、英布为淮南王、彭越为梁王、张耳为赵王等。西汉王朝建立之初论功行赏，又廷封一批功臣为侯，如封萧何为酇侯、张良为留侯、陈婴为堂邑侯等。侯国为食邑性质，与王国割据性质不同。同时也有数量不多的刘姓功臣被封为王的，如封刘贾为荆王。

刘贾是刘邦的堂兄，秦末随刘邦起兵于沛，在楚汉成皋之战及垓下之战中立有大功。高祖六年（前 201 年），经韩王信等奏请，以淮东的东阳郡（临淮郡）及江南的鄣郡和吴郡（会稽郡）共 3 郡 52 城立刘贾为荆王，都于吴（今苏州）。吴的西南荆溪有荆山，刘贾封国就称荆国，今镇江地区在汉初是为荆国的辖地。刘邦在坐稳江山后开始翦除异姓王，高祖六年黜楚王韩信为淮阴侯，十一年（前 196 年）

杀淮阴侯韩信和梁王彭越。淮南王英布疑惧祸将及身,起兵反汉。英布军先东击荆国,刘贾拒战失败,死于富陵(今盱眙东北)。英布尽劫荆国之兵再渡淮西向,第二年与刘邦大军会战于蕲西,英布战败,在逃亡途中被杀。早在唐代时就有一种说法,即当年荆王刘贾曾经都于丹徒,北宋《太平寰宇记》曾记:“润州,汉初为荆国故荆王刘贾所都之地,今郡城中贾墓尚存。”元代俞希鲁于《至顺镇江志·陵墓》条中也记有“汉荆王墓,在府治(镇江府治在北固山前峰)后圃”,继而又表示不解地说:“(贾)走死富陵,富陵属临淮郡,不知何以葬此?”今北固山前峰鼓楼岗街区内尚有所谓刘贾墓,形制矮陋,或传为刘贾衣冠冢。丹阳荆氏族谱称,刘贾死后其次子刘武迁居曲阿,改姓荆,以纪念其父曾被封为荆王之事,荆姓为今丹阳诸姓之一。

刘邦在诛除异姓诸王的同时,又大封刘姓子弟为王以为朝廷屏藩,史称同姓王,前后被封的有燕、代、赵、吴等九国,吴国就是原来的荆国。高祖十二年(前 195 年)刘邦在一次廷议时说:“吴,古之建国也,旧者荆王兼有其地,今死无后,朕欲复立吴王”,并征求臣下意见。群臣马上附和,举荐沛侯刘濞为吴王。刘濞是刘邦哥哥刘仲的儿子,即刘邦的侄子,先是被封为沛侯,曾随刘邦征讨英布,被封吴王时年仅 20 岁。汉初同姓王在封国内称国君,权力很大,除太傅和丞相由中央任命外,御史大夫以下各级官吏都由诸侯王自己任命,并可在封国内征收赋税,处于半独立状态。吴国管辖范围除原荆国三郡外,又增加豫章郡,共四郡。吕后执政时曾大封吕姓为王,压制诸刘姓王,吕后死后,同姓诸王联合朝廷大臣铲除诸吕,迎立文帝。因拨乱有功,同姓王力量不断膨胀。汉文帝时,贾谊曾上著名的《治安策》,提出“众建诸侯而少其力”的办法。汉景帝即位后,随社会经济发展,王国力量膨胀,中央与王国的矛盾尖锐起来。御史大夫晁错上“削藩策”,主张削减王国的封地。前元三年(前 154 年),汉景帝用晁错之策,下诏削去吴王刘濞的会稽郡与豫章郡两郡地,引发了吴楚七国之乱。刘濞自受封吴王后处心积虑经营东南 40 年,逐渐成为各诸侯国中实力最强者,借故长期不朝,在景帝下达削藩令后,联合楚、赵、胶西、胶东、淄川、济南等王国诸侯，打着“请诛晁错，以清君侧”的旗号，公开反叛中央。吴军20余万自广陵出发，渡过淮河与楚兵会合，向西推进到河南的东部。同时刘濞还派使者与南方的东越、闽越贵族勾结，使东越出兵万余人驻守丹徒，以作策应并预留退路。汉景帝见杀掉晁错仍未能使七国退兵，决心全力平叛，任命太尉周亚夫统兵击吴。另分兵出击赵、齐，又以大将窦婴屯守荥阳以作后方策应。汉军主力先是坚壁不与战，同时以轻骑切断淮河一带的叛军粮道。吴、楚军中缺粮，士卒叛逃，锋芒顿减。继双方在豫东梁地会战，叛军溃败。刘濞乘夜率精壮数千突围南逃，经淮南渡口来到丹徒。在朝廷的利诱下，屯守丹徒的东越军伺机杀掉了刘濞。楚王刘戊也畏罪自杀，七国之乱历时仅三个月即以失败而告终。

据初唐《括地志》（魏王李泰主撰）所引《吴录》得知，吴王刘濞被

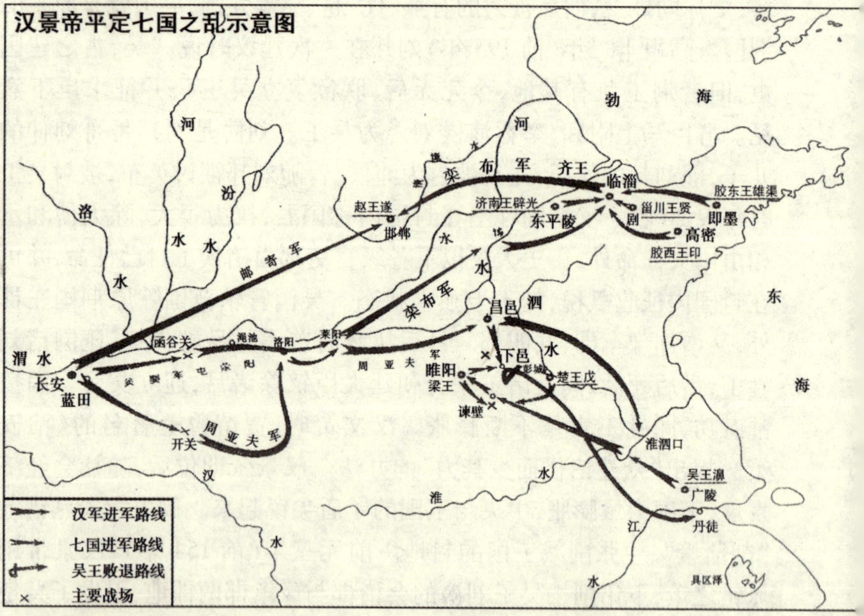


平定七国之乱示意图

杀后就葬在丹徒县北。《括地志》更详说:“汉吴王濞冢在润州丹徒县东练壁聚北,今入于江”。即刘濞当年被葬在丹徒县东郊练(谏)壁村北的沿江地,其后坍没于江中。

汉景帝在平定叛乱后改封自己的儿子刘非为江都王。今镇江地区改属江都国。武帝元狩二年(前121年),废江都国,仍复置会稽郡。东汉顺帝永建四年(129年)从会稽郡中析置吴郡,郡治吴,下辖13县,今镇江地区分隶于吴郡和鄣郡。

## 三、东汉末年孙氏经营江东

东汉末年爆发的黄巾大起义使东汉政权名存实亡,在镇压农民起义中形成的各地军事实力派为扩大地盘连年混战。江东地区的孙氏家族也在这样的背景下崭露头角,由孙策开创的江东根据地奠定了其后三国时代东吴政权的基础。

孙策祖父孙钟是吴郡富春(今浙江富阳)人,相传是春秋军事家孙武的后代。孙钟早年丧父,对母亲十分孝顺,遇到灾年种瓜自给。据旧志所载,孙钟于东汉末携母逃荒移居曲阿,隐于曲阿县城西15里的白鹤山中种瓜为生。《光绪丹阳县志·补遗》称:“县西十五里白鹤山,山有三仙庙,庙前有井,相传为孙钟灌瓜井。”这一传说在元代就已出现,元《至顺镇江志·神庙》记:“白鹤三仙庙,在县西十里钟离村。土人相传,孙钟设瓜之地,此庙最古”,表明三仙庙在元中期前就已存在很长时间了。丹阳旧志还记孙钟死后葬于白鹤山中。不过关于孙钟种瓜的传说最早见之于唐许嵩所撰《建康实录》中,《建康实录》引《祥瑞志》称:“钟家于富春,早失父,幼与母同居,性至孝。遭岁荒,俭以种瓜自业。……后死葬其地,地在县城东。”从这段记述看其地似在富春县城东而非曲阿县城西,孙钟死葬何处及孙钟同曲阿的关系尚需进一步考证。

孙策父孙坚,字文台,容貌奇异,长大仕汉为县吏。17岁时与父孙钟乘船到钱唐(塘),见一群海盗正将劫掠来的财物堆放在岸边分赃,行旅、商贾则躲在船上不敢靠岸。孙坚对父亲说这些强盗可以捉拿，说完就一人操刀上岸，众盗以为官府来捉，四散而逃。自后孙坚以勇敢闻名乡里，由县吏升为吴郡司马。吴郡治吴(今苏州)，可见青年的孙坚已在吴地任职和生活了。汉灵帝熹平元年(172年)，他奉命招募精勇千余人，拉起一支地主武装，参与平定会稽人许昌、许韶父子的起义，由此发迹迁任盐渎县丞，继任盱眙县丞、下邳县丞，走上仕宦之途。黄巾大起义爆发后，他以佐军司马职随中郎将朱儁镇压起义军，在宛城之战中登城先入，以功迁别部司马。中平二年(185年)孙坚拜军将，随车骑将军张温镇压西北凉州叛乱。受张温统辖的中郎将董卓在一次军事行动中作战不力，无功而退。张温召见董卓面加指责，董卓先是迟迟不来，来后态度傲慢无礼。孙坚正在幕中，上前对张温耳语："卓不怖罪而鸱张大语，宜以召不时至，陈军法斩之。"(《资治通鉴》卷58)可惜张温未允。中平三年(186年)，孙坚被东汉政府授以长沙太守，调他去镇压南方长沙、零陵、桂阳三郡的农民起义，事毕封乌程(今浙江湖州)侯。汉灵帝死后，军阀董卓擅政作乱，关东各州郡共推袁绍为盟主联兵讨伐。孙坚也自长沙带兵北上，在南阳投靠大士族袁绍的弟弟袁术，被袁术表为破虏将军、领豫州刺史，人称"孙破虏"。孙坚率部加入关东军后在阳夏之战中大破董军，杀都督华雄，长驱直入洛阳，修祭汉室陵庙，逼使董卓西退长安，名噪一时。汉献帝初平三年(192年)，袁术以孙坚为先锋征讨荆州刺史刘表。初平四年正月，在襄阳岘山为刘表部将、江夏太守黄祖所阻，遇伏中箭身亡，时年三十八岁。"还葬曲阿"，墓称高陵，位于曲阿城西吴陵港，即今丹阳司徒镇界，当地人称之为孙坟。其夫人吴氏死于建安十二年(207年)，合葬于曲阿高陵。孙坚生有五子，依次为孙策、孙权、孙翊、孙匡和孙朗。孙坚一生为东汉王朝东征西讨，并未有要建孙吴霸业的想法和行动，但他的勇武英名及保存下来为数不多的部众(其侄孙贲收余众归投袁术)给后来孙策经营江东创造了有利条件。

孙策，字伯符，孙坚长子，孙权兄。《吴书》说他"美姿颜，好笑语，性阔达听受，善于用人"，人称孙郎。孙坚进军河南投靠袁术时，曾留家于舒(今安徽庐江),孙策在舒城与当地豪杰周瑜相友善,两人同年,且都有姿貌。周瑜性度恢廓,后来追随孙策进入江东,被吴人呼为周郎。孙坚战殁时孙策年仅17岁,与堂兄孙贲一起扶柩南归,葬父于曲阿。葬毕渡江暂居江都,与广陵谋士张纮讨论复兴大计。孙策说:"先君与袁氏共破董卓,功业未遂卒为黄祖所害。策虽暗稚,窃有微志,欲从袁扬州(指袁术)求先君余兵,就舅氏于丹阳,收合流散,东据吴、会,报仇雪耻,为朝廷外藩,君以为何如?"这时的孙策已提出"东据吴、会"的战略思考。张纮回答他:"今君绍先侯之轨,有骁武之名,若投丹阳,收兵吴会,则荆扬可一,仇敌可报。据长江,奋威德,诛除群秽,匡辅汉室,功业侔于桓、文,岂徒外藩而已哉!"西汉武帝时改设鄣郡为丹阳郡,辖有17县,治所在今皖南宣城的宛陵。孙策将老母及诸弟托付给张纮后,就去宛陵投靠时任丹阳郡守的母舅吴景,募得数百人,再到寿春去见时已割据淮南的袁术,领回父亲的旧部千余人众,才算有了自己的兵马。

东汉政府任命的扬州刺史刘繇见州治寿春已被袁术所占,不敢赴任,就来到江东的曲阿(今丹阳),在曲阿筑刘繇城,作为临时治所。接着以朝廷名义出兵将被袁术任命的丹阳太守吴景及丹阳都尉孙贲从宛陵赶到江北的历阳(安徽和县),派重兵扼守横江津和当利口,控扼进入江东的渡口要冲。刘繇,字正礼,山东东莱牟平人,刘姓皇室后裔,父刘宠曾任太尉,兄刘岱官至侍中、兖州刺史。刘繇屯据曲阿,西控江口,拥众万余人,当起了实际上的小军阀。当时割据江东的势力除刘繇外,还有吴郡太守许贡、会稽太守王朗、地方豪强严白虎等。袁术也想扩大地盘,派将军惠卫与吴景、孙贲等多次进攻刘繇,"岁余不下"。孙策趁机毛遂自荐,愿以己部帮助袁术向江南拓展,袁术大喜。当时群雄混战中原,注意力不在江南,孙策就这样抓住了发展的机遇。兴平二年(195年)冬,孙策被袁术表为折冲都尉、行殄寇将军,自寿阳发兵东南,行至历阳时已拥众五六千人。正在丹阳郡探视叔父的周瑜闻讯也带所部人马赶来与他会合。大军从采石渡江,占领横江口和当利口,在秣陵打败刘繇部将笮融和薛礼,相继占领秣陵、牛渚、湖熟和江乘，“所向皆破，莫敢挡其锋”，孙策率军乘胜进攻刘繇盘踞的曲阿。一天，孙策在曲阿县南的神亭（今金坛县北）与刘繇麾下勇将太史慈相遇，两人捉对搏斗。太史慈也是东莱人，与刘繇同郡，当年黄巾军围孔融时，他单骑突围，求救于刘备，解了都昌之围。后投刘繇来到江东，又一起来到曲阿。一次单骑出巡与孙策及随从韩当、黄盖等13骑突遇于神亭，两人约好单独对斗，从马上打到马下，结果孙策夺得太史慈手戟，太史慈也抢到孙策头上的兜鍪，算是打了个平手。孙策大军最后打败刘繇，夺得曲阿，刘繇率残众经丹徒西逃豫章。刘繇失败后，亡匿泾县的太史慈归附了孙策，被拜为折冲中郎将，继改授建昌都尉，成为东吴名将。建安十一年（206年）病故，年46岁。清同治十年（1871年），镇江地方上修城时在北固山中峰西南麓发现湮没已久的太史慈墓，即修墓立碑，后碑毁再建，今存。（另据南宋洪迈《容斋随笔》中记，太史慈葬于江西洪府奉新县。）

孙策自过江后就注重军纪，争取民心，“鸡犬菜茹，一无所犯”，“是以士民见者，莫不尽心，乐为致死”，部众一下扩展到20 000多人。孙策暂置小股割据势力不顾，统大军攻吴邑、渡浙水，于建安元年（196年）占领会稽（今浙江绍兴），再回军剿灭吴地严白虎等割据势力。建安二年，袁术在寿春称帝，孙策趁机与他断绝关系。建安四年（199年）再占豫章，从豫章郡中分出庐江郡。这一年袁术穷蹙病死，孙策乘机发兵，打败袁术所置的庐江太守刘勳，夺得庐江郡。在进攻庐江时虏得桥（乔）公的两个国色天香的女儿，孙策娶了大乔，周瑜娶了小乔，成了历史上的一段佳话。到建安四年时，孙策已尽得扬州六郡之地，他自领会稽郡太守，以吴景为丹阳郡太守、孙贲为豫章郡太守、孙辅为庐陵郡太守、李术为庐江郡太守，建立了江东政权（治于吴）。江东政权的开创，为东吴立国打下了基础。官渡决战前，割据河南、淮北的曹操为消除后顾之忧，曾嫁侄女给孙策弟弟孙匡，又娶孙贲女儿为儿媳，与孙氏结为儿女亲家，江东政权也借此进一步得到巩固。

东莱太史慈之墓（镇江北固山中峰南麓）

建安五年（200 年），孙策统军西征黄祖，以报父仇。江北广陵太守陈登暗中勾结严白虎余党，想乘机袭取会稽。孙策还军击陈登，军到丹徒待运粮草。一日带数人外出射鹿于丹徒西山（今镇江市区汝山），突遇被孙策绞杀的原吴郡太守许贡的家客，被箭射中面部，创重而亡，年仅 26 岁，后被孙权追封为长沙桓王，西晋陈寿在所撰《三国志》中曾加评说："策英气杰济，猛锐冠世，览奇取异，志陵中夏。……且割据江东，策之基兆也，而权尊崇未至，子止侯爵，于义俭矣！"孙策死葬何处？一说在吴（苏州），一说在丹徒。北宋曾彦和在《润州类集》中称"孙氏陵在城中"。清嘉庆《丹徒县志》也称："长沙桓王孙策墓，旧志在（镇江）城南"。又说："孙氏诸陵，坚曰高陵，在曲阿。权曰蒋陵，在中（钟）山。惟策在丹徒，追崇未及，故不称陵。"所谓追崇未及是指追尊为王而未尊帝。南朝梁时侨居京口的东海郯人何逊写有《行经孙氏陵》称："阒寂今如此，望望沾人衣"，表明六朝后期孙策墓仍在，但已十分荒寂了。

孙策临终时将弟弟孙权托付给跟随多年的文臣武将。孙权，字仲谋，孙坚次子。孙坚任下邳丞时生权，生时方面颐口，目有精光。史书记载他“性度弘朗，仁而多断”。孙策经营江东时，他随从征讨，年纪虽小却有计谋，孙策自以为这方面不及他。孙策在病榻上对他说：“举江东之众，决机于两阵之间，与天下争衡，卿不如我。举贤任能，各尽其心，以保江东，我不如卿。”并嘱托张昭等大臣尽心辅佐，以成就东吴霸业。这时孙权才18岁。孙权接任之初虽已拥有6郡的地盘，但江南、皖南深山之地还有山越族不肯就范，江东地方豪强也常与之作对。就全国范围看，军阀混战愈演愈烈。孙策遇刺这一年曹操先是打败刘备，夺得徐州；不久又在官渡一战中打败袁绍，基本统一北方，南下只是时间问题。这一年长江中上游的荆州刘表也出兵攻占长沙、零陵、桂阳等郡，将势力扩展到长江以南。孙策死后，少数将领伺机割据，原由孙策任命的庐江郡太守李术在孙策死后，借口“有德则归，无德见叛”，不再听命于孙吴政权。建安九年（204年），又发生丹阳郡都尉妫贤与郡丞戴员想降附曹操，合谋杀掉孙权弟弟丹阳郡太守孙翊的严重事变。为巩固江东政权。孙权尊贤纳士，安定人心，以文臣领袖张昭为长史，待之以师礼；以武将之冠周瑜为中护军，事之如兄长。其余如文臣中的张纮、鲁肃，武将中的程普、吕范、太史慈、吕蒙等都视为心腹，委以重任。在稳定内部关系后，孙权一面打着“匡扶汉室”的旗号，暂时屈听于曹操，避免摩擦；一面镇抚山越，巩固后方统治。同时翦除异己，平定叛乱。建安六年（201年），庐江太守李术叛变，孙权亲自带兵征讨，占领庐江，处死李术，并将李术旧部及部曲30 000人迁徙到江南。江东政权稳定后，孙权积极向西拓展，于建安八年（203年）、建安十二年（207年）、建安十三年（208年）春三次西征，攻占江夏，杀死黄祖，既报了父仇，又扩大了地盘，并俘获男女数万口东归。在新占领的地区设置新都郡，孙吴政权控制的范围由过去孙策时的6郡之地扩展到赤壁大战前的7郡之地。“生子当如孙仲谋”，孙氏家业经孙权之手进一步兴旺发达了。

图 例
曹 操 军阀名
割据界
辽东
公孙度
河
水
幽州
袁
勃 海
勃海
并州
绍
青州
东莱
冀州
水
兖州
安定
河东
杨秋、马腾等
河
弘农
河内
司隶
许昌
曹
操
徐州
东
汉中
张
水
南阳
广陵
淮
九江
鲁
荆州
沔
刘
袁 术
吴郡
海
丹阳
江夏
江
水
刘
水
庐江
江
会稽
武陵
洞庭
孙
策
璋
表
长沙

东汉末年军阀割据图

# 第四章　六朝时期镇江的崛起

三国两晋南北朝时期是多民族国家分裂和封建社会动乱的时代，出现了全国规模的人口迁移浪潮，镇江就是当年南下移民的集中地之一。压力与机遇并存，镇江在沉默中崛起，经济开发，人文兴盛，以京口为州治的南徐州成为南方政权的重要屏障，京口则成为全国知名城市。有的学者将这一时期称作镇江历史上的“京口时代”。

## 一、孙权迁治京口

今镇江市区古称京口，地处秦汉时期丹徒县的西乡地，作为地名最早出现于汉末吴初，初称京、京城。据《三国志·吴书》记载，孙策进军江东后，使孙河“屯京地”，“后为将军屯京城”。孙河，吴地人，本姓俞，被孙策赐姓为孙。建安九年(204 年)，丹阳太守孙翊被害，他奉命自京城赴宛陵查处，也不幸遇难。孙河的侄子孙韶“收河余众，缮治京城”。孙河的儿子孙桓长大后跟随大将军陆逊，在猇亭之战中大败蜀军，刘备败逃白帝城，忿忿地说：“吾昔初至京城，桓尚小儿，而今迫孤乃至此也。”《三国志·蜀志》中也提到赤壁之战后刘备为荆州牧，孙权“进妹固好，先主至京见权，绸缪恩纪”。西晋时，京、京城称京口。按字义解释，京是指圆形的大谷仓，引指陡峭的高丘；口是指高丘下的入江河口，不过后人在记叙中常将吴初的京、京城习称为京口。唐《元和郡县图志》就说“京上郡城，城前浦口”，指出京口的具体方位就是在北固山临江一带。

官渡之战后，军阀争战的形势渐趋明朗，出现了北方曹操、江东孙权、荆州刘表及投奔他的刘备、益州的刘璋四分天下的局面。建安十二年(207 年)曹操完全占领河北的冀、并、幽、青各州,又北降乌桓,接下来就要南下进攻刘表,统一长江以北,进而统一全国了。荆州牧刘表拥有地方数千里,士卒 10 余万,境内物资也比较丰富,但本人没有统一进取的大志。建安十三年(208 年)夏,曹操大军南征,就在这时刘表病死,长子刘琦和次子刘琮不和,刘琮决定投降曹操,刘琦率部退向夏口,刘备也率所部南撤,经当阳长坂折向东与关羽水军会合后也撤退到夏口。刘备在当阳遇到前来吊丧的东吴使臣鲁肃,后者也随军一起来到夏口。

孙权像

当曹操南征荆州和刘表病死的消息传到江东后,吴主孙权一面派鲁肃以吊丧名义去荆州刺探军情并联络刘备,一面将治所由吴(苏州)西迁京口(镇江),并在北固山前峰鼓楼岗筑城一座。赤壁大战前夕,孙权从吴迁治于京是出于战略的需要。吴邑虽繁富,但偏东临海,远离前线,又非江防险要,不足据为战。其次将治所向西推进数百里至江河交汇处的京口,既有利于指挥、调动水军,也是迎战曹军的战略姿态。孙权自京口统军沿江西上后,在柴桑(今九江)会见刘备派来的特使诸葛亮,正式结成孙刘联盟。这年十月,孙刘联军在赤壁大破曹军,曹操退回北方,这就是历史上著名的以少胜多的赤壁之战。南宋镇江府学教授熊克曾说:"按曹操之东下也,孙仲谋自吴徙居于京,乃遣周瑜逆击,大破之。……则是役也,虽获捷于赤壁,实决机于丹徒。"孙权还在镇江北固山前峰筑城一座,"子城,吴大帝所筑,周廻六百三十步,内外固以砖,号铁瓮城"(《至顺镇江志》)。铁瓮城可能就是在兴平年间(194—195)孙河屯京地所筑京城的基础上将土城改建为砖壁城的。古代这里望江临海,形势险要,这座面积不大的砖壁城实际上是设有城防的孙权军府。建安十三年孙权迁军府于京,十四年筑城竣,徙家居之,将眷属也从吴(今苏州)迁来京口。京口铁瓮城是继吴邑之后的东吴早期的政治中心。

刘备招亲甘露寺(邮票)

赤壁之战后,刘备占据荆州八郡中长江以南的四郡(武陵、长沙、桂阳、零陵),治于湖北公安。建安十四年(209年)冬,“备诣京见权”。刘备从荆州乘船来京口会见孙权,是想求借位于长江北岸的荆州重镇江陵,以图日后向益州(四川)发展。孙权(以周瑜统军)仅得荆州在长江以北的江夏郡和南郡,但占有夏口、陆口及江陵等江津要地。在荆州问题上刘备受益最大,不过荆州本为刘表的地盘,长沙等四郡又是刘备自己打下来的,不存在来京口商借荆州一事。清人赵翼在《廿二史劄记》中指出:“借荆州之说,出自吴人事后之论,而非当日情事也。……夫借者,本我所有之物而假与人也。荆州本刘表地,非孙氏故物。……赤壁之战,瑜与备共破操。华容之役,备独追操。其后围曹仁于南郡,备亦身在行间,未尝独出吴之力,而备坐享其成也。……迨其后三分之势已定,吴追思赤壁之役实藉吴兵力,遂谓荆州应为吴有而备据之,始有借荆州之说。”可见刘备在战后来京口不是求借已被刘备打下的荆州在长江以南的四郡之地,而是求借位于公安上方的长江北岸的江陵。在京口孙刘会谈的结果:一是吴方让出了江陵;二是孙刘联姻,孙权将妹妹嫁给刘备；三是孙权上表刘备为荆州牧，孙刘联盟得到进一步巩固。

对刘备来京口会谈，东吴内部意见并不统一，周瑜、吕范等高级将领认为刘备并非是久屈人之下的枭雄，不如乘机软禁。周瑜自前线任所驰书献计："徙备置吴，盛为筑宫室，多其美女、玩好，以娱其耳目。"孙权权衡利害，采纳了主和派鲁肃的主张。孙刘所以能联姻，一是刘备据荆州之南可作为江东的屏障，刘备也可借此避免联盟的破裂；二是在京口会谈中，孙权借助联姻多了一份日后可使刘备让步的政治筹码。三国吴初，北固山后峰尚未建寺，刘备招亲处或应在北固山前峰新筑竣之铁瓮城孙权府第内。另外，汉末吴初时镇江地近海口，不仅北固山三面临水，北固山西面的蒜山也还三面临水。刘宋史学家刘损的《京口记》载："蒜山无峰岭北，悬临江中"。既悬临江中，则不可能在岭下设渡。当年刘备来京口与孙权会谈时的船队可能就停泊在北固山与蒜山之间的内弯型的江滩处，而不可能停泊在岭北悬崖下。孙夫人在《吴志》、《蜀志》中均未列传，据《汉晋春秋》记："孙夫人者，汉破虏将军坚之女也，名仁献"。权"妹才捷刚猛，有诸兄之风，侍婢百余人，皆亲执刀侍立。先主每入，衷心常凛凛"（《资治通鉴》），是一桩名副其实的政治性婚姻。清人袁枚有诗："刀光如雪洞房秋，信有人间作婿愁。烛影摇红郎半醉，合欢床上梦荆州。"战后刘备虽然站住了脚跟，但形势仍很困难，诸葛亮后来形容当时的形势："主公之在公安也，北畏曹操之强，东惮孙权之逼，近则惧孙夫人生变于肘腋之下。"建安十九年（214 年）刘备入蜀定益州，使赵云留守公安，孙权闻讯"大遣舟船迎妹"。这桩政治性婚姻前后维持仅 5 年，即告寿终正寝，此后孙夫人再也没有回到刘备身边。

也有人认为孙权是在京口会谈后将妹妹送到公安与刘备成亲的，因为《蜀志》记刘备被推为荆州牧后，"权稍畏之，进妹固好。先主至京见权，绸缪恩纪"。其实，"进"字是对刘皇室后裔刘备的尊语。可能刘备来京口之前，吴方已表达了联姻的意向，不可能在会谈结束刘备返回公安后，孙权才将妹妹送到公安去成亲。

京口会谈所以取得成功，鲁肃起了很大作用，史载“惟肃劝权借（荆州）之”，更不赞成软禁刘备，坚定地维护了孙刘联盟。鲁肃，字子敬，临淮东城（安徽定远）人，为人方严，寡于玩饰，内于节俭，却又散财好施，深得乡党及部下的欢心。后来，鲁肃随周瑜来到江东，留家曲阿，被周瑜荐之于孙权。建安十五年（210 年）周瑜病故，孙权以他代统其军，后拜横江将军，负责西线的指挥。鲁肃后来卒于前线任所，“权为举哀，又临其葬”。其葬一说在临淮故里（定远），一说在京口。康乾《镇江府志》和嘉庆《丹徒县志》引旧志谓在镇江“城东苦竹里”（今谏壁乡新竹村）。后修的光绪《丹徒县志》则记有两处，一处在苦竹里，另一处在城内大学山上即今镇江一中校园内，或说是由苦竹里迁葬于此，或说是衣冠冢。虽有待考实，但从孙权曾亲临其葬的记载看，不应离都城建业（今南京）太远。

在京口，孙权还同刘备研究了战后吴的治所问题，刘备曾问孙权：“吴去此数百里，即有警急，赴救为难，将军无意屯京乎？”孙权回答：“秣陵有小江百余里，可以安大船，方理水军当移据。”刘备辞行时，孙权“自饯备于江上，观望久之”，还对刘备说，我与你合力扫清天下，迎接汉帝回都洛阳，等到事定之日我与你两人一起乘船放游沧海。刘备回答说，这也是我的志向。两位政治家惺惺相惜，讲一些言不由衷的大话。孙权治京前后 4 年，建安十六年（211 年）再将治所西迁秣陵，改称建业，第二年筑石头城作为军府所在。迁治建业后，孙权在京口设京下督，将京口作为建业以东长江下游的重要屏障。

建安十九年（214 年），刘备西取益州，占据成都；建安二十四年（219 年）刘备进取汉中，三国鼎立局面正式形成。公元 220 年，曹丕建魏称帝，次年刘备称帝，229 年孙权称帝，三国相对稳定发展。

## 二、永嘉南迁与侨置徐州

三国鼎立，蜀国是最弱的一方，公元 263 年魏灭蜀，265 年司马炎代魏建晋，280 年西晋灭吴，统一中国。西晋时，今镇江地区的丹徒、丹阳(曲阿)辖于扬州毗陵郡,今镇江地区的句容辖于扬州丹阳郡。西晋政权是历史上极其腐朽的政权,统一不久就发生了长达16年之久的争夺最高统治权的“八王之乱”,并直接导致了北方少数民族贵族起兵反晋及随之而来的民族仇杀。晋怀帝永嘉五年(311年),匈奴贵族刘曜攻陷洛阳,晋愍帝建兴四年(316年),刘曜又攻入长安,西晋灭亡。

民族压迫导致民族仇杀。当时“长安城中,户不盈百,墙宇颓毁,蒿棘成林”。其后,羯族贵族石虎更是“降城陷垒,坑斩士女,鲜有遗类”。在战争、灾荒、饥饿的打击下,北方人民纷纷南迁,史称永嘉(307—313)南迁。中原许多士庶地主举族南逃,宾客、部曲及同乡同里之人也随同逃亡,每个流民群有数百上千之众。据谭其骧先生的估算,当时自北方地区南移的人口总数不下90万。永嘉之乱时“幽、冀、青、并、兖州及徐州之淮北流民相率过淮,亦有过江在晋陵郡界者”。这第一次南迁浪潮以滞居淮南者为多,但也有过江到扬州晋陵郡的。西晋时的毗陵郡到东晋时称晋陵郡,以京口为郡治。东晋前期咸和(326—334)初,原青州流民集团领袖苏峻等拥兵江淮,对抗东晋中央政权,北方羯族贵族乘机南侵,司空郗鉴又迁徙在淮南的流民过江至晋陵郡内,于是出现第二次南迁浪潮。这次流民由淮过江,大多滞居在今宁、镇、常、锡一带。其后,在淝水之战中前秦兵南下及南朝刘宋统治期间北魏军大举南侵,也出现过北方民众流徙南奔过江的浪潮。

东晋政权为了维护南迁侨姓士族的利益,也为了控制南迁的侨人,在侨人集中的地区侨置郡县,仍用原籍州郡县的旧名,称为侨州、侨郡、侨县,称南迁之人为侨人,保留原来的籍贯。当时南方土著户口著于黄籍,侨人户口著于白籍,入白籍的侨户在“土断”前可免赋税和徭役,这对招徕北方流民、安抚南迁的北方士族及稳定刚刚建立的东晋政权都是十分重要的。东晋政权除了在都城建康侨置魏、广川、高阳、堂邑诸郡外,还在京口侨置徐州、在广陵(今扬州)侨置兖州。侨置于京口的徐州,习称为南徐。东晋时京口还是扬州晋陵郡

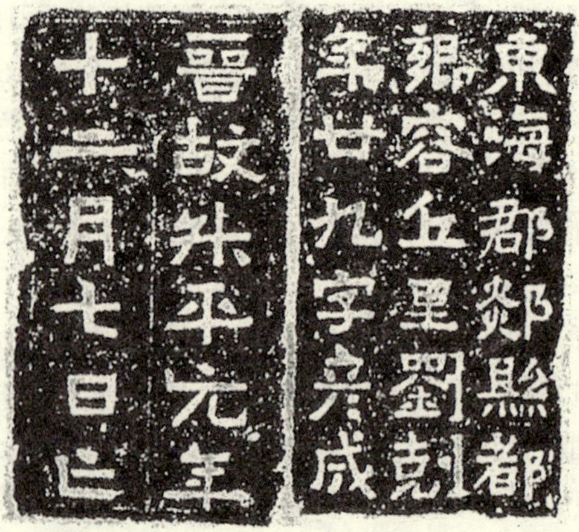


镇江出土的东晋侨居京口的东海郯（山东郯城）人刘剋墓志

的郡治所在，辖有丹徒、曲阿、武进、延陵、毗陵、暨阳、无锡7个县，侨置徐州的侨民就分散侨居在这7个县内，是当时侨置人口最多的地区之一。整个东晋一朝，京口既是扬州晋陵郡的郡治所在，又是侨置徐州的州治所在，集实治与侨治于一地。

1962年，在镇江东郊汝山贾家湾一座东晋墓中出土墓志砖两块，记录有墓主刘剋（尅）的地望、姓名、年龄及亡故时间。刘剋，字彦成，东海郡郯县都乡容丘里人，逝于东晋穆帝升平元年（357年），年二十九。东海郡在西晋时辖于徐州，统郯等12县。西晋末流人过江，东晋政府割江南吴郡的海虞北境，立郯县等侨县，寄居曲阿。晋穆帝时又移郯等侨县寄居京口。刘剋墓志就是这段移民史的实物见证。

淝水之战，前秦失败，东晋政府一度收复徐、兖、青、司、豫、梁等北方失地。徐州沦陷地既已收复，东晋末义熙七年（411年）划分淮北为北徐州，“淮南仍为徐州”。公元420年，刘裕代晋建宋，统一州号，“诏旧郡县以北为名者悉除之，寓立于南者，听以南为号”，第二年遂改称淮北的北徐为徐州，改称淮南的侨置徐州为南徐，这是南徐州正式得名之始。宋文帝元嘉八年（431年）进一步改建南徐，划江为界，将原扬州晋陵郡与侨置在晋陵郡的各个侨郡、侨县两套行政机构合在一起，统称为南徐州，所辖17个郡以京口为治所，历宋、齐、梁、陈四朝而未改。

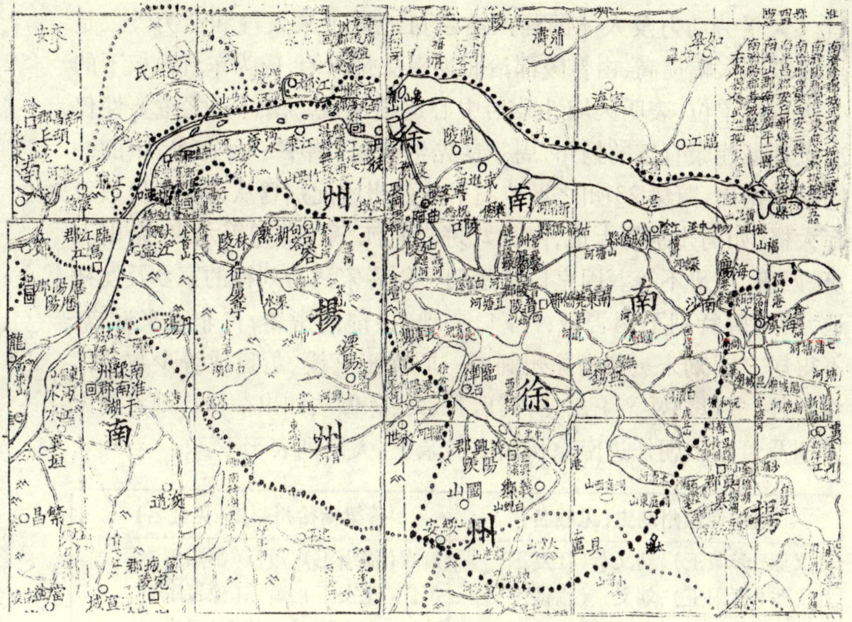

（清）杨守敬绘南徐州（治京口）州郡图

东晋南朝时，京口城市地位大大提高，由三国时的名城而成为建康以东的地区性的政治中心。一是以京口为治所的南徐州成为北方南下移民的主要集中地，至南朝刘宋时，侨籍户口数超过本籍户口数。宋孝武帝大明八年（464 年）统计的南徐州人口数为 420 640 人，其中侨籍户口数约 22 万，原土著户口数约 20 万，侨寓人口数超过了土著人口数。谭其骧先生在《晋永嘉丧乱后之民族迁徙》一文中曾指出："南徐州所接受之移民最杂、最多，而其后南朝杰出人才亦多产于是区，则品质又最精。刘裕家在京口（镇江），萧道成、萧衍家在武进之南兰陵（武进），皆属南徐州。故萧子显称南徐州曰：'宋氏以来，桑梓帝宅，江左流寓，多出膏腴。'南徐州之人才又多聚于京口，列传中查到，祖逖范阳遒人、檀道济高平金乡人、刘粹沛郡萧人、孟怀玉平昌安丘人、刘康祖彭城吕人、诸葛璩琅玡阳都人，皆侨居京口。”大量劳动力及人才的涌入给京口地区带来人气和活力。二是行政级别大幅提高，由晋陵郡治而为南徐州州治，成为东晋政权下的一级行政单位，表明区域性政治中心逐渐形成。南徐州之重要性仅次于都城建康直辖的扬州，周一良先生曾据《隋书·百官志》中的一则材料指出，萧梁23州之地位高下从各州所配别驾从事史的班数可窥大概，如扬州别驾十班，南徐八班，荆、江、雍、南兖等六班，余则五班、四班、三班不等。因京口是南朝开创者宋武帝刘裕的家乡及发祥地，刘裕曾特别下诏告诫：“京口要地，去都邑密迩，自非宗室近戚，不得居之。”刘宋一朝南徐州刺史一职除王玄谟、萧道成等少数亲信将领外，多以刘姓亲王出任，其后齐、梁、陈做法如出一辙。现将刘宋王朝及萧梁王朝任过南徐州刺史的亲王、大臣列表于下：

| 刘宋南徐州刺史(见载名) | 萧梁南徐州刺史(见载名) |
|---|---|
| 刘义康(彭城王)、刘义恭(江夏王)<br>刘义季(衡阳王)、刘义宣(南谯王)<br>刘　诞(竟陵王)、刘　绍(庐陵王)<br>刘　濬(始兴王)、刘子尚(豫章王)<br>刘延孙(文穆公)、刘子鸾(新安王)<br>王玄谟(平北将军)、刘子仁(永嘉王)<br>刘休范(桂阳王)、刘休佑(晋平王)<br>刘休若(巴陵王)、刘　景(太子詹事)<br>刘景素(建平王)、刘　赞(武陵王)<br>刘　燮(晋熙王)、萧道成(司空) | 萧宏(临川王)、萧恢(鄱阳王)<br>萧伟(建安王)、萧综(豫章王)<br>萧绩(南康郡王)、萧纲(晋安王)<br>萧续(庐陵王)、萧欢(豫章郡王)<br>萧纪(武陵王)、萧誉(河东王)<br>萧纶(邵陵王)、萧正义(临川王)<br>萧藻(中书令)、萧大庄(新兴王)<br>萧大临(南海郡王)、陈霸先(大都督)<br>徐嗣徽(太子右率) |

六朝时“东南有事必以京口为襟要”，这是从战略地位上说的。其实，作为南朝皇室的桑梓故里，这是除建康外，其他六朝重镇所无法比拟的。

## 三、祖逖京口北伐

祖逖(266—321)，字士稚，幽州范阳遒(今河北涞水县北)人。祖姓为河北大姓，祖逖出身于官僚世家，父祖武曾出任西晋上谷太守，生子六人，都性格开朗并有才干。祖逖生性活泼，不拘小节，少年时代不知用心念书，但轻财好侠，慷慨有节，每到田庄常借称奉兄长之意施舍布谷接济贫困的乡亲，受到宗族邻里的敬重。长大后发愤读书，往来于京师洛阳之间，被人誉为有佐世之才。20 多岁时侨居司州阳平，与好友刘琨同任司州主簿。两人志同道合，并有英气，常夜半起坐，纵论天下大事。一天尚未拂晓，祖逖听到田野的鸡鸣声就踢醒刘琨，一同到户外拔剑起舞，这就是成语“闻鸡起舞”的来历。

其后，祖逖任过椽属、祭酒、从事中郎等职位不高的官职，八王之乱（291—306）时他隐居不出，晋皇室司马氏诸王竞相拉拢他出来做官，被他一一回绝。西晋末匈奴贵族驱兵攻城掠地，屠戮汉人，他率亲党数百家避地淮泗，一路上“以所乘车马，载同行老疾，躬自徒步，药物衣粮与众共之，又多权略”，被公推为行主，是永嘉南迁中幽州流民集团的领袖。当这支流民队伍到达泗口时，镇守江东的司马睿任命他为徐州刺史，不久再任军谘祭酒，迁居丹徒之京口。

当时中原沦陷，北方人民处在水深火热之中，祖逖常怀复兴之志，到建业（今南京）向司马睿建言：“今遗黎既被残酷，人有奋击之志。大王诚能发威命将，使若逖等为之统主，则郡国豪杰必因风向赴，沉溺之士欣于来苏，庶几国耻可雪，愿大王图之。”当时司马睿刚刚拓定江南，有心偏安，无意北伐，但又不能不举北伐这面义旗，就给了祖逖一个奋威将军、豫州刺史的空头衔，仅拨 1000 人口粮及 3000 匹布，不给铠、杖等兵器装备，让他自己招募士兵。

永嘉七年（313 年），祖逖从一起南下的数百家亲党部曲中挑选出 100 余家组成部队，自京口江面渡江北上，船至大江中流，用力击打船桨说：“祖逖不能清中原而复济者，有如大江”。辞色壮烈，慷慨激昂，闻者无不惊叹，这就是脍炙人口的“中流击楫”的故事。北伐军过江沿邗沟进驻淮阴，招募士卒，冶铸兵器，队伍扩大到 2000 多人，接着渡淮向沦陷区进军。首先平定一些拥兵自重、割地自守、阻挠北伐的汉人坞堡武装，打通北伐通道。接着广泛联络长江中下游及黄河以南各地坞堡、壁垒等武装组织，共同抗敌，与石勒的后汉军展开拉锯式的较量。大兴二年(319 年),石勒派养子石虎率军 5 万南下,与祖逖北伐军在浚仪城(今河南开封西北)相持 40 天。第二年北伐军又打败石勒万余骑兵的反扑,《晋书》称:“由是黄河以南,尽为晋土”,北伐形势大好。祖逖在军中“躬自俭约,劝督农桑,克己务施,不畜资产,子弟耕耘,负担樵薪”,在军中及百姓中享有崇高威望,受到中原父老的赞咏:“幸哉遗黎免俘虏,三辰济朗遇慈父。玄酒忘劳甘瓠脯,何以咏恩歌且舞。”

正当祖逖准备渡河北上,收复黄河以北失地,完成北伐统一大业之时,晋元帝司马睿心怀恐惧,派广陵人戴渊为征西将军,都督兖、豫、幽、冀、雍、并六州诸军事,以节制祖逖。这时又传来都城建康将相不和、朝廷内部矛盾激化的消息,祖逖忧愤成疾,于大兴四年(321年)病死于雍丘(河南杞县),终年 56 岁。东晋初年的祖逖北伐因东晋皇室的猜忌半途而废,已收复的大片土地不久又相继失去。

## 四、千秋北府兵无敌

东晋中期大臣谢安执政,在他的筹划下,组建了一支由中央政府直接控制的武装力量——北府兵。北府即京口代称,“晋都建康,以京口为北府,历阳为西府,姑孰为南州”(《资治通鉴》胡三省注),这是因为京口既是侨置徐州的州治,又是都督徐州军府的所在。东晋与十六国对峙,在淝水之战前南北东段以淮水为界,东晋政府在京口侨置徐州,而原徐州在淮南的土地并未沦丧,是为侨置徐州的北疆之地。《南徐州记》载:“晋氏南迁,徐州刺史(王)舒加北中郎将,北府之号,自此起也”,可知早在东晋前期北府就已是京口的别称了。

东晋权力之争激烈,成为东晋政治的一大特点,京口作为建康屏藩而为各派政治力量所看重。晋成帝咸和二年(327 年),屯驻江北的历阳内史、临淮太守苏峻联合豫州刺史祖约以讨庾亮为名发动叛乱。苏峻拥兵两万,先陷姑孰,继攻入建康,迁晋帝于石头城。苏峻又分兵攻略晋陵、义兴等地。东晋政权以荆州刺史陶侃、江州刺史温峤及徐、兖二州刺史郗鉴等联兵征讨。陶侃军与温峤军自上游进攻石头城,郄鉴军则在下游固据京口,与上游形成夹击之势。郄鉴,字道徽,高平金乡人,永嘉之乱时他与千余家避难鲁地峄山,武装自保,被推为坞主,众至数万。晋元帝封他为兖州刺史。不久王敦专权,郄鉴自峄山南下屯合肥,继又奉诏过江任尚书令,与温峤等合谋助晋明帝平定了王敦之乱。晋成帝咸和初,他被任命为徐州刺史。苏峻攻下建康后,他与后将军郭默退向丹徒,固守京口,又在外围筑大业、曲阿、庱亭三垒,阻断了建康通向三吴的粮道,继又在大业争夺战中力挫叛将张健的围攻。不久苏峻战死,余部"苏逸等走吴兴,鉴遣参军李闳追斩之,降男女万余口"(《晋书·郄鉴传》)。叛乱平定后,"鉴遂城京口",被东晋政权加封"都督扬州之晋陵、吴郡诸军事"。南朝史学家刘损在《京口记》中曾记载郄鉴镇京口时其住宅方位在后来明清镇江旧城西南的糖(唐)颓山南。

东晋初长江下游的扬州与上游的荆州是支撑东晋政权的两大政治、经济板块。扬州州治建康是东晋都城所在,重要性自不必说;荆州则是东晋政权的龙头所在,为防止北方少数民族贵族入侵,荆州"资实兵甲,居朝廷之半",常对下游的都城建康构成威胁。从东晋初的王敦叛乱,到其后桓温专政,都表明为改变上下游力量失衡,为维持相对稳定的统治,需要在下游组建一支由中央政府直接指挥的军队。东晋中期南北力量对比也出现新的情况,北方氐族贵族建立的前秦日益强大,前秦王苻坚即位后先后灭掉燕和前凉,于376年统一了北方,版图"东极沧海……北尽沙漠",地广兵强,并先后夺取了东晋的梁州和益州,对南方政权的威胁越来越大。南北政治格局的变化也促使东晋政府采取措施,强化自身的军事力量。

晋孝武帝宁康元年(373年),权臣桓温病死,军权由其弟桓冲继掌。在北方强秦威胁下,东晋统治集团内部矛盾暂趋缓和,桓冲主动将扬州刺史一职让给辅政大臣谢安,自己专镇上游荆州,以作防秦准备。执掌朝政的谢安以其侄广陵相谢玄为兖州刺史兼领徐州刺史,在京口(南徐州州治)和广陵(南兖州州治)两地侨民集中的地区召募新军。这些南迁侨民及后裔深受背井离乡之苦,除少数士族外大多穷困破产，政治上更没有地位，只有投身军伍，建功立业，才能改变自身境况。流民及其后代素以强悍著称，又经严格训练，骁勇善战，当年桓温在世时就常说：“京口酒可饮，兵可用”。这支新军组建后，“玄以（刘）牢之为参军，领精锐为前锋，百战百胜，号为北府兵”，成为东晋中央政府能直接控制和指挥的一支劲旅，在其后秦晋淝水之战及在镇压孙恩农民军过程中都起过举足轻重的作用。据《京口记》载，徐州刺史、北府兵大将谢玄镇京口时，其住宅在丹徒长村太渎之北。

谢玄像

太元三年（378 年），前秦军队猛扑东晋上游重镇襄阳，揭开了大规模进攻的序幕。第二年襄阳城失守，守将朱序被俘。苻坚移师东线，相继攻下彭城、淮阴、盱眙，但在三阿（今高邮西北）之战中被谢玄统率的北府兵击退，败回淮水以北。三阿之战表明新组建的北府兵具有强大的战斗力，但苻坚没有接受东线受挫的教训，也不顾朝中文武大臣的反对，一意孤行，妄想一举征服南方。383 年，他征发步卒 60 多万、骑兵 27 万，以苻融统军 25 万为前锋，倾其全力南下，军队旗鼓相望，前后千里。十月，秦军前锋渡过淮水，攻陷寿阳（今安徽寿县），先头部队 5 万进屯寿阳东面的洛涧。东晋政权以谢石、谢玄率北府兵主力 8 万前往迎战，在洛涧与前秦军相持。苻坚为胜利所陶醉，仅带 8000 轻骑赶到寿阳，又派朱序到晋营中去说降。朱序虽然被俘降秦，但心向东晋，反而向谢石建议：“若秦百万之众尽至，诚难与为敌。今乘诸军未集，宜速击之。”十一月，谢石、谢玄派先锋刘牢之率精兵 5000 乘敌骄傲不备，突袭洛涧，歼敌万余。晋军主力渡过洛涧，推进至淝水东岸与秦军隔河对峙。前秦王苻坚在寿阳城头窥见晋军布阵严整，又望八公山上的草木皆以为是晋兵，始有惧色，对左右说："此亦劲敌也，何谓弱也"。晋方约日渡河决战，苻坚、苻融将计就计，想乘晋军渡河立足未稳之际予以突袭，但前秦军多是被征而来的各族人民，不愿为氐族贵族卖命，一退竟不能止，朱序在阵后乘机大呼"秦兵败矣！"晋军主力乘势渡河出击，秦军全线溃败，自相蹈藉，死者不可计数。沿途百姓也纷纷拿起武器截击溃兵，以至秦兵听到风声鹤唳，皆以为晋兵追至，一路狂奔不敢停留。淝水之战以前秦失败、东晋胜利而结束，成为中国历史上又一次以少胜多的战例。此役结局表明南北一统的条件还不具备，前秦就此一蹶不振，很快瓦解，北方重新陷于分裂之中，东晋王朝则暂时巩固了自己的统治。

刘牢之，字道坚，祖籍徐州彭城，侨居京口，其外甥即是后来与刘裕同举义旗、世居京口的侨民后代何无忌。牢之出身将门后代，祖父曾任西晋雁门太守，父为东晋将军，皆有武干。史载其面色赤紫，须目惊人，为人沉毅而多计策。兖州刺史兼徐州刺史谢玄募建北府兵时，他以壮勇应选入伍，并任北府兵参军，"领精锐为前锋，百战百胜"，以战功升任鹰扬将军。淝水之战中他统精兵5000打头阵，与梁成的20 000秦兵在洛涧隔岸对峙，继率军"直进渡水"，出其不意向敌营发起冲击，又分兵断其归津，歼敌万余人，斩秦将梁成及其弟梁云，先挫秦军锐气。在淝水决战中刘牢之军与诸军协力，大败苻坚主力，继率部收复淮北一些地区，以功任龙骧将军、彭城内史。淝水之战后东晋统治集团内部的斗争又趋激烈，设于京口的北府军府成为各派借重的力量。在建康继谢安执政的宗室贵戚司马道子和司马元显父子穷奢极恶，重用小人，导致朝政日衰。隆安元年（397年），镇守京口的徐、兖二州刺史王恭联合荆州的桓玄、殷仲堪起兵讨伐司马父子，因刘牢之被司马父子暗中收买，王恭兵败被杀。刘牢之就这样当上都督。刘牢之统领的北府兵成为影响东晋后期政局及镇压孙恩农民起义军的重要军事力量。其后割据荆州的桓玄集团举兵东下，控制了建康，刘牢之再背叛司马元显而依附桓玄，但仍被桓玄解除兵权，在出逃途中自缢而死，葬于丹徒。后来刘裕起兵铲除桓玄集团，才给他恢复了荣誉。

### 五、刘裕代晋建宋

东晋后期爆发的孙恩、卢循大起义沉重打击了当政的司马氏族集团，以北府兵将领刘裕为代表的庶族地主势力迅速崛起。

刘裕（363—422），字德舆，彭城（今徐州）绥舆人。西晋末永嘉南迁时，其曾祖刘混渡江侨居丹徒县之京口里。祖父刘靖任过东安郡太守，父刘翘为晋陵郡功曹。他一出世即失去患产疾而死的生母，被人代奶长大，小名就叫寄奴。年幼时因家贫，刘裕耕过田，捕过鱼，砍过柴，伐过苇，贩过履，深知下层的艰辛。长大后他风骨奇伟，豪情大度。一次因欠京口大族刁逵的 3 万赌钱，被绑缚马桩上示众却不告饶，幸被路过的长史王谧（东晋大臣王导之孙）解救。后来投身军伍，任北府兵冠军将军孙无终的司马。孙恩、卢循农民大起义（399—411）爆发后，东晋政府调驻于京口、广陵两地的北府兵主力前往浙东镇压。刘裕随军前往，并任前将军刘牢之的参军，后又受命领兵数百戍守句章（浙江慈溪境内）小城。当时政府军暴掠无纪，唯刘裕所部法令严整，为当地百姓所称道。孙恩军数攻句章不下，转攻沪渎，杀内史袁山松，刘裕所部尾随北上，在娄县（今江苏昆山）击败了起义军的殿后部队。隆安四年（400 年）六月，孙恩率主力 10 余万人分乘船舰沿江西上，攻到丹徒江面。当时刘牢之统领的北府兵主力尚在浙东山阴（今绍兴），赴援不及，都城建康人人震恐，殊料刘裕所部也自海口日夜兼行赶到丹徒，在京口城西北蒜山一战中以少胜多大败登岸的起义军，迫使孙恩退回江上，为北府兵主力回援建康赢得了时间。因镇压农民军有功，刘裕被封为建武将军、下邳太守，成为统治阶层中的一员。

当时建康朝政为司马元显父子所控制，腐朽不堪。称雄上游的荆州刺史桓玄（已故权臣桓温之子）乘机举兵东下，攻下建康，杀司马元显父子。第二年又废晋安帝而自立，改国号“楚”，大杀朝廷旧臣和北府兵将领，一时朝野失望，人不自安。元兴三年（404 年），刘裕在京口联合一批北府兵中下级军官，如刘毅、何无忌、魏泳之、刘穆之、孟昶、檀凭之、檀道济、诸葛长民、刘道规、孟怀义等 27 人及从者百余人在京口起兵，诛杀镇守京口的桓玄从兄桓弘。接着义兵传檄征讨桓玄，占领建康。桓玄兵败，在出逃途中被杀。晋安帝复位后，以功封刘裕为镇军将军、徐州刺史、都督八州军事；继又封他为扬州（州治建康）刺史、大将军、加太尉。刘裕掌握军政大权后，“以身范物先，以威骛内外，百官肃然奉职，仅二三日间，风俗顿改”。接着先后剪除曾随他一同起兵但想取而代之的刘毅及同党谢混、诸葛长民兄弟及刘藩等人。义熙十二年（416 年）被授相国，仍兼扬州牧，第二年又进爵为王。元熙二年（420 年）晋恭帝禅位，刘裕正式称帝，代晋建宋，改元永初，是为宋武帝，史称刘宋王朝，开创了南朝时期。

刘裕像

刘裕自执掌东晋大权至称帝前后，在政治、经济、军事各个领域推行改革措施。一是重用寒族，打击士族，剪除豪强。如山东渤海大士族刁氏于西晋末随司马睿渡江，置家于京口，至东晋末“有田万顷”、“奴客纵横，固吝山泽，为京口之蠹”。刁家的刁逵在桓玄作乱时又充当帮凶。刘裕掌权后杀刁逵及其子，并将刁家财产分给当地百姓。义熙元年（405 年）又严厉镇压在建康的贵戚王愉、王绥父子的谋叛，处死王氏子孙 10 多人。在用人上，“内省取用寒人，外藩托付功臣”，并下令改变魏晋以来“下品无高门，上品无贱族”的取士制度。二是继续推行“土断”措施，除侨置在晋陵郡

(郡治京口)的徐、兖、青三州外,其余各州废除侨郡、侨县,依地而断,将侨户编入所在郡县,不再有土著与侨人之别,是继东晋中期桓温主持"庚戌土断"后又一次全国性的整顿和清查户籍的行动。对隐匿户口的世家大族则予严厉惩处,如余姚士族虞亮藏匿隐户 1000 多人,被下令处死。通过"土断",不仅抑制了豪强势力,也扩大了征收对象。三是奖励生产,重视教育。政府以减免租、布的办法,奖励流亡人众回乡生产,又下令将老、弱、幼、贫及单丁的士兵放归务农。刘裕当上皇帝后,下诏减免租布两年,并取消一些杂税,在一定程度上减轻百姓的负担,还说"古之建国,教学为先",诏令选择儒官,振兴教育,并规定各州郡选送的秀才、孝廉须考试选拔,不得滥竽充数。四是生活节俭,反对奢靡。《南史》称誉他"清简寡欲,严整有法度。未尝视珠玉舆马之饰,后庭无纨绮丝竹之音。"一次宁州献琥珀枕,价值百金,因听说可以疗伤,即令碎成小块分赐给诸将。后又有人献石床,他说木床已不易,何况石床,下令砸毁。规定公主出嫁不许用锦绣金玉,婚嫁费不得超过 20 万。所住旧宫,床上挂的是土布做的帐子,墙上挂的是葛布灯笼和麻绳拂,并命人将当年务农时用过的耨耜等农具收藏保存,用来教育子孙。





义熙五年(409 年)和义熙十二年(416 年),刘裕两次统兵北伐,既顺应了民心,又建立了盖世奇功,为和平禅代先作铺垫。第一次是北伐南燕,南燕是鲜卑族慕容氏在北方建立的国家,范围包括今山东及河南东部。义熙五年,南燕王慕容超大掠淮北,刘裕亲率大军在临朐击败南燕军主力,进围南燕都城广固(今山东益都),时"河北居民荷戈负粮者,日有千数"。在民众支援下,第二年北伐军攻下广固,活捉慕容超,灭掉了南燕。后秦为淝水之战后的羌族贵族姚苌所建,范围包括今陕、甘和豫西,以长安为都。姚苌死后,姚兴即位。义熙十二年(416 年),姚兴病死,后秦统治集团爆发权力之争。刘裕乘机出兵,水陆并进,于第二年八月攻入长安,灭掉后秦。关中父老箪食壶浆,迎接王师。经过两次北伐,收复了中原和关中大片地区,使东晋疆域向北和西北拓展了许多,本可一鼓作气统一全国,结束南北分裂、民族仇杀的混乱局面。但刘裕北伐挟有私心，当听说留在建康的心腹刘穆之突然病死，就匆忙拔军南返，只留下少量部队驻扎关中，使长安很快得而复失。此后，南北分裂局面又持续了一个半世纪。

刘裕皇帝当得不长，永初三年（422 年）病死在建康，葬于蒋山，其墓被称为初宁陵。刘裕开创南朝，并使晋末宋初出现政治比较清明、生产有所恢复的较为安定的局面，为其后宋文帝的"元嘉之治"打下了基础。明末王夫之在《读通鉴论》中曾作如是评价："自永嘉以降，仅延中国（中原）生人之气者，唯刘氏耳，安得不与唐宋论哉！"

"斜阳草树，寻常巷陌，人道寄奴曾住"（辛弃疾《永遇乐·京口北固亭怀古》。据元《至顺镇江志》所载，"宋武帝旧宅，在寿丘山，即今普照寺"。在元之前的南宋还存有当年刘氏用过的水井，陆游在《入蜀记》中就记有"寿丘者，宋高祖宅，有故井尚存"。旧时的寿丘山位于北固山前峰鼓楼岗南，即今镇江市区正东路北的梦溪园巷内。

## 六、经济起飞与文化兴盛

### 1. 镇江地区的进一步开发

六朝时期江南经济起飞，建康附近、浙北和浙东、无锡以西的京口晋陵地区是江南开发的重点。早在孙策经营江东时，部将中就有不少皖籍将士及随行的宾客、部曲渡江东下，带来更多劳动人手。孙权为抗衡北方，大兴屯田，仅建业、京口一带就有江乘、湖熟、溧阳、毗陵等屯垦区，其中毗陵屯垦区东连太湖、西至丹徒，有屯田客"男女各数万口"，成为长江下游最大的一块民屯区。东晋时，京口晋陵地区农业开发加快，大批北方流民迁居于此。出于对土地的强烈需求，定居于此的北方流民不断向山林川泽纵深进军，从根本上改变了地广人稀的景象。除农业规模扩大外，农业生产水平显著提高，农作物品种增多。东晋政府曾明令宁镇地区推广种麦。此外农田水利工程不断兴建，如东晋张闿（吴大臣张昭的曾孙）任晋陵内史时曾开新丰塘，可灌溉田地 800 多顷。新丰塘也称新丰湖，在曲阿县东北 30 里。曲阿又有练湖，湖周 40 里，由晋代陈敏、陈谐兄弟督令开浚，可灌溉田地几百顷。

随着粮食增多,酿造手工业得到发展。酿造好坏水质很重要,京口水清滑,因而京口酒的质量很高。除京口酒外,新丰酒、曲阿酒也很有名。《北史·刘藻传》记北魏军将南伐,魏孝文帝与征虏将军刘藻辞于洛水之南,相约见于石头。藻曰:"陛下辄当酾曲阿之酒以待。"孝文帝大笑:"今未至曲阿,且以河东(酒)数石赐卿。"可见南朝时曲阿酒名播北方。除酿造业外,京口地区铜器制作及造船业也负盛名。建国后从镇江地区六朝墓葬中出土不少铜器(铜镜、铜洗、铜灯)、铜钱,前几年考古工作者还在镇江市区北固山前峰西侧山坡下,发现有六朝时的造船工场遗存,出土有船及木作铁工具。

六朝时期商业及交通运输业也伴随农业、手工业进步而日趋活跃。三国时,为缩短江航航程及避免江浪风险,赤乌八年(245年),吴大帝孙权派陈勋"发屯兵三万凿句容中道,至云阳西城,以通吴、会船舰,号破岗渎",既方便运粮,又方便去曲阿谒陵,成为著称于六朝的一条人工河道。东晋时京口与京师建康已有陆路相通,自京口沿宁镇山脉濒江而西,包括京口路(京口至龙潭竹里)和竹里路(竹里至建康)两段。东晋末,刘裕在京口起兵讨桓玄,就是率义军沿京口——竹里——江乘——罗洛桥——覆舟山路线攻入建康的。后来对京口路及竹里路大规模拓宽、改造,使之成为能通行车驾的宽坦大道。东吴后期政局混乱,屯田制度一度遭到破坏,州郡吏民和屯田军士大多弃本逐末,利用船舰返货经商。东晋时侨居京口的刁氏更善经商,当年刁协南下时就指使部属,贩运买卖,其后他的子孙个个"以货殖为务",以至暴富。

经济发展和人口增加导致城邑扩大。东晋南朝时,京口城是长江下游仅次于都城建康的第二大城市。京口城即东晋晋陵郡城和南朝南徐州州城。撰于南朝刘宋的《南徐州记》曾说:"(京口)城西北有别岭入江,三面临水,高数十丈,号云北固。"《南齐书·州郡志》也说:"今京城,因山为垒,望海临江,缘江为境。似河内郡,内镇优重。"从记载的方位及地望来看,京口城应在北固山及其东南沿江一带,包括吴初在北固山前峰建成的铁瓮城在内。元嘉二十七年(450年),宋文帝刘义隆巡经丹徒,在《幸丹徒谒京陵诏》中盛赞:"京口肇祥自古,著符近代,衿带江山,表里华甸,经涂四达,利尽淮海,城邑高明,士风淳一,苞总形势,实维名都。"并下令募迁百姓数千家来京口落户,进一步充实刘宋皇室的桑梓故里。《隋书·地理志》曾对京口城市在六朝时的地位作了评价:"京口,东通吴会,南接江湖,西连都邑(指建康),亦一都会也。"

据《宋书·州郡志》记载,刘宋南徐州有 72 472 户,人口420 642,仅次于扬州。东晋南朝的扬州—南徐州经济区囊括了长江下游与钱塘江流域,是当时南方农业条件最优、开发最力的地区,成为支撑南方政权最重要的经济板块。

2. 江左流寓,多出膏腴

经济的增长带动了文化的发展,加之南迁移民中也有相当一批文人学士,魏晋学风随之被带到江南。南北对峙,南方相对和平安定,文人荟萃成为一大景观。除都邑建康外,以京口为治所的南徐州极受赞誉:"宋氏以来,桑梓帝宅,江左流寓,多出膏腴。"

东晋南朝时期,我国古代科学技术有较大突破,天文学、数学、物理机械、化学医学等都有引人注目的成就,出现了像葛洪、祖冲之这样的科学巨匠。

晋代道教理论家、炼丹家葛洪,在长期炼丹实践中掌握了多种矿物、植物的化学性能知识,记载了炼丹过程中的众多化学现象,如炉温与化学反应的关系,分解反应与合成反应现象,还记载了冶炼合金、熔解黄(金)白(银)及化学制药的种种实验。中国古代的炼丹术其实就是古代的实验化学,被公认是近代实验化学的先驱。英籍中国科技史专家李约瑟博士说过,近代化学的最重要源头之一就是从中国传出去的。道教重生恶死,修道者兼修医术。葛洪在学道炼丹中掌握不少动植物的药理性能及用途,在搜集大量前人医方及民间验方、秘方基础上撰有《玉函方》(《金匮药方》)100 卷。他还从实用和方便出发,将《金匮药方》中的简单实用部分缩编为《肘后卒救方》

3卷，如他所说："皆单行径易，约而易验，篱陌之间，顾眄皆药，众急之病，无不毕备，家有此方，可不用医"，可视为我国古代最早的"医疗急救手册"，体现出葛洪的救死扶伤的医本思想。当时战乱频频、疾疫横行，《肘后卒救方》的出现是对社会的一大功德善举，也是对中华医学的一大贡献。此外，他对一些流行性疾病、传染性疾病和寄生虫病的症状已有相当的认识，其医学成就代表了公元4世纪我国的医学水平，其中有些成就领当时世界医学之先。

祖冲之像

祖冲之则是南朝最著名的天文学家和数学家。祖姓为河北名门著姓，其望族居范阳一带。西晋末永嘉南迁时，祖冲之先祖一族很可能随幽州流民集团领袖范阳遒人祖逖一起南下，避居淮泗，再由泗口沿邗沟渡江，"居丹徒之京口"。不久，祖逖又从一起南下的数百家亲族乡党中挑选出一百多家组成部队，自京口渡江北伐，冲之先祖这一族可能就留在了京口、建康一带。祖冲之父祖都在建康任职，他自幼长在建康并得到宋孝武帝提拔，任职于华林学省，宋、齐两朝先后任南徐州从事史、公府参军、娄县令、谒者仆射、长水校尉等。大明五年(461年)祖冲之来京口，在南徐州刺史、新安王刘子鸾手下任从事史(州刺史属官)，《大明历》和"祖率"这两项成就都是他在南徐州从事史任上最后完成的。《宋书·律历志下》云："大明六年，南徐州从事史祖冲之上表曰："……臣生属圣辰，逮在昌运，敢率愚瞽，更创新历。谨立改易之意有二，设法之情有三。"《大明历》的最大特点是在前人研究的基础上改进"闰法"和"岁差"。祖冲之推算出每45年11个月岁差为一度，这个结果与实际天数相差不到一秒，同前人成果相比，在减少闰数、增加岁差方面更加精确。但《大明历》受到宋孝武帝权臣戴法兴的诋毁,加之皇位更迭频频,冲之在世时竟未能施行。直到梁武帝天监年间,经他的儿子祖暅之修改后,才被正式颁行。祖冲之数学上的最大成就是在三国刘徽"徽率"的基础上将圆周率精确到小数点后第7位。《隋书·律历志》记:"宋末,南徐州从事史祖冲之更开密法。……密率圆径一百一十三,圆周三百五十五;约率圆径七,周二十二",即圆周率之密率为355/113,约率22/7。这一成果在当时处于世界领先地位,比欧洲人早1000多年,因之其密率在数学界被称之为"祖率"。以上这两项研究成果都同京口有关,都是祖冲之宦居京口时完成并发表的。

中国文学史上的几部匠心巨著同六朝京口关系密切。其中刘勰的《文心雕龙》就是我国第一部完整的文学评论名著,至今熠熠生辉。刘氏祖籍山东东莞莒县,永嘉后其先祖侨居京口。高祖刘爽任过东晋山阴令,曾祖刘仲道任过东晋余姚令,祖父刘灵真为刘宋司空刘秀之弟,父刘尚也任过刘宋的越骑校尉。据李庆甲先生所撰《刘勰年表》,刘勰生于刘宋明帝泰始元年(465年),自幼至19岁"奉母家居读书",母亲去世后又"家居母丧三年",直到24岁才离开京口,至建康定林寺投靠与竟陵王萧子良关系密切的名僧僧佑,30多岁时创作并写成《文心雕龙》。正如杨明照先生所说,《文心雕龙》孕育于镇江,撰写于南京定林寺。全书50篇,分上、下编,上编阐释文学的基本原则、文体的渊源及文学批评说;下编探讨文学规律和艺术原则等。其特色一是体系庞大周密,章学诚称之为"体大而虑周";二是见解独到,如主张内容与形式的统一、创立文学批评"六观"说等;三是文采斐然,通篇用骈文表达致密繁富之论,本身就是"为文用心"的表率。《文心雕龙》是一部真正意义上的独具匠心的巨著,鲁迅当年曾拿它与古希腊亚里士多德的《诗学》相提并论。胡适在《五十年来中国之文学》一文中也认为"这两千年中只有七八部精心结构可以称做'著作'的书,——如《文心雕龙》、《史通》、《文史通义》等,其余的只是结集,只是语录,只是稿本,但不是著作"。此外,文胜于质、今胜于古的文学发展观及文贵丰赡、不拘一格的文学多元意识在《文心雕龙》中也有继承。

我国现存最早的一部文学总集《昭明文选》(30卷)收录先秦至梁以前的各种文体作品700余篇,提出了"文随时变"及"事出于沉思,义归乎翰藻"的文学收录标准。《昭明文选》特色一是汇总性、典型性;二是文学性、文人性,对后世文学发展影响很大。《昭明文选》的编者萧统为梁武帝长子,世称昭明太子。萧氏原居东海兰陵县中都里,始祖为萧彪,传为西汉开国功臣萧何的重孙。西晋末萧彪十七世孙萧整举家南迁,侨居南兰陵县东城里(今丹阳东),是为萧氏南迁始祖。萧整重孙萧承之当过东晋及刘宋王朝的将军,还是刘裕继母萧氏的远亲。萧承之儿子萧道成后来废宋建齐,是为齐高帝。萧道成族弟萧顺之儿子萧衍镇守襄阳,于齐末攻占建康,废齐建梁,就是著名的梁武帝。萧统本人生于其父任所襄阳,萧梁代萧齐后,他被梁武帝立为太子。史称他"读书数行并下,过耳皆忆";又称他性爱山水,"出宫二十余年,不畜声乐"。《昭明文选》是他隐居读书时延揽才学之士集体纂成。昭明读书处各说不一,宋《太平寰宇记》称梁昭明太子隐居润州招隐山筑台读书,说"因名招隐山,今石案古迹犹存"。宋陈景沂《全芳备祖》也记招隐寺方丈有阁,"梁昭明选文于阁"(参见清人杨棨《京口山水志》),表明至迟宋代时镇江南郊招隐山就有读书台、增华阁等遗迹存世。萧统既是梁武帝所立太子,加之编纂《昭明文选》随时需要大量典籍备用,因此极有可能是在建康及其附近京口两地风景幽静处集才学之士陆续编纂完成的。

六朝时期,镇江地区的史学成果及方志类成果丰富,如南朝萧齐史学家臧荣绪所撰《晋书》为六朝时期的重要史籍。臧荣绪是京口人,先祖与刘勰先祖同为东莞莒人,永嘉南渡后臧氏世代侨居京口。本人因早孤家贫以灌园种蔬及教授为生,自号被褐先生,与关康之友善,世称二人为京口二隐。《南齐书》称他"纯笃好学,括东西晋为一书,记、录、志、传百十一卷。"因献书建康得以保存,并成为唐修晋书的底本。此书隋唐时尚存,《隋书·经籍志》中有载,称"齐徐州主簿臧荣绪撰”,可知臧氏曾经任过南徐州的主簿。唐以后此书始佚,这在《旧唐书·房玄龄传》中曾有交待,即贞观十八年房玄龄与褚遂良受诏重撰晋书,“以臧荣绪《晋书》为主,参考诸家,甚为详洽”。唐修《晋书》后被列为二十四史之一,但臧氏功不可没。六朝时期还出现了有关镇江的地志类著作,反映了当时京口及南徐州的情况,如山谦之的《南徐州记》(2 卷)和刘损(一作桢)的《京口记》(2 卷)。可惜两书久佚,但在一些古籍中还存在部分佚文,让后人对当时的镇江有了更多的了解。

(清)周镐绘《招隐听鹂图》

除文学外,雕塑、绘画、书法等艺术也有相应成就。东晋南朝著名音乐家、雕塑家戴颙祖籍谯郡铚县,先祖南渡后世居会稽剡县。他和哥哥戴勃自幼随父戴逵学习琴艺及雕塑。父兄病逝后自桐庐迁居吴中。刘宋初,衡阳王刘义季为南徐州刺史,使长史张邵迎戴颙居于京口黄鹤山,“山北有竹林精舍,林涧甚美,颙憩于此涧,义季亟从之游。……(颙)为义季鼓琴,并新声变曲,其三调《游弦》、《广陵》、

《止息》之流，皆与世异。”在佛像雕塑上，戴颙不满足于从国外传入的造像式样，经努力探索创造出民间易于接受的中国化佛像雕塑，为印度佛像中国化开了先河，其众多造像保存至隋唐，受到人们珍视。梁朝隐士陶弘景善琴棋、工书画，书从二王，得之精髓，一说《瘗鹤铭》为其所书。在句容茅山隐居时曾给梁武帝上奏论书五启，双方就书法艺术理论及书法品评展开了热烈讨论，成为书法史上的美谈。

3. 六朝文化遗存

世事沧桑，年深日久，但镇江地区至今尚有一些六朝文化遗存，从另一角度反映出六朝时期这一地区政治、经济、文化等领域的丰富内涵。

当年吴主孙权在京口北固山前峰所筑的铁瓮城，到东晋时由南徐州刺史郄鉴、王恭等加以营缮作为州署，自后历代据此为州郡的治所。今地面已无六朝遗物，但“因山为垒”的雄姿仍大致可窥。20 世纪 90 年代初考古工作者曾对遗址作过发掘，发现西坡下有隋唐以前的护坡砖墙。京口铁瓮城比建业石头城要早 3 年，比鄂州吴王城要早 11 年，号称“三国东吴第一城”。

丹阳六朝陵墓石刻

六朝文化遗存最为珍贵的是南朝陵墓石刻。今丹阳是东晋南朝南兰陵的侨置地，也是萧齐、萧梁帝王的祖居地。这些帝王虽然生活在都城建康，死后大多归葬丹阳，如齐高帝萧道成泰安陵在丹阳东北赵家湾、齐武帝萧赜景安陵在丹阳城东戎家村、齐明帝萧鸾兴安陵在丹阳城东东城村，梁武帝萧衍修陵及梁简文帝萧纲庄陵也在丹阳城东东城村。据统计，六朝帝后、王侯陵墓史载有 70 余座，其中有地面遗存南京地区 19 处、镇江地区 12

处(丹阳11处、句容1处),均为陵墓石刻。南朝帝王陵墓特点一是集中在南京、镇江地区,表明南朝时建康——京口地区的确是南方政权的腹地及南朝文化的中心圈。二是墓葬"背依山峰,面临平原",即葬穴或在山腰、或在山麓,依山开凿大型墓坑,砌造墓室。三是流行墓前石刻,置于平地上,以造气势。石刻有石兽、石柱、石碑,现存石兽为多。石兽有天禄、麒麟(双角,置放在帝、后墓前)及辟邪(单角,置放在王、侯墓前),均有翼。石兽躯体庞大,但飞跃灵动,神态潇洒;既有北方文化的雄气与古拙,又有南方文化的细腻、华美与轻灵。此外,齐景帝萧道生墓室的砖画也表现出与地面石刻一致的秀骨清像的特有风格。萧道生为齐明帝萧鸾之父,死后被尊为帝,墓称修安陵(今丹阳经山鹤仙坳)。陵墓虽已被盗,但墓室砖画有的仍保存完好,有"羽人戏虎"、"持扇侍从"、"骑马武士"等,飞灵若动,栩栩如生。南朝石刻除吸收外来(希腊、波斯、印度)艺术精华外,还反映了北方政权中心南移及北方民众大量南迁后南北文化的进一步结合,而建康、京口两地的南北文化交融则最为典型。六朝石刻是古代南方艺术瑰宝,也是江苏民族文化宝库之一。可惜经过长年风雨剥蚀,毁损严重,早在南宋时陆游入蜀途中过陵口就"见大石兽,偃仆

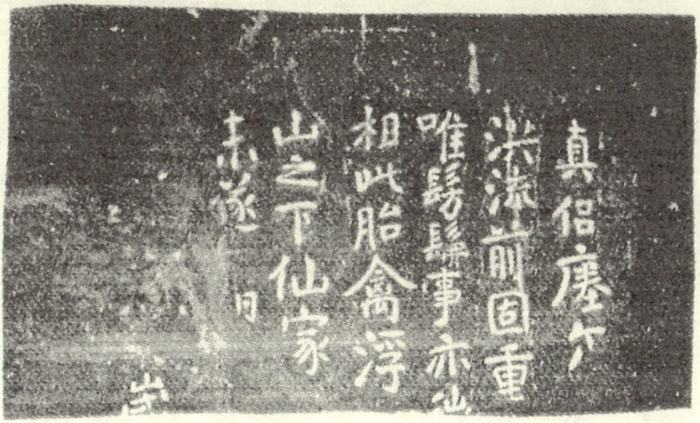

焦山《瘗鹤铭》碑(部分)

道旁,已残缺”。现今,镇江地区尚存石刻30件(丹阳26件、句容4件),堪称国宝。

被誉为“大字之祖”、“书家冠冕”的《瘗鹤铭》是江苏地区六朝书法艺术瑰宝,也是镇江历史文化艺术中的精品之一。这一篇悼念仙鹤之死的铭文之所以被后人推崇备至,首先是因为它具有鲜明的时代特征。石刻艺术南朝时渐趋成熟,就书法来说,此时篆隶书体已逐步规范与完善,并向楷书转化。体现这一转化过程的实物已不多见,《瘗鹤铭》则是被保存下来的转化中的最负盛名的作品。《瘗鹤铭》虽是楷书,但笔画中仍有篆隶的笔意,古朴生动,自成一体。许多书家将此铭与王羲之遗墨相提并论。此外,撰书者托名仙侣,扑朔迷离,至今书者是谁仍众说纷纭(多说为南朝陶弘景),这也是此铭为书法界一直关注的另一个原因。

## 七、道教理论家葛洪与陶弘景

### 1. 葛洪

葛洪(283—343),字稚川,别号抱朴子,晋代著名道教理论家、炼丹家、医药学家,丹阳郡句容(今江苏句容)人,生于西晋太康四年(283年),卒于东晋建元元年(343年)。

葛洪像

葛洪出生于世代官宦之家,其先祖葛浦庐于东汉初由北方南渡迁居江南句容,是葛氏句容始迁祖。葛洪祖父葛系为三国吴国官员,任过吏部尚书、太子少傅、大鸣胪、侍中等职。父葛悌任过吴国南昌县令,入晋后任西晋郎中、肥乡令、邵陵太守等职。在治理河北肥乡县期间政绩卓著,德化特优,受到远近的称颂,因病卒于邵陵太守任上。葛洪自13岁丧父,又逢八王之乱,家境日衰,于是刻苦读书、奋发上进,成为远近闻名的学者。他的道家思想主要来源于家学,其从祖父葛玄曾随三国曹魏著名术士左慈学《九鼎丹经》、《金液丹经》,擅长炼丹术,也称葛仙公。葛洪年轻时曾入马迹山(安徽庐江境)拜葛玄弟子郑隐为师,其实是葛玄的再传弟子。其后葛洪曾随江南士族顾秘及周玘镇压过张昌、石冰农民起义,被授将兵都尉、伏波将军。"投戈释甲"后周游于徐、豫、荆、襄之间,接交各地道士。光熙元年(306年)南下广州,从南海太守鲍玄学习神仙方术,并娶其女鲍姑(擅长针灸的女医家)为妻。约三十岁时举家返回故里,被聘为司马睿的属官。东晋初在建康(今南京)出任过州主簿、司徒椽、谘议参军等职,被赐关内侯,食句容邑二百户。葛洪35岁左右时写成《抱朴子》、《神仙传》、《玉函方》等要著。晋成帝咸和年间(326—334年),因听说扶南(今越南、柬埔寨南部)盛产丹砂,上书请为勾漏(广西北流)令,于是第二次南下,至南海为广州刺史邓岳所劝阻,入广州罗浮山(第七洞天)修道炼丹,从事著述,直至去世。

道教形成于东汉时期,汉末吴初已在江东流传,其后发展迅速。魏晋之际世事无常,生命大多短暂,士族推崇长生不老,葛洪所创的神仙道教理论应运而生。葛洪的道教理论集中于《抱朴子》内篇。内篇20卷,内容依次为畅玄、论仙、对俗、金丹、至理、微旨、塞难、释滞、道意、明本、仙药、辩问、极言、勤求、杂应、黄白、登涉、地真、遐览、祛惑,系统阐述了神仙的存在及修道成仙的途径,从而创立了道教神仙理论体系。具体说,一是提出"玄"的概念。"玄者,自然之始祖,而万殊之大宗也",它无所不在,无所不能,创造了天地万物。学道者首要是思玄,思玄的要诀是:"得之者内,失之者外,用之者神,忘之者器"。"玄"是葛洪神仙理论的哲学基础。二是鼓吹神仙的存在和学道成仙的观点。强调人们只要勤修苦炼就能羽化成仙:"若夫仙人,以药物养身,以术数延命,使内疾不生,外患不入"。三是阐释修炼的要领和方法,即首先要有信心和恒心,"诀在于志"。其次,除内修外还要外养，即服食“金丹”和神液。“夫金丹之为物，烧之愈久，变化愈妙。黄金入火，百炼不消”。金丹或称神丹就是以丹砂为主要原料炼成的丸药，金液则是用黄金与其他药物熔炼成的药液。葛洪正是道教炼丹派的早期代表。总之，葛洪系统论证了通过修炼和服丹“炼人身体，故能令人不老不死”的道教基本信仰。

始创于东汉的道教，信徒多为社会下层贫苦民众，至东汉末又为农民起义所利用，而为封建统治阶级所忌惮。同时，印度佛教传入中国后发展势头强劲，也使道教感受到威胁。魏晋时期道教开始从民间宗教向官方宗教转型，从淫祠巫术向金丹神液理论转变。葛洪适应需要对道教理论进行改造，构建起适合统治阶层口味的神仙道教理论。“祖述三张（张陵、张衡、张鲁），弘衍二葛（葛玄、葛洪）”，葛洪在中国道教史上具有很高地位，其影响至今仍在。除句容茅山外，全国各地许多地方都有关于葛洪踪迹的传说。

2. 陶弘景

陶弘景，字通明，号华阳隐居，谥号贞白先生，南朝丹阳郡秣陵（今江苏江宁）人，生于宋孝武帝孝建三年（456 年），卒于梁武帝大同二年（536 年）。其先祖于西汉末年由北方迁至江南丹阳郡秣陵县西乡，至祖父陶隆以功封刘宋王朝晋安侯，父陶贞宝任南台侍御史、孝昌县令。陶弘景自幼聪异，据说 10 岁时曾昼夜拜读葛洪的《神仙传》，即有养生之志。长大后神仪明秀，朗目疏眉，细形长耳，望若神仙。涉经史，知音律，善琴棋，工书法。约 20 岁时为后来代宋的萧道成所重，被聘

陶弘景像

为诸子侍读。及代宋建齐后,“朝仪故事,多取决焉,”但未见重用。齐永明十年(492 年),即他 36 岁时上表辞官归隐,曾从陆修静弟子东阳人孙游岳学习符图经法,又遍历名山,寻访仙药。后隐居句容之句曲山(茅山),“乃山中立馆,号华阳隐居”,得杨羲、许谧手迹,成为道教上清派的主要传人,因而上清派也称茅山宗。萧衍在齐时素与他友善,夺取政权后又接受他的建议改国号为梁,每遇国家吉凶征讨大事,常派人到茅山向他咨询,被称为“山中宰相”。

陶弘景是南北朝时南方道教的重要代表,他对道教的建设与发展贡献很大。其一,他对早期道教进行梳理总结,编写神仙谱系——《真灵位业图》,将所能搜集到的道教传说中的神灵及地上的圣王、道士、帝君等按茅山宗的观点编列为七八个等级,每一级有一位主仙,再设左右两仙相配,其中主仙依次为:元始天尊——玉宸玄皇——大道君——金阙帝君——太上老君——九官尚书——定贺君——酆都大帝。等级有别,不可错乱。早期道教仙系错乱,仅最高神仙就有太上老君、元始天尊、元始天王等数个之多,其下仙谱更是杂乱无章,严重影响了道教自身的发展。神仙谱系其实是现实世界中封建等级制度在所谓仙界的反映,统一编制标志着道教的进一步成熟。其二,主张养神与养形兼顾,强调形神双修,内养与外丹并重。陶弘景是继葛洪后道教炼丹派的另一重要代表,著有《太清诸丹集要》、《集金丹黄白方》等著作。其三,主张儒、佛、道“三教均善”,融儒援佛。他在融儒入道的同时,也将佛教的因果报应、生死轮回引进道学中,提出修炼能否成仙,不只取决于炼养功夫,还取决于能否积善积德,以“积善解其缠”。当时的最高统治者梁武帝萧衍从巩固自身统治出发,提倡三教并重。陶弘景的融儒援佛主张,既丰富了道教理论,也符合统治者的需要,对道教的发展起到了积极作用。

同葛洪一样,陶弘景在长期活动中积累了丰富的化学知识,如用燃烧法来鉴别硝石,今天的学者们一致公认此为世界上最早的鉴别硝石的“焰色反应法”,它开创了用火焰法鉴别钾盐的先河。他的论述还涉及钢铁冶炼技术,称钢铁是杂炼生,揉作刀镰者,这是用生铁和熟铁合炼成钢(灌钢)的最早文献记录,表明南北朝时我国的制钢技术已有新的突破。此外,他在隐居茅山期间还编撰了《本草经集注》,在该注自序中他说,于“茅山岩岭之上,以吐纳余暇,颇游意方技,览本草药性,以为尽圣人之心,故撰而论之。”这部药典颇具特色,对后世药典的编撰影响较大。

茅山有着道教“第一福地、第八洞天”之誉,在茅山老虎冈西侧的华阳洞据传曾是当年陶弘景修道炼丹处,洞上方“华阳洞”三字相传为北宋大书法家米芾或为大文学家苏轼所书,清康熙帝南巡时题额为“第八洞天”。

# 第五章　隋唐时期镇江的嬗变

大运河的开凿使镇江处在长江与大运河的交汇点上，促使镇江由过去的军事重镇逐渐向工商业城市转型，在其后的1000多年中镇江成为东南交通枢纽和漕运的咽喉。隋唐五代，镇江称润州，也是浙西观察使及镇海军节度使的理所。唐后期著名大臣李德裕就曾三次做润州刺史。在唐代大部分时间里，金陵（今南京）属辖于润州。这一时期，城市发展较快，佛寺普遍兴建，诗歌创作繁荣，润州籍的唐代文学家之数在江南仅次于苏州。

## 一、隋唐时期润州地位的变化

公元581年，隋国公杨坚篡周建隋，改元开皇，仍定都长安，是为隋文帝。开皇八年（588年）冬，隋文帝出兵50多万，由晋王杨广节制，发动灭陈战役。第二年正月，大将贺若弼自广陵（今扬州）渡江，占领京口；大将韩擒虎自采石渡江攻下姑孰（今安徽当涂南）。隋军合围建康，在蒋山决战中击溃陈军主力，突入城内，活捉陈后主，陈亡。隋灭陈，结束了自汉末以来长达近4个世纪之久的南北分裂和割据的局面，统一的封建国家得以再建，全国的政治中心重新回到了北方。为彻底消除六朝都城建康对南方地区的影响，隋文帝下令将建康都城和丹阳郡城全部平毁，“诏并平荡耕垦”，建康为墟，成为耕地，进而对江南地方行政区划作大幅调整，废除建康、秣陵、丹阳、湖熟等6县；另于石头城置蒋州，辖江宁、当涂和溧水等县。六朝故都建康的政治地位就此一落千丈。隋统治者还对建康周围地区大动手术，废掉建康以东的以京口为治所的南徐州，分置润州（治京口）和常州（治武进）。旋又废润州，改丹徒县为延陵镇并入延陵县，与曲阿县（今丹阳）一并辖于江北的江都郡。尽管如此划分不合情理，运作起来也不方便，但达到了肢解原六朝故都建康左膀右臂的目的。唐承隋制，实行地方州县两级制，并进一步加强对南方的控制，继续推行贬抑江南的政策。唐高祖武德九年（626 年）将扬州（六朝时州治建康）移治江都（今扬州），从此江北的广陵被称作扬州一直延续至今。金陵地进而废州为县，始称白下，后称江宁（唐太宗贞观九年白下县改称江宁县），一度降到县级的行政单位。李白游金陵时目睹兴衰替变，作《登金陵凤凰台》叹咏："凤凰台上凤凰游，凤去台空江自流。吴宫花草埋幽径，晋代衣冠成古丘。三山半落青天外，一水中分白鹭洲。总为浮云能蔽日，长安不见使人愁。"中唐诗人刘禹锡来金陵看到台城已是废墟一片："万户千门成野草，只缘一曲后庭花。"隋唐时期金陵城市地位的下降是战争破坏及政治因素造成的。

唐代时金陵地辖属润州。李渊建唐后在江南复置润州，领丹徒县和曲阿县。武德九年，扬州移治江都后又以延陵县、句容县和白下县辖属润州。唐垂拱四年（688 年）从延陵县中分出金坛县，仍辖于润州，如此以京口为州治的润州下辖有六县。又据中唐李吉甫所撰《元和郡县图志》载，唐后期润州仍辖有丹徒、丹阳（原曲阿县、唐天宝元年即 742 年改称丹阳）、延陵、金坛、上元、句容六县。上元县就是江宁县，安史之乱后江宁改称上元，为金陵故地。这样看来，现今的南京在唐代大部分时间是属现今镇江管辖的，因而唐时的镇江也别称金陵。"金陵津渡小山楼，一宿行人自可愁。潮落夜江斜月里，两三星火是瓜洲。"晚唐诗人张祜的这首《题金陵渡》，实际上题的是别称金陵的润州古渡，而非指金陵（今南京）的渡口。张祜的这首诗也是当年金陵之地辖属润州的见证之一。总之，在隋唐两朝江南地方政区布局的变化中，润州地位是先降后升。隋唐时期行政辖属经常调整，关于唐代润州辖属的变化，新、旧《唐书》也表述不一，但所据事实差别不大，即从唐前期直至唐末，丹徒、曲阿（后改丹阳）、延陵、金坛四县一直辖于润州。上元（即江宁）、句容两县曾于至德二年(757 年)至上元二年(761 年)及光启三年(887 年)至唐末辖属于升州,其余大半时间辖属于润州。据《旧唐书·地理志》所记,唐玄宗天宝以前润州五县在籍户数为 25 361,人口 127 104;天宝以后六县在籍户数为 102 033,人口 662 706。

唐前期还在州之上设置道一级的监察机构,盛唐开元时全国划为 15 道,润州属江南东道,理所先设于苏州,后设于润州。安史之乱后节度使制由边境扩大到内地,或称为节度使,或称为观察使,通称方镇,这种行政建置与军事建置合一的地方区划,在实际上代替了道一级的大区区划。如江右设淮南节度使,领有扬、楚等七州;江左设浙西观察使,领有润、常、苏、湖、睦、杭六州三十七县地,其理所就设在润州。唐代润州不仅代替了故建康在东南地域的中心地位,而且领辖的范围又比东晋南朝时的南徐州要大,包括了整个苏南和浙北地区。隋唐时南京与镇江城市地位的涨落也从一个侧面表明,封建社会城市能否发展不只取决于城市经济及人口等内在因素,还取决于政治的需要。

## 二、江南河的开凿与城市的转型

隋朝建立之初,反对统一的六朝南方士族残余势力还有一定的力量,隋在调整地方行政设置及清查户口等行动中遭到了南陈残余武装的反抗。为加强隋中央对东南地区的控制,特别需要开凿一条运送物资和军队的便捷河道。同时经过东晋南朝 270 多年的开发,南方已成为“一岁或稔,则数岁忘饥”的富饶地区,成为全国财赋所出的重心。为了加强对南方的控制,也为了漕运南方粮食和丝帛以供应关中地区,隋朝时修筑了一条沟通南北的大运河。

隋文帝开皇七年(587 年),为作灭陈的军事准备而对旧有的邗沟着手疏浚,开凿山阳渎(山阳——江都),将淮水与江水沟通起来,大大方便了其后进行的灭陈战役。炀帝即位后对邗沟再次疏通,“自山阳(今淮安)至于扬子入江”;又相继开凿通济渠(洛阳——山阳)、永济渠(洛阳——涿郡)和江南河(京口——余杭)。这样,以洛阳为中心，北抵涿郡（今北京）南至余杭（今杭州），全长四五千里的南北大运河全线贯通，将海河、黄河、淮河、长江、钱塘江五大水系联系起来，成为封建社会后期南北运输的大动脉，便利了南北经济文化的交流。

江南河段是四段中最后开凿的。炀帝大业六年（610 年）下令开凿江南河："自京口至余杭八百余里，广十余丈，使可通龙舟。"其东段利用水网密布的太湖水道和钱塘江水道，西段利用原有的徒（丹徒）阳（丹阳）水道拓宽加深而成。隋以前京口至余杭尚未有直通的漕道，陆游《入蜀记》就称："自京口抵钱塘，梁陈以前不通漕，至隋炀帝始凿渠八百里，皆阔十丈。夹冈如连山，盖当时所积之土。"其后元明清各朝又沿运河河道修筑陆路驿道，水驿、陆驿并盛，成为当时东南的便捷通道。据统计，江南河镇江段长 130 余里，其中丹阳段 90 里，丹徒段 45 里，是江南河入江口的主要河段。江南河镇江段地势较太湖湖西平原高，河水容易浅涸而致通航不畅。为改善这一状况，唐代历届地方官员除不断疏浚外，还在镇江丹阳段治理练湖，导湖济运。唐后期元和八年（813 年）又在常州北境开凿孟渎新渠，每当运河镇江段水浅时，漕船改由常州孟渎出江，再溯江西上由扬子桥入江北漕道。唐前期瓜洲横亘扬子江中，至唐中叶瓜洲逐渐与北岸相连，船只由京口过江要向西绕过瓜洲沙尾才能抵达北岸的扬子桥。如此需"纡江六十里，舟多败溺"，严重影响了南北往来及漕运效率。开元二十五年（737 年），原常州刺史齐澣调任润州刺史，着手整治航道：一是将江南河入江口西移至直对北岸扬子桥的润城西北湾口处，清杨棨《京口山水志》称："京口闸俗名大闸，在城西北距江一里许。唐徙漕路，由京口埭渡江至伊娄河。"二是在瓜洲开凿南北向人工航道——伊娄渠，南对润州城，北接扬子桥，长 25 里，使过江船只进伊娄渠而直达邗沟。伊娄渠又称瓜洲新河，自新河开成后南北船只过江能力大为提高，且"岁无覆舟，减运钱数十万"。齐澣，字洗心，河北定州义丰人，少以词学称名，以制举入仕，被宰相姚崇用为监察御史、给事中、中书舍人。后出任汴州刺史，政绩显著，"以清严为治，民吏歌之”。宋璟任吏部尚书时，他任吏部侍郎，是为助手。因事泄露宫中禁密，被唐玄宗贬出，旋任常州刺史，开元二十五年(737 年)改迁润州刺史兼江南东道采访处置使。他在润州刺史任上开凿瓜洲新河是中国漕运史上的一件创举，直接促进了镇江渡口的繁荣。大诗人李白在当时就对齐澣赞颂不已：“齐公凿新河，万古流不绝。丰功利生人，天地同朽灭”。(《题瓜洲新河饯族叔舍人贲》)江南河的开凿与通航在镇江城市发展史上意义重大，它使镇江坐落在中国第一大河——长江与世界最长的人工运河——京杭大运河的交汇点上，成为东南交通枢纽和东南漕运咽喉。

清《江南通志》载江南河入江口段

所谓漕运，是指自隋唐至明清历代封建政府将各地供应中央(皇族、百官、卫戍部队)的粮、帛等必需品通过水路，又主要通过大运河输送到京畿地区的运输方式。大运河除担负南来北往交通运输的一般功能外，还担负漕运的专项功能，因而常被雅称为漕河。漕运用的粮船称漕船，所装粮食称漕粮。自唐至明清，历代封建王朝均设有专门管理漕运的机构，如唐宋称“转运使”或称“发运使”，明清设“漕运总督”。隋及唐前期，漕粮的供应主要依赖于黄淮地区。但经安史之乱及藩镇割据，北方地区深受战争蹂躏，人口凋零，土地荒芜，而江淮相对安定，且随流民大量涌入，江淮及江南出现新一轮开发浪潮，东南的粮食生产及财赋所出超过了北方，东南成了唐王朝粮食及财富的主要供给地。每年从东南漕运到京师长安的粮食自数十万石至一两百万石不等，最多时为三百万石。除粮食外，“财赋所产，江淮为多”，到中唐德宗统治时，如韩愈所说，赋出天下，而“江南居十九。”唐代漕运大体分为三段：陕西一段、河南一段、江淮一段，三段中“最重者京口”。唐德宗时北方发生“四王二帝之乱”，河北三镇与淄青、淮西节度使联兵对抗中央，江淮以上漕运阻断，加上蝗灾，关中饥馑，长安告急。德宗兴元元年(784 年)，浙江东西道节度使、润州刺史韩滉以 500 名弩手护送 100 艘粮船，自润州武装押运到陕西长安。其时关中米价飞涨，斗米值钱五百文，“及滉米至，减五之四”，只卖一百文了。德宗贞元二年(786 年)关中再度饥馑，禁军相呼于道，德宗不知所措。韩滉自润州再运米三万斛到陕，德宗闻讯高兴非常，竟立马到东宫对太子说：“米已至陕，吾父子得生矣！”长安神策禁军“皆呼万岁”。



交通运输的新格局给镇江城市的发展带来新的机遇，镇江在具有军事重镇地位的同时，还以工商业和交通运输业著称于海内。自古以来镇江就是港口、河口城市，为适应江运、河运之需，造船业、修船业发达，是本地手工业的支柱性产业，隋唐时进一步发展。唐初太宗欲征高丽就曾“发江南十二州工人，造大船数百艘”，十二州中就有润州。唐后期镇海军节度使韩滉曾在润州造楼船战舰三十余艘，运载水军 5000 人自焦山江面下驶至海口，巡弋扬威。5000 人分载三十余艘船舰，则每船可载运一两百人，体积、容量已是相当大了。除造船外，丝织业也是镇江传统的手工业，安史之乱后随着全国经济重心进一步南移，丝织业中心也由北方移到四川成都和南方两浙地区，其中浙西主要产地是苏州、杭州、常州和润州。润州所产布帛有罗、绫、绢、纱、紬、布等品种，其中罗有衫和大花罗，绫有水纹绫、鱼口绫、绣叶绫、花纹绫和方纹绫等，均为贡品。此外，润州金坛县所织的丝布、苎布也因精丽，被列为贡品。唐代润州还是南方金银器加工制作的基地，所产金器、银器闻名全国。唐敬宗曾两次下诏要浙西承造一批宫用金银器皿，需银2.3万两、金130两。润州本地不产金银，金银原料多从淮南收买，在润州加工制作，摊派下去势必加重浙西人民的负担。后经李德裕上奏苦谏乃免，但此事表明润州加工金银器质量上乘，声播京畿。1960年在北固山甘露寺铁塔地宫出土唐宋文物2000多件，其中尤以唐代瘗埋的金棺银椁最为奇珍。金棺银椁用来盛放舍利、银佛像等敬佛之物，是用纯金、纯银捶揲制成，其上又用浅刻线刀法雕饰各式花纹图案，有如意水波、飞鹤、双雁、飞天、神象等，制造玲珑精致，为唐代金银器中的上乘艺术品。1980年在镇江丁卯桥工地出土唐代窖藏银器40多公斤，1982年又在同一地点不远处发现一座大型唐中期的银器窖藏，出土银器950多件，重约55公斤。丁卯桥位于润州城南3里之古运河地段，是漕河入城的咽喉和官宦、富商的集中居住区，唐诗人许浑的居室就在那里。丁卯桥出土的器皿有瓮、盒、碟、杯、瓶、锅、勺、筯、壶、托子、熏炉、镯、钗等，品种多样，造型奇特，纹饰丰富，工艺精美，其中银筷子就达40多双，特别是鎏金龟负"论语玉烛"银筹筒和刻有《论语》语录的酒令筹，其造型之奇特及工艺之精妙令人赞叹。其中银筹共50枚，华美玲珑，上半段选用《论语》语录作令辞，下半段为行令的具体要求，字皆鎏金，为达官贵人或名士富

镇江丁卯桥出土唐代银器
（龟负银筹筒）

商消遣行乐之物，为研究唐代饮酒行令的风俗提供了实物佐证。这些出土银器都是在润州制造的，是南方金银器的代表作。

工商业的发展带动了城市的发展。在隋代，“京口东连吴会，南接江湖，西连都邑，亦一都会也”。唐代润州城既是州治所在，又是浙西理所所在，城市规模比东晋南朝时又有扩大，城区再次向西移动，由原北固山前峰鼓楼岗及花山等岗地向南及西开阔地带扩展。唐文宗大和(827—835)中，浙西观察使王璠“使凿润州外隍事”，在铁瓮城两侧建东、西两夹城。夹城又称内城，范围大致在今解放路以东、花山湾以西、正东路以北范围之内。唐润州夹城内商业兴盛，市井繁荣，漕河(江南河)穿城而过，由甘露口入江，街市、店铺、茶肆、酒楼临河而立。文宗开成二年(837 年)诗人杜牧经此赋《润州二首》，其一云：“句吴亭东千里秋，放歌曾作昔年游。青苔寺里无马迹，绿水桥边多酒楼。大抵南朝皆旷达，可怜东晋最风流。月明更想桓伊在，一笛闻吹《出塞》愁。”诗中的绿水桥即高桥，在今市区四牌楼东，唐时十分热闹。另一中唐诗人刘禹锡在诗中也称“碧鸡白马回翔久，却忆朱方是乐郊”。唐末僖宗乾符(874—879)中，镇海军节度使周宝筑润州罗城(外城)，这道土城周二十六里十七步，高九尺五寸，开有十个城门，使镇江城市规模再次扩展，将唐夹城外围的居民点也包了进去。城市考古工作者曾先后在市区塔山桥、虎头山及东岳巷西侧高地发现唐罗城东垣、南垣及西垣的遗迹，证实其规模比明清镇江府城规模要大。虽说在唐末建润州罗城主要出于军事需要，外城与内城之间还很荒僻，但毕竟打下了宋元镇江府城的基础。

唐时润州城西北蒜山下的渡口——蒜山渡逐渐兴盛，唐以后蒜山渡称西津渡，自唐至明清著称于东南运河线上长达近 13 个世纪。唐时镇扬江面仍宽达 20 余里，在城北临江的北固山与城西蒜山之间有一个内湾型的江滩，是泊船的理想之所。唐以前只见有蒜山名，未见有蒜山渡名。大运河开凿，尤其是盛唐齐澣开凿瓜洲新河，南北可直接对渡，蒜山渡与瓜洲渡应运而生。到中唐时江渡活动已很频繁，常见于史载。穆宗长庆四年(824 年)冬，徐州节度使王智兴借事敛财于泗州设坛私度僧人，只要交纳二缗钱就发给度牒，苏、常百姓为逃避徭役风闻前往。时任浙西观察使的李德裕“于蒜山渡点其过者，一日一百余人”，即刻奏闻朝廷，不久“诏徐州罢之”。宝历二年（826 年），安徽亳州妖言出圣水能治百病，江南百姓每二三十家雇一人去买水，两浙、福建百姓闻风而往，“渡江者日三五十人”，被李德裕在蒜山渡设卡禁行并上奏朝廷，不久诏令填塞“圣水”。以上两事表明，蒜山渡、瓜洲渡的江渡活动在当时已具一定规模，交通咽喉的顺畅对其后两地的发展有着直接的影响。

（清）周镐绘《西津晓渡图》，西津渡唐时称蒜山渡

## 三、镇海军节度使的设置及五代争战

隋唐一统天下，镇江作为南北分裂时期建康门户的地位已不复存在。但随着全国经济重心的不断南移及大运河的开凿，镇江作为东南漕运咽喉的战略地位却逐渐地凸显出来。

弘道元年（683 年）唐高宗死，太子李显即位，武则天临朝称制，不久又废李显，改立豫王李旦。武氏为所欲为引起李唐宗室及关陇贵族的恐惧，他们与政治上失意的官僚、士大夫联合起来公开对抗武则天。光宅元年(684年),徐敬业、骆宾王等人打出拥戴中宗的旗号于扬州起兵。徐敬业为唐开国功勋李(徐)勣之孙,自幼随祖父从征,袭封英国公,任眉州刺史,后被贬为柳州司马。其弟徐敬猷与杜求仁、骆宾王、魏思温等也都受过贬官处分。684年他们客会扬州,结为同党,用计诛杀扬州刺史陈敬之,打开武库,释放囚徒,旬日之间集兵十余万众。徐敬业自称匡复府大将军,由骆宾王起草著名的讨武檄文,一时声势浩大。可惜徐敬业没有采纳谋士魏思温"直取东都"的建议,而听从薛璋取江南"以为霸业"的主张,率军渡江占领润州,杀死刺史李思文,润州司马刘延嗣誓死不降,被囚江都狱中。武则天抓住讨武军南下的时机,命大将李孝逸为扬州大总管,统军30万前往镇压。双方主力在楚州(今淮阴)频战,讨武军不利;继在高邮下阿溪决战中,讨武军溃败。徐敬业等自扬州逃往润州,潜伏于润州城西蒜山中,由蒜山渡登舟欲逃出海,在镇江以东江面遇风浪受阻,被部将杀死。讨武失败后"宾王亡命,不知所之"(《新唐书》),也有说曾随徐敬业逃到润州,其后藏匿在长江口的"白水荡"(今启东北部吕四港一带)。唐中宗李显后来复位,曾下诏收集他的诗文,"得数百篇",以这种方式在一定程度上作了平反。

玄宗天宝十四年(755年)安史之乱爆发,标志着唐王朝由盛转衰,地方分裂主义倾向日益抬头。肃宗上元元年(760年),唐军与叛军在中原的拉锯战还在进行中,在江淮又发生了宋州(河南商丘)刺史刘展的叛乱。刘展驭军严整,素有威名,由宋州刺史兼任淮西节度副使,引起淮西节度使王仲昇的不满,被告发有"异志"。唐政府一面迁刘展为扬州长史兼江淮都统,一面密诏使人执送京师。刘展知情后拥兵2万渡淮南下。原江淮都统李峘则率所部渡江撤到京口,与润州刺史韦儇、浙西节度使侯令仪屯兵于沿江,开辟北固战场,又插大木堵塞江口以作防御。刘展占据了扬州和淮西大片地区,接着想经营江南,在京口正面对岸举火、击鼓、张兵,装着要从瓜洲渡江直取北固山的样子,同时派精锐在上游江面渡江,占领了句容北境的下蜀,切断了润州与昇州(金陵)的联系。李峘败逃,叛军相继占领润州、昇州和常州，一时江淮震动。唐肃宗十分恐慌，任命平卢节度副使田神功率部由彭城南下讨伐，刘展统兵北上，双方在盱眙都梁山激战，刘展一败再败，退守江南。田军占领扬州，“大掠居人，发冢墓，大食、波斯贾胡死者数千人”。在唐政府的催促下，田神功兵分两路，一路自率3000人从瓜洲江面渡江，驶至金山遇大风受阻，退回瓜洲。另一路由部将范知新领4000人，重施刘展故伎，在京口上游渡江。刘展则统步骑万余，先是列阵于润州城西蒜山下，扼守江面及渡口，及闻田军一支已渡江，匆忙赶至下蜀与田军范知新激战，结果中箭被杀，部众溃散。田军接着收复昇州、常州，叛乱被平定。历时三个月的刘展之乱是安史之乱中的一段插曲，却使唐政府乱上添乱。同徐敬业讨武失败一样，拥有两万之众的刘展很快失败，表明隋唐南北一统的大势此时仍不可逆转。

唐后期润州不仅是浙西观察使理所，还是镇海军节度使帅府驻地。安史之乱后，唐朝由盛转衰，唐中央政府被迫实行“以方镇御方镇”的方针，在关东及江淮一带广置藩镇(军区)，以求相互制约。唐德宗建中二年(781年)，卢龙镇朱滔、魏博镇田悦、成德镇王武俊、淄青镇李纳分别称王，联兵反抗中央，其后参加平叛的淮西镇李希烈及泾原兵也参加叛乱，史称“四王二帝之乱”。叛乱主要发生关东及淮西地区，江淮漕河受阻。为加强对东南的控制，并保证漕运的畅通，唐后期在江河交汇的润州设立镇海军镇，常以浙西观察使兼领。建中二年，唐政府先于浙江西道设镇海军建置，以原苏州刺史韩滉为浙东、西观察使、润州刺史、镇海军节度使，治润州。韩滉，长安人，字太冲，为开元名相韩休子，先后任尚书丞、户部侍郎、判度支、晋州刺史、苏州刺史等职，移镇润州后，在支援中央政府平叛“四王二帝之乱”中发挥了很大作用。《旧唐书·韩滉传》载：滉“既移镇，安辑百姓，均其租税。未及逾年，境内称理。及建中年冬，泾师之乱，德宗出幸，河汴骚然。滉训练士卒，锻砺戈甲，称为精劲。……解宁陵之围，复宋汴之路，滉功居多。然自关中多难，滉即于所部闭关梁，筑石头五城自京口至玉山，禁马牛出境，造楼船战舰三十余艘，以舟师五千人由海门扬威,至申浦而还。……而自德宗出居及归京师,军用既繁,道路又阻,关中饥馑,加以灾蝗,江南两浙转输粟帛,府无虚月,朝廷赖焉!”韩滉还工书善画,是中唐著名画家,存世有《文苑图》、《五牛图》等。

以后东南复分为东西二道,浙西仍治润州,浙东治越州(今绍兴)。唐宪宗元和年间(806—820)宰相李吉甫撰《元和郡县图志》,计方镇48、州府295、县1453,其中浙西下辖6州37县,这也是镇海军节度使的防区范围。自宪宗经穆宗、敬宗、文宗、武宗、宣宗、懿宗、僖宗、昭宗,直至唐末,镇海军节度使一职或罢或复,废置不一。浙西观察使有兼领的,也有不兼的。继韩滉后,白志贞、王纬、李若初、李锜相继出任镇海军节度使。作为第五任镇海军节度使的李锜曾图谋割据东南,发动过一场规模较大的武装叛乱。李锜是唐宗室后裔,恃恩骄恣,在任上“日逞淫刑,月与暴赋”,并私下广增兵众。宪宗元和二年(807年),唐政府解除他的浙西观察使、镇海军节度使之职,调他入京。他拒调并反叛。唐政府以淮西节度使王谔为统帅,以宦官薛尚衍为监军,调动汴、徐、鄂、宣、歙等州及浙东、淮西诸道兵力前去征讨,仅仅两个月就平定了叛乱,并活捉李锜押到长安问斩。平定李锜叛乱是唐后期中央对藩镇斗争的胜利成果之一,后来唐中央又先后消灭淮西节度使吴元济、淄青节度使李师道的势力,史称“元和中兴”。李锜之后担任镇海军节度使的有李元素、韩皋、薛苹、窦易直、李德裕、丁公著、王璠、路隋、李珏、杜审权、曹确、赵隐、裴璩、高骈、周宝、钱镠等人,其中唐后期大臣李德裕曾三镇浙西,与润州结下不解之缘。

李德裕(787—850),字文饶,河北赵郡(今河北赵县)人,出身官僚世家,祖父李栖筠是德宗朝御史大夫,父李吉甫为宪宗时宰相。李德裕少有大志,苦读经史,以门荫入仕,穆宗即位后被召为翰林学士,转中书舍人。自后经敬宗、文宗、武宗至宣宗,先后任浙西观察使兼镇海军节度使、剑南四川节度使、兵部尚书、门下侍郎同平章事等职,进封卫国公,具有“错综万务,应变开阖”的非凡政治才干。他一生从政，维护中央集权，抑制藩镇割据，会昌年间力主平定节度使刘稹的叛乱；唐武宗灭佛，他积极策划，力纠时弊，主张改进科举取士制度，认为除考诗赋外还应考经义策问，检验有无实际行政能力。此外，他无论是在中央还是在地方任职都有显著政绩，留下政声，被叶梦得称为是“唐中世第一等人物”。可惜卷入朋党之争，为牛李党争中的李党领袖。唐穆宗长庆二年(822 年)李德裕由御史中丞出为浙西观察使兼润州刺史，前后七年，于唐文宗大和三年(829 年)，调任义成节度使兼滑州刺史。李德裕莅润时正值润州镇将王国清兵乱之后，府库一空，而将士骄横。李德裕带头俭约，以节减下来的钱财用来养军，仅两年时间府库复盈而将士诚服。此外，保护生产，整肃军纪，减轻浙西百姓负担；又革除旧俗，整顿民风，拆毁州境淫祠，使润州地区政通人和，受到百姓的称颂。唐文宗大和八年(834 年)十一月，李德裕为李宗闵等所排挤，复出为浙西观察使、镇海军节度使兼润州刺史，第二年便因故改任宾客分司。改任宾客分司。文宗开成元年(836 年)再镇浙右，至此“三在浙西，出入十年”。在他的治理下，地方安定，生产发展，政治清明，江浙地区的政治、经济和文化面貌都有很大改观。为报答唐穆宗知遇之恩，李德裕于北固山后峰扩建寺庙，寺成而甘露降此山，因名甘露寺。又于甘露寺长廊入口处立石塔一座，后人称为卫公塔，塔下瘗埋诸多敬佛之物。1960 年曾对塔基进行发掘，出土文物 2000 余件，内有金棺、银椁、舍利子及李德裕所写石刻等。石刻题字为：“永怀旧恩，殁齿难报，创甘露宝刹，重瘗舍利，所以资穆皇之冥福也。”卫公塔原为石塔，北宋时改建为铁塔，现存塔基及塔座四层，是江苏省内仅有的一座铁塔。

唐末昭宗景福二年(893 年)，诏令武威军防御使钱镠为镇海军节度使、浙西观察使，徙镇海军治杭州。唐亡后，北方为五代交替，南方为十国割据。江东大抵以太湖划界，太湖以西为吴国辖区(吴都扬州)，润州初为吴国所辖 29 州之一。937 年南唐代吴，改都金陵，润州为南唐辖州。自唐末镇海军移治杭州后，润州降为团练州，继再升观察使州。后梁乾化二年(912 年)，吴复置镇海军节度使于润州，

北固山甘露寺铁塔



以徐温领镇海军节度使、同平章事。后梁贞明三年(917年)镇海军移治昇州(金陵),后晋天福二年(937年)南唐代吴,镇海军还治润州。其后一度升为大都督府。后周显德五年(958年)仍设镇海军节度使如故,以林仁肇为镇海军使、润州刺史、浙江西道管内营田观察处置等使。北宋初开宝八年(975年),因海口日远,改镇海军为镇江军。

五代十国是唐末藩镇割据的继续,吴都广陵(扬州)、南唐都金陵(昇州),镇江的军事战略地位又突现出来。吴的奠基者为唐淮南节度使杨行密,于902年被唐封为吴王。杨行密病死后,其子杨渥继为吴王,拥有今安徽淮南全境、江西全部及湖北东部、苏北大部及苏南太湖以西的29州地。杨渥昏暴,于908年被大将张颢、徐温所杀。而张颢又欲以全吴之地献降后梁,于是徐温杀张颢拥杨行密次子杨隆演为吴王,自为大丞相、都督内外诸军事,从此“政归徐氏”。

徐温,海州朐山(今连云港)人,少时以贩盐为生,后投身军伍,成为杨行密身边亲信,很有智谋。在控制吴国大权后,留其子徐知训驻守广陵,又以养子徐知诰领昇州(金陵),自己则长期出镇润州(镇江)。如此,一可钳控吴都扬州,二可有缓冲之地,三是留有退路。据《资治通鉴》等记载:910 年,徐温“复为内外马步军都军使,领润州观察使”;915 年,“吴以镇海军节度使徐温为管内水陆马步诸军都指挥使、两浙都招讨使、守待中、齐国公、镇润州,以昇、润、常、宣、歙、池六州为巡属,军国庶务参决如故”。换句话说,吴国国都定在扬州,而吴国军队总司令部则是设在镇江。后来见养子徐知诰治理金陵有方,城隍浚整而市井繁殷,于 917 年自镇金陵而调知诰镇守润州。徐知诰想镇宣州,不愿赴润,谋士宋齐丘劝他说:在扬州广陵的徐知训恣意妄为,杨氏老臣宿将不甘受辱,“度其势,乱在旦暮,(润州)蒜山之津不一夕而可以定事;舍此利而求入宣城山中,卒卒度岁月,其亡聊奈何!”知诰顿时省悟,立即赴润理事,一如在昇州。徐知诰,徐州人,本姓李,少时丧父,流落濠泗,为杨行密所掠,命徐温收为养子,遂改姓徐。果然在广陵的徐知训因狎侮杨隆演,被忠于杨氏的同平章事朱瑾设计杀死。知诰在润州闻变抢先渡江赶到广陵,平息了事态,即代知训镇守广陵。927 年,徐温病死,徐知诰拥杨隆演弟杨溥即位,以两个儿子留守广陵,他自镇金陵,一如徐温故事。937 年,他受吴“禅位”,建国号唐,以金陵为都,改元昇元,史称南唐。去徐姓,复姓李,改名李昪,又称南唐烈祖。他在位执政十多年,“保境息民”,轻徭薄赋,休养生息;又兴科举,办学校,使江淮及南方部分地区恢复了生气。死后其子李璟即位,是为中主,因发动对闽楚战争,国力由盛转衰。李璟死后其子李煜即位,是为南唐后主。李煜沉湎于声色娱乐之中,政治日益腐败。

宋太祖开宝七年(974 年),宋廷以曹彬、潘美为将,发兵十万进攻南唐,同时遣使让俯首听命的吴越王钱俶出兵夹攻。宋军主力自江陵顺江东下,连克池州、铜陵、芜湖和当涂,于第二年春自采石渡江进围金陵。宋军出师后，吴越王钱俶发兵五万北上夹攻南唐。开宝八年(975年)四月，南唐常州守军在长期被围后向吴越军投降，八月南唐润州守将刘澄被迫投降。这年冬，宋军向被围的金陵城发起总攻，南唐后主李煜开城出降。“最是仓皇辞庙日，教坊犹奏别离歌”，南唐灭亡后，润州随同南唐全地并入北宋版图。

## 四、隋唐五代佛教在镇江的传播

1. 禅系牛头宗与南山律宗

隋唐一统，国内矛盾趋于缓和，出于长治久安的政治目的，统治者在宗教领域实行三教(儒、佛、道)并举的宽容政策。隋唐三个多世纪中，佛教兴盛，且完成了佛教中国化的进程。

隋唐时期，禅宗在江南地区发展迅速，其中润州(唐代润州辖金陵、丹徒、丹阳、延陵、金坛、句容6县)地区的牛头宗在中国禅宗发展史上占有一定的地位。禅宗创始人是南朝时期自南天竺(南印度)泛舟过海来到中国的菩提达摩，在建康与梁武帝对答不投意，即渡江进入北魏境内，入嵩山少林寺，面壁十年，创立禅宗。禅即入定、静虑之意，禅宗就是以静坐默念为其修行方法，主张“理入”与“行入”并重。达摩以《楞伽经》传授弟子，是为禅宗一祖，其后二祖为慧可、三祖为僧璨、四祖为道信、五祖为弘忍。四祖道信另一弟子法融学成返回江南牛头山，创禅宗支系牛头宗。弘忍再传六祖慧能，慧能即禅宗中南宗“顿悟”说的代表。安史之乱后的中唐时期，南宗逐渐取代“渐悟”说的北宗。慧能身后禅宗分成青原、南岳两大系统。唐末至五代，禅宗在民间影响迅速扩大，并为士大夫和知识分子所普遍接受，繁衍成临济宗、沩仰宗、曹洞宗、云门宗、法眼宗五大系统，最终完成佛教中国化的进程。换言之，禅宗是一个彻底中国化的佛教宗派。

禅宗中的润州牛头宗出现在禅宗形成阶段，创建者法融(594—657)，俗姓韦，润州延陵(今丹阳)人，《续高僧传》中有传。19岁入茅山从三论学者炅法师剃度，潜心研究《楞伽经》。30多岁时迁居润州牛头山(今南京西南)的仙窟寺,在这里抄阅大量寺藏佛典及经史医方。唐贞观十七年(643 年)在牛头山幽栖寺北岩下别立茅茨禅室,聚徒讲法。其说一是主张"一切莫作"、"明寂自现",这已含有"顿悟"的思想,即倾向于在惮悟上寻求发展。二是提倡慈悲为怀,标榜虚空为本。三是引进玄理相对较少、突出鬼神保佑的《大集经》,吸引下层大众。四是赞同三教归一,符合了当时统治阶级的需要。唐高宗永徽三年(652 年)于金陵建初寺讲经说法,僧俗听众1000 多人,第二年又受润州江宁县令李修本之请讲授《大集经》,听众达3000 多人。牛头宗的历代嗣法者都是润州地区人,出现由润州人组成的僧群,称之为润州僧群。据中唐刘禹锡所撰《牛头山第一祖融大师新塔记》所载,牛头宗一祖法融传于二祖智岩,再传于三祖法持,再传于四祖智威,再传于五祖玄素,再传于六祖法钦。牛头宗传到鹤林玄素时宗门大盛,出了不少有名的僧俗弟子。玄素(668—752)俗姓马,润州延陵人,自幼出家,后入牛头山师事智威。唐玄宗开元年间,润州刺史韦铣请他主持京口鹤林寺。天宝初被扬州僧俗请至广陵,扬州牧李澄戒斋跪迎,并行弟子礼。自认是他弟子的士大夫还有吏部侍郎、润州刺史齐澣、刑部尚书张均、御史中丞李丹、江东采访史刘日正、广州都督梁开卿、常州刺史刘日升、润州刺史徐峤、韦昭理等,可见影响之大。玄素的释门弟子主要有法镜、法钦等,法钦又称道钦,吴郡昆山人,在丹徒遇玄素后出家,又至杭州径山挂单。大历三年(768 年),法钦曾奉诏至京师长安,代宗皇帝"咨问法要,供施勤至",赐号"国一"。中唐时期牛头宗还曾受到出镇浙西观察使兼润州刺史李德裕的支持,李德裕曾出资为创建牛头宗的法融祖师建造新塔,由刘禹锡撰写《新碑记》,可见此时禅宗在南方的影响之大。但由于牛头宗的地域色彩过于明显,润州僧群的恋土观念比较浓厚,限制了它在其他地方的影响和扩展,自晚唐起被逐渐融化,不见踪迹了。

除法融外,中国佛教律宗的实际开创者则是隋末唐初的润州丹徒人道宣。律是佛教徒的行为规范,律宗就是研习和传授戒律的宗派。相传佛祖释迦牟尼为约束信徒，订有“五戒”、“十戒”等，其后印度佛教律藏不断丰富，《四分律》、《十诵律》等相继传入中国，称为律学，但未形成宗派。律宗形成于隋唐时期，又称四分律宗。道宣(596—667)，俗姓钱，字法编，相传为南朝陈吏部尚书钱申之子。自幼受到良好家庭教育，9岁即能赋诗，16岁剃度。隋末在大禅定寺从律学大师智首学习各种律戒，尤其学得《四分律》的精髓。后来隐居终南山白泉寺说佛传律，著有《四分律含注戒本疏》、《四分律删补随机羯摩疏》、《四分律拾毗尼义钞》等三部律学。他首开南山律宗，被尊为南山律师。唐初南山宗与东塔宗、相部宗并立，繁兴一时。不久，东塔和相部相继衰微，唯南山一宗独传，绵延不绝。直到近现代出家信徒仍多以道宣的《四分律》为行为规范。唐太宗贞观末，玄奘自天竺取经返回长安，道宣被诏令至京师参加佛经的翻译。其一生著作等身，计有50多种、260多卷，除四分律学外，还著有《唐高僧传》、《广弘明集》等。盛唐时期，南山律宗的三传弟子鉴真(688—763)东渡扶桑，又开日本律宗之源。宋以后律宗一度沉寂，直到明后期慧云主持南京古林寺，律宗得以中兴。明末三昧律师分灯于句容宝华山，整修寺庙，召来四方僧众，宝华隆昌寺得以兴旺。三昧传见月，见月主持30多年，使隆昌寺成为全国最有影响的律宗传戒场所。清康熙、乾隆两帝南巡时多次来到宝华山，在最高统治者的扶持下，句容宝华的隆昌寺成为全国授戒的名寺，宝华山被尊为律宗第一山。





2. 润州佛寺的兴盛

佛寺是佛教在民间的标志性建筑与活动的场所，也是士大夫与释界高僧通过切磋吟咏以求儒佛交融、传播文化的重要平台。“南朝四百八十寺”，佛寺在南朝时就已在南方大量出现，隋唐时则进一步繁兴。润州6县都是江南山水佳地，加之经济重心逐渐南移及交通的便捷，高僧纷纷在此建宇，或为佛寺增饰壮容，一时蔚为壮观。

唐代时金陵栖霞寺(隋唐称功德寺)与山东临清灵岩寺、湖北江陵玉泉寺、浙江天台国清寺，并称为“天下四大丛林”。又据《唐语林》所记，金陵的瓦官寺僧守亮德行高洁，学识渊博，通畅《周易》，被浙西观察使兼润州刺史李德裕请来京口讲经说法。李德裕在润州州衙内筵设讲席，“命从事以下，皆横经听之，逾年方毕”。五代时南唐以金陵为都，南唐烈祖李昪（徐知诰）酷喜佛教，大兴佛寺，又改金陵兴教寺为清凉寺、改瓦官寺为升元寺。昇州、润州、扬州、常州的佛寺进一步兴盛。

润州州城西南黄鹤山下的鹤林寺创于东晋，始名竹林寺，传说宋武帝刘裕年少贫微时曾采樵山中，见有黄鹤飞舞，称帝后遂改竹林寺为鹤林寺名。隋及初唐时是为律院，盛唐开元年间法融的五传弟子玄素来寺为主持后，始改为禅寺，成为禅系牛头宗的一处重要据点。唐诗人储光羲、顾况、皇甫冉、李涉、张祜、李绅、戴叔伦等多有题咏，如中唐戴叔伦写有《赠鹤林上人》诗：“日日涧边寻茯苓，岩扉常掩凤山青。归来挂衲高林下，自剪芭蕉写佛经。”自唐至清，黄鹤山鹤林寺成为士大夫和文人墨客探幽及悟禅之地。

润州城西北扬子江中的金山寺位于岛的西麓，依山而建，楼阁层叠，十分壮观。寺始建于何时，史书无确切记载。宋人杨谔在《金山水陆因缘记》中说，梁武帝天监年间曾于金山泽心寺设过水陆道场；其后元人虞集在《万寿阁记》中又说，金山有寺始于东晋。但更早的五代南唐僧人应之的《头陀岩记》中却将金山开山建寺与唐代灵坦禅师及裴头陀的传说连在了一起。灵坦在《宋高僧传》中有传，俗姓武，山西文水人，武则天的侄孙，后弃官为僧，拜洛阳菏泽寺的神会为师，赐号大悲，往来于江淮一带，唐肃宗时来润州江心的金山修法驱蟒，被视为金山开山的第一代沙门。继灵坦禅师之后，又有裴头陀来金山燃指誓志建寺，一日在江边掘土获金若干镒，告之于官府。当时的镇海军节度使李锜还将此事上奏朝廷，由朝廷下诏特赐名此山为金山，并准以所获之金用来兴建庙宇。应之的记叙距李锜的上奏不过100多年，有一定的可信度，至少表明直到唐前期金山还较荒僻。自金山开山兴寺后，也才有不少事涉金山的唐诗见载。中晚唐时，金山寺已有一定规模，并成为文人学士览胜及歌咏的对象，如张祜、李

《丹徒县志摭余》载鹤林寺图

翱、孙鲂、马戴、刘沧、徐道晖、李建勋、杜荀鹤等诗人都有以寺宇为题材的诗作，杜荀鹤的《金山》诗还描写了寺僧的日常生活："僧爱无尘地，江心岛上居。接船山影瘦，登陆路头疏。载土春栽树，抛生日放鱼。入云萧帝寺，毕竟意何如？"在这首诗中，金山寺僧的岛居、植树、放生等生活细节都通过叙事手法一一显现。金山寺兴于中唐，一是封建国家倡导三教并举，释教中的禅宗在江南发展迅速；二是大运河开凿，尤其是瓜洲新河的开凿，使金山处在南北对渡的江渡当中，成为南来北往香客祈福及文人悟禅的方便去处。

位于镇江城区北固山后峰（北峰）的甘露寺在唐代也应运而兴。甘露寺建于何时众说纷纭，一说建于吴末甘露年间，一说建于南朝梁天监年间，一说唐宝历中李德裕镇浙西时所创，这里不作考证。但自中唐起甘露寺显名于世却是事实。甘露寺在李德裕任润州刺史时已具一定规模，据中唐张彦远《历代名画记》所记，甘露寺有山门、天王堂、大殿、文殊堂、普贤堂、三圣堂、释迦道场及舍利石塔等建筑。其后经晚唐至五代，甘露寺更加兴盛，寺僧众多，山上宗教建筑与自然景观融为一体。五代宋初学士徐铉曾记:"是寺也,北固山之阴崖,赞皇公(即李德裕)之遗迹,峥嵘飞阁,迥瞰沧江,迤逦岩房,周行数里。"同金山寺一样,甘露寺始盛于中晚唐也是时代造势使然。

位于润州夹城外寿丘山巅的慈和寺,始建于南朝陈,原为宋武帝刘裕的故宅。"至陈,立寺名慈和"(《至顺志·僧寺》)。山寺临入城漕河,与北固山前峰州衙遥对,唐诗人许浑、张祜都写有慈和寺诗,如张祜诗称"楼影半连深岸水,钟声寒彻远林烟"(《秋夜登慈和寺上方》);许浑在《趋慈和寺移宴》中称"高寺移清宴,渔舟系绿萝。潮平秋水阔,云敛暮山多。"可见,唐时寺的规模虽不算太大,且在小山上,却因临穿城而南的漕河,成了学子士人寻幽探胜的去处。

此外,兴建于唐、五代的润州寺庙还有州治之南的因胜寺(唐名妙喜)、州治西南唐槌山下的罗汉寺、州治夹道巷内的惠安寺、延陵县治(今丹阳延陵镇)的昌国寺、丹阳县云阳桥东的香严寺、丹阳东乡的法云寺、丹阳东南乡的祇园寺、丹阳北乡的经山院(宋改名为崇教寺)、金坛县东乡的布金寺和普慈寺、句容县的天王寺和东大泉寺等。至今丹阳市保存有唐中和铜钟,高2米余,重6000多斤,铜体铭文记唐中和三年(883年)信女王十四娘捐资铸建。原悬挂于丹阳城西的普宁寺(建于东晋、重修于唐)内,今移放至丹阳人民公园内,为省级文物保护单位。

## 五、唐代诗人笔下的润州

讲唐代历史不能不提及唐诗,唐代是诗歌发展的黄金时期,唐诗是中国古典诗歌的极致。唐诗题材十分广泛,反映了唐代社会生活的方方面面,其中不少诗作表现了润州地区的山水风貌和人文历史。

隋唐时期全国经济重心逐渐南移,全国文化格局也随之发生变化,江南成为全国三大文化中心(另两个是关中和山东)之一。安史之乱后大批文人学士集中到江南地区,又主要集中在润、苏、常三州。据今人所编《中国文学家大辞典》统计,润州籍(唐代润州含江宁、丹徒、丹阳、延陵、金坛、句容6县)的唐代文学家就有21人之多,在江南仅次于苏州，而高于湖州、常州、宣州、扬州和杭州。润州山水雄秀，人文传统深厚，市井繁荣，交通便捷，是长江下游南来北往的必经之途，吸引了大批文人学士、达官游宦流连驻足于城市与山水之间，歌咏赞赋，留下许多传颂千古的诗篇。如骆宾王、孟浩然、李白、王昌龄、刘长卿、孟郊、顾况、张籍、刘禹锡、李涉、张祜、杜牧、贾岛、罗隐等，都曾到过润州，为这座江南名城增光添彩，也为后人留下丰盛的文化大餐。

初唐四杰之一的骆宾王擅长五律和七言歌行体，公务之暇与丹徒友人共游润州南郊的招隐寺，写有《陪润州薛司空丹徒桂明府游招隐寺》诗："共寻招隐寺，初识戴颙家。还依旧泉壑，应改昔云霞。绿竹寒天笋，红蕉腊月花。金绳倘留客，为系日光斜。"招隐山又名兽窟山，晋宋之际雕塑家、音乐家戴颙曾隐居此山麓，不久僧人昙度来山创寺，戴颙女捐宅助建，寺成因名招隐。此诗节奏明快，手法简练，既追忆了寺的历史，又表现了山深草茂、林密涧清的自然景观。

盛唐诗人孟浩然和王湾都在各自的漫游中到过润州。王湾，洛阳人，玄宗朝先天进士，任荥阳主簿期间曾来江南，返洛时舟泊润州江口，写下《次北固山下》："客路青山外，行舟绿水前。潮平两岸阔，风正一帆悬。海日生残夜，江春入旧年。乡书何处达，归雁洛阳边。"诗人平实地再现了风平浪静下的大江美景：青山绿水、岸阔潮

孟浩然像

李白像

平。唐时长江入海口移至今江阴附近，但镇扬江面仍宽达20余里，江风起时白浪滔天。山水田园诗人孟浩然就曾被大风阻于润州对岸的扬子津渡口，无奈而焦急："北固临京口，夷山近海滨。江风白浪起，愁杀渡头人。"（《扬子津望京口》）。夷山为大江中焦山余脉，与松寥山同被称为海门山，在古诗中常常被提及。风起浪涌，海天相连，蔚为壮观。诗人运用白描手法表现出京口江面的险阔。

诗仙李白漫游半生，多次途经润州。他在润州游金陵、京口，作《登金陵凤凰台》、《金陵三首》等诗。在《焦山望松寥山》诗中运用想象和夸张手法突出焦山的旷古仙境："石壁望松寥，宛然在碧霄。安得五彩虹，架天作长桥。仙人如爱我，举手来相招。"焦山古名樵山，与金山对峙江中，又称东浮玉，幽深雄险，气象万千。清人麟庆就以为"海上三山，亦未必胜此京口三山（金、焦、北固）也。"《焦山望松寥山》这首诗表现出诗人的浪漫主义本色，雅俗共赏，在江南世代传颂。舟出京口经云阳（今丹阳），诗人有感于船工、纤夫之苦，作《丁督护歌》为之悲叹，对下层劳苦大众系以同情之心，是李诗中为数不多的反映现实主义题材的作品。安史之乱爆发后的第二年，即天宝十五年（756年）冬，李白欣然应邀走下庐山屏风叠，加入奉父命经营长江的永王李璘军幕中，随舟舰东巡，作《永王东巡歌》11首颂赞并激励士气。其六为"丹阳北固是吴关，画出楼台云水间。千岩烽火连沧海，两岸旌旗绕碧山"。丹阳郡是当时润州的别称，非指丹阳一县。（《旧唐书》载唐政府曾于天宝元年改润州为丹阳郡，至乾元三年复为润州）。此诗雄气洋溢，表现出永王军容的严整及长江下游沿江的备战气氛，是当时历史的见证。

盛唐另一著名诗人王昌龄写的《芙蓉楼送辛渐》诗也是千古传颂的佳篇。王昌龄，长安人或说太原人，开元进士，工诗尤擅绝句，有"诗家天子"之称。开元末、天宝初，诗人正在江宁丞任上，秋天好友辛渐来访，离别取道漕河北上，昌龄送至京口，于芙蓉楼饯别，写下《芙蓉楼送辛渐》两首，其一："寒雨连江夜入吴，平明送客楚山孤。洛阳亲友如相问，一片冰心在玉壶。"其二："丹阳城南秋海阴，丹阳城北楚云深。高楼送客不能醉,寂寂寒江明月心。”在诗中诗人表达了与好友离别的愁苦,并托辛渐向洛阳亲友带去他冰清玉洁般操守的信念。芙蓉楼为东晋南徐州刺史王恭创设,位于州衙西的月华山上,唐代尚存。唐《元和郡县图志》记:“晋王恭为刺史,改创西南楼为万岁楼,西北楼名芙蓉楼”,两楼依山傍水,雄秀壮丽,自晋至宋为地方官府待客及宴饮之所,是古代南方名楼之一。王昌龄的《芙蓉楼送辛渐》流传极广,更使此楼名扬天下。芙蓉楼至迟南宋时毁而未建,清朝蒙古族诗人清瑞在《寻芙蓉楼故址》中称:“飞楼缥缈已无踪,极目高城锁乱峰。……几度欲将遗址觅,不知何处采芙蓉。”今芙蓉楼于1991年改建于金山中泠泉畔,飞檐流丹,金碧辉煌,楼塔互衬,给金山风景区增色不少。唐诗中提到芙蓉楼的还有释皎然的《买药歌送杨山人》:“华阴少年何所希,欲饵丹砂化骨飞。江南药少淮南有,暂别胥门上京口。京口斜通江水流,裴回应上青山头。夜惊潮没鸬鹚堰,朝看日出芙蓉楼。摇荡春风乱帆影,片云无数是扬州。”诗人借华阴少年自苏州胥门经京口去淮南扬州买药这件事,平铺直叙,表现了京口山水的壮美。皎然是吴兴杼山妙善寺僧,俗姓谢,有释门文学“伟器”之誉。鸬鹚堰与芙蓉楼在当时都是京口江畔的名景,前者早于元代就已经失考。





除《芙蓉楼送辛渐外》,中晚唐诗人张祜的《题润州金山寺》和《题金陵渡》也是歌咏镇江的代表性名作。张祜,字承吉,南阳人,一生飘泊,初寓姑苏,后寓丹阳。其性爱山水,多游名寺,人称张处士。《题润州金山寺》清新流畅,别具一格:“一宿金山寺,超然离世群。僧归夜船月,龙出晓堂云。树色中流见,钟声两岸闻。翻思在朝市,终日醉醺醺。”唐时金山浪浮江中,岛分南北,“树色中流见,钟声两岸闻”,便是对古代金山的绝妙写照。此诗在当时被公认为是金山寺的绝唱。张祜的另一代表名作《题金陵渡》更是脍炙人口:“金陵津渡小山楼,一宿行人自可愁。潮落夜江斜月里,两三星火是瓜洲。”唐时金陵辖属润州,润州城西的西津渡和州衙近侧的北固渡在唐代也被习称为金陵渡,直对江北的瓜洲渡。诗人站在渡口的小山

今镇江芙蓉楼(1991 年改建于金山中泠泉畔)

楼上,观赏月斜潮落及星星渔火的大江夜景,用诗歌艺术地再现了古渡头的苍茫夜色,而小楼就被定格为当年江渡史的物证。除张祜外,杜牧的《润州二首》、孙鲂的《题金山寺》、李德裕的《北固怀古》、周朴的《题甘露寺》、罗隐的《题润州妙善(寺)石羊》、崔涂的《秋宿鹤林寺》、皇甫冉的《丹阳东去新亭》、权德舆的《(练)湖上晚眺》、许浑的《丁卯桥村舍》、杜荀鹤的《游茅山》、李端的《宿华阳洞》等都是人们所喜读的作品。唐代润州籍诗人还有马怀素(丹徒)、包何、包佶(延陵)、皇甫曾(丹阳)、戴叔伦(金坛)、储光羲(延陵)、冷朝阳(江宁)等多人,内存诗最多的有储光羲(127 首)、戴叔伦(200 首)、皇甫冉(242 首)、许浑(532 首)。许浑,字用晦(一作仲晦),唐高宗宰相许圉师之后。祖籍湖北安陆,侨居丹阳北陵。唐大和六年(832 年)进士,曾任当涂、太平县令,润州司马、监察御史,睦州、郢州刺史,作诗长于律体,格调豪丽。晚年定居京口丁卯桥,世称许丁卯,与寓居丹阳的张祜时有交往。他的《夜归丁卯桥村舍》诗句清新自然,着力描写了诗人的田居环境,再现了丁卯村舍夜色的美丽与宁静,读后令人难忘。“月凉风静夜,归客泊岩前。桥响犬遥吠,庭空人散眠。紫蒲低水槛，红叶半江船。自有还家计，南湖二顷田。”他的《题邹处士隐居》表现出焦山海口的江边水景，而《送无梦上人先归甘露寺》诗则表现出北固山江岸的寒冬雪景：“飘飖随晚浪，杯影入鸥群。岸冻千船雪，岩阴一寺云。夜灯江北见，寒磬浦西闻。鹤岭烟霞在，归期不羡君。”许浑墓在润州丹徒县东30里，雩山脚下的谏壁里。

# 第六章　宋元时期镇江的发展

北宋末年润州升府，称镇江府，镇江作为地名与行政名沿用至今已有千年。南宋初韩世忠统率8000子弟兵在镇江大败完颜宗弼的10万金军，被誉为“中兴武功第一”，而梁红玉击鼓战金兵的故事更成为千古美谈。两宋之交随北方人口再次大规模南迁，镇江地区得到进一步开发，并以商业、手工业和交通运输业著称于世。

## 一、宋代镇江城市的发展

公元960年，后周大将赵匡胤发动陈桥兵变，建立北宋，结束了五代混乱局面。宋太祖开宝八年(975年)十一月，北宋灭南唐，原南唐19州、3军、108县尽归北宋。入宋，镇江仍称润州，辖丹徒、丹阳、延陵、金坛4县。宋神宗熙宁五年(1072年)，因变法之需，裁并天下郡县，将延陵县改设为延陵镇，并入丹阳县。润州改辖丹徒、丹阳、金坛3县，但原4县辖境不变。

据《宋会要辑稿》记载，开宝八年十月二十日诏曰：“镇江之号，丹徒旧军……宜别赐于军名，用永光于戎阃。其润州旧号镇海军，宜改为镇江军。”开宝八年八月宋军占领润州，十月宋廷就下诏改镇海军名为镇江军名了，这是镇江得名的开始。北宋末徽宗政和三年(1113年)，润州升州为府(北宋州、府同级，但府只设在要地)，改称镇江府。此后，南宋及元、明、清各朝相因。镇江作为地名与行政名沿用至今已有千年，仍表现出旺盛的生命力。

宋初分地方为10道，不久改设为15路，神宗时增为23路，如在扬州设淮南东路，在昇州(南京)设江南东路，在杭州设两浙路。熙宁变法时一度分两浙路为浙江东路和浙江西路，镇江府和平江府（今苏州）是浙西路的军政重镇。南宋时镇江府与建康府（南京）同为长江下游的江防重镇和经济发达区。

镇江作为江河交汇交通枢纽的作用在宋代进一步突出。江南河又称浙西运河，两浙路的物资财富由此河经镇江过江，入扬州真楚运河，再经汴河到达京师开封。苏轼曾说："两浙之富，国用所恃，岁漕不下百十万石，其他财赋供馈不可悉数。"南宋时江南河的作用更加突出，当时宋金对峙，东段以淮水为界，凡淮南、江西、荆楚、四川等上游地区漕粮、物资等须经镇江由江南河转输杭州，而中央政府所拨粮饷、物资也须经由镇江中转过江到达两淮前线。为保证畅通无阻，两宋政府对江南河镇江段及穿城而过的漕渠不断拓浚，对沿途水闸及堰堤经常整修，以至大船巨舰由江、海"至镇江则入闸，船行运河如履平地。"陆游在《入蜀记》中曾记：过奔牛闸，"闸水湍激，有声甚壮，遂抵吕城闸。自祖宗（指赵匡胤建宋）以来，天下置堰军止四处，而吕城及京口二闸在焉！"运河的畅通也方便了官民的出行及商贩的贸易。

镇江城市自隋唐开始转型后，其商业、手工业及交通运输业在两宋时期进一步发展。水运的发达带动了造船业和修船业的兴盛，宋代镇江造船厂有三处：一处在通吴门里樱桃园，一处在小围桥西木场巷，一处在江口镇。南宋嘉定年间镇江知府赵善湘调集水军500人，赶制多桨船500艘，无论风势逆顺，疾行如飞。其中大船两艘，每船可载2000人，是名副其实的巨舰。现镇江市区中华路北的打索街源于宋代，位于西门城外入江口段的沿河边，顾名思义与航船的缆绳业有关，直到民国前期这条街一直热闹繁兴。

镇江的纺织业在唐代已经出名，两宋时进一步发展。《宋史》记载镇江府岁贡罗、绫；北宋的《太平寰宇记》记载，润州贡方纹绫、水纹绫、罗、锦、绢。既是供御用的贡品，这些地产的罗、绫、锦、绢质量一定上乘，且数量也很可观。据《嘉定镇江志》记载，两宋镇江全府夏税额数（秋税数略）如下：

北宋：绢 2642 匹、罗 1000 匹、绸 1439 匹、丝 2079 两、棉 63356 两。

南宋：绢 8974 匹、罗 1043 匹、丝 15361 两、棉 68155 两。

以上仅是上交给封建国家的税额数，而生产数当远远大于税额数。北宋时润州城内唐槌山下设有专门的官营织造机构和作坊，名“织罗务”，织品以“大花罗”最为有名。南宋时镇江织罗务织造的御服“花罗”，年产量数千匹。宋代还出现规模较大的私营丝织作坊，大多集中在府治城西石础桥南制锦坊西。除制锦坊外，宋时府治城南还有制绣坊。

唐宋时酿酒业也有进一步发展，酒坊遍布城乡。宋政府除在城内置由官府酿造酤卖的官榷制外，还有县、乡镇民间自产自销，由政府征收酒税。据旧志载，宋元时丹徒一县就有酒坊 30 多处，丹阳县有酒坊 50 多处，金坛县有酒坊 20 处。今市区东有酒海街，位于原范公桥南，北宋大臣陈升之曾营宅于此，至南宋“为后军寨并酒海、酒库”，元时形成民居巷道，遂取名酒海街。所产之酒品种也多，有以堂取名的，如京口、还京、秦潭、浮玉、第一江山；有以泉得名的，如真珠、中泠、不老等，其中北府兵厨酒、第一江山酒、锦波春酒、浮玉春酒还畅销外地。因酿酒业兴盛，北宋熙宁中，镇江府城及所辖县邑酒税额达 6.6 万余贯，南宋嘉定中酒税额更升至 7.4 万余贯，约占地方全部商业税收额的 30% 以上，可见酒业的兴盛。

随着农业、手工业的进步，两宋时商业也日益发达，镇江成为长江下游著名的商货中转港口。唐宋时东南茶叶、江西景德镇瓷器经运河北上贩销北方中原地区，并有相当数量就在镇江出售。南宋时江西的粮米、淮南的“茶盐丝帛”、两浙的“鱼盐布帛”、荆湖的“金铁羽毛”经镇江进入运河，运往临安，供应京师。在镇常河段百舟千帆络绎不绝，大小码头舟塞贾集，成为一道热闹的风景线。宋代镇市兴起，江南河沿线镇江段就有吕城镇、陵口镇、新丰镇、丹徒镇，南宋时丹阳吕城镇和常州奔牛镇成为旺镇。陆游在《入蜀记》中就提到“早发丹阳……过新丰，小憩……至今居民市肆颇盛。”宋代镇江全府的商税额占全国第11位,商税的增多是商业发达的直接反映。苏轼诗《金山梦中作》就形象描绘了在金山会聚的富商大贾:"江东贾客木绵裘,会散金山月满楼。半夜潮来风又急,卧吹箫管到扬州。"宋代实行茶、盐专卖政策。由于茶盐在镇江码头中转量大,也是南宋政府设置的全国6处榷货务之一,并规定镇江榷货务专卖临安、平江(苏州)、绍兴三府之盐。除盐外,粮食、茶、酒、丝、瓷器、木材等物产在镇江码头成交量也大。

手工业、商业和运输业的发展要求交通设施相应发展,除港口及漕河外,宋代陆路交通也较前代进步,驿站和递铺比唐代密集。由镇江府西行经高资馆、下蜀馆、竹里馆抵江宁府,向东经丹徒馆、秦潭馆、丹阳馆、陵口驿、吕城驿至常州荆溪驿馆。西行为陆驿,东行水陆驿兼备。宋时句容集民力凿通自县治至镇江府的陆道,此外丹阳至金坛、丹阳经句容至建康也有陆路可通。

宋初灭南唐,镇江先降吴越,再入赵宋版图,城市未遭多大破坏。州治内城是在唐、五代夹城基础上修葺加固而成的。宋代一统,拆除各地关卡以通津路,原为适应唐后期及五代军阀争战之需的润州罗城在北宋时"积废弗治",逐渐倾圮几成"废垒"。宋室南渡后与金对峙,东以淮水为界,镇江成为屏障都城临安的江防重镇,罗城的作用又逐渐受到重视。当时镇江驻扎前、右、中、左、后、水、游奕七军,各军为出入方便在罗城私开土门多处,"启闭非时",造成进一步破坏。嘉定七年(1214年),镇江太守史弥坚"创修罗城诸门,废土门之可废者,固围周密,邦人赖之"。继又修浚漕河,疏通甘露港,并引水环城西北,使镇江城防进一步巩固。

宋元时江南河(漕河)自东南向西北穿城逶迤而过,城区另有市河三条,蜿蜒盘曲,与漕河一起构成水网格局,使本邑除具城市山林特色外,又颇具几分江南水乡本色。为沟通往来,城内建桥甚多,如横跨漕河的就有通济桥(南水门上)、长桥(今酒海街一带)、范公桥(又名清风桥,今正东路东)、嘉定桥(今五条街口)、千秋桥(今四牌楼东)、绿水桥(又名高桥,今四牌楼一带)、拖板桥(今大西路东段)

等。至于并跨市河的桥梁就更多了，有针子桥（嘉泰桥）、大围桥、小围桥、斜桥、折桥、水西桥等大小桥梁20多座。城里城外舟楫往来，穿梭不息。“绿水桥边多酒楼”，唐时城区中心在州治鼓楼岗西、南两侧。唐以后，城内中心沿城内漕河西伸至今四牌楼以西及南，包括今五条街、大市口、南门大街、酒海街等。宋元时城内居民多濒河而居，商肆夹渠而列，鳞次栉比，是为闹市。北宋诗僧仲殊填有《南徐好》词10首，其一为《渌水桥》：“南徐好，桥下绿波平。画柱千年尝有鹤，垂杨三月未闻莺，行乐过清明。南北岸，花市管弦声。邀客上楼双榼酒，舣舟清夜两街灯，直上月亭亭。”宋时镇江府城内有7坊、80余巷。除坊巷外还有街，如五条街在宋元时就很出名。《喻世明言·张舜美灯宵得丽女》中素香欲与张舜美私奔，舜美说：“我有远族见在镇江五条街开个招商客店，可往依焉。”《警世通言·白娘子永镇雷峰塔》，许宣第二次被押发配到镇江府牢城营，被在“针子桥开生药店”的李克用保领回家，留他在药店中使用，夜间教他去五条巷（街）卖豆腐的王公楼上歇。后来，许宣因故离开李克用，在“镇江渡口码头”租房自开药店。可见五条街是热闹的商业街，宋元时就很出名。五条街西另有大市，唐代就已形成，宋代更趋兴盛。因为市口人多车多，常将街心铺砖碾坏，北宋淳化年间及崇宁年间曾两次砌换市口十字街砖石，可见当时市政建设已同城市生活密切关联。

宋代时全国经济重心南移已成定局，城市发展，居民人口也随之增多。据《宋史》记载，北宋徽宗崇宁年间（1102—1106）镇江在册的户口数为63 657户、164 566人。北宋末金兵南侵，战火连连，至南宋前期镇江地区户口数略有下降。据本地方志记载，宋孝宗乾道六年（1170年）镇江有户63 940，有口121 220；其中丹徒32 200人、丹阳55 980人、金坛33 040人。其后宋金之间基本没有发生过战争，经长期休养生息，户口增加很快，到宋理宗（1225—1264）统治时镇江地区有户108 400、口644 100。其后宋元战争又起，到南宋末年户口又呈下降趋势。

## 二、建炎南渡与移民镇江

两宋之交,由于金兵连年南侵,北方人口大规模南迁,出现全国性的移民浪潮。"高宗南渡,民之从者如归市"(《宋史·食货志》)。"金兵陷扬州,士兵随乘舆渡江,众数万,密露立水滨,麾舟济之"(《宋史·赵密传》)。由此出现了第一个难民流高潮,滞留在镇江一带的估计有数万之众。高宗绍兴末,金主完颜撕毁和约,发兵60万四路攻宋,主力一直打到长江北岸的和洲(今安徽和县),两淮居民又纷纷南逃,"淮人率奔京口",出现第二个难民流高潮。南宋后期,蒙古灭金后转攻南宋,理宗端平年间蒙古军入侵淮西,兵锋至合肥,江淮百姓又一次南奔。《至顺镇江志》记:"宋端平丙申后,淮士多避地京口",出现第三个难民流高潮。南宋时镇江又一次成为移民集中的城市。

这次移民以河南、山东、淮南等地人口为主,其中不少就择居在镇江。如镇江城南曹氏,先祖传为宋初大将曹彬之后,金兵南下始迁祖曹斗保随宋室南渡,卜居在镇江城南崇德坊。镇江东郊大港赵氏,传为宋皇室赵德昭后代,金兵南下始迁祖赵子褫自中州移居镇江,再迁润东大港镇,至七世已有18分支,逐渐成为当地第一大姓,后代中有民主革命家赵声。镇江梦溪严氏,北宋末始迁祖严永中自汴京(开封)移居镇江,传五世移宅于城外梦溪(原沈括梦溪园),至九世严泰壹再移府城内严家巷。镇江茅氏,原籍河南汴梁,建炎南渡时先祖息从高宗渡江居京口,至清代茅氏已是镇江府城著姓之一,著名桥梁专家茅以升即为其后代。丹徒开沙任氏,建炎初始迁祖任必文自中州迁居丹徒,八传至任锦再迁丹徒江中开沙,是为任氏开沙分支。

南迁百姓大多聚族而居,重视家谱纂修,加之有的习儒入仕,后代子孙兴旺,渐为地方显族世家。如京口丁氏,原籍河南祥符,建炎初南迁祖丁素渡江寓居金陵,死后因故葬在镇江。其孙丁煜官至知镇江府事历,又因祖父之茔在镇江,离任后"遂卜宅城东而家焉",是为镇江始迁祖。其后丁氏支系增衍,族丁兴旺。丁氏南迁前就是官宦世家,南迁后子弟也多以习儒从政为出道,中举或中进士者历朝不

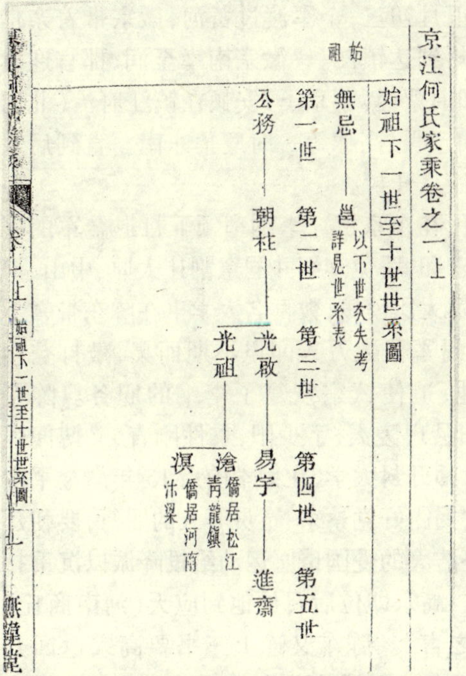
京江何氏家乘卷之一上

始祖下一世至十世世系圖

始祖 無忌——邕 以下世次失考 詳見世系表

第一世 公務——第二世 朝柱——第三世 光敬——第四世 昜宇——第五世 進齋

第三世 光祖——第四世 滄 僑居松江青龍鎮

第四世 溟 僑居河南汴梁

何氏原籍汴梁(今开封),北宋末迁居江南

断。再如京口何氏,原籍汴梁。宋室南渡,何公务随驾扈从至临安(杭州),任御医。离任后“居京口,定宅城内石础桥十字街”,是为何氏始迁祖。其后一支迁青浦,主支则在京口聚族而居。明清时族裔之盛甲于一邑。何氏家承医学,宋、元、明、清各朝名医辈出,是名闻东南的医学世家。

除镇江城区及丹徒外,“建炎南渡”中卜居丹阳、句容的北方姓氏也多,如丹阳地区的尹氏、厉氏、岳氏、贡氏、方氏、贺氏、臧氏、束氏等,今镇江句容地区则有孔氏、刘氏等。

两宋之交北方人口大量南迁,使南方地区得到进一步开发,同样也促进了镇江城市的发展。此外,北方移民的大量南迁对宁镇地区的语言、饮食、服饰、婚姻、丧葬、节令等习俗产生了明显影响。

## 三、宋金镇江之战

### 1. 金灭北宋和宗泽抗金

1115 年,女真贵族完颜阿骨打建金,1125 年灭辽。金统治者从北宋对辽的作战失败及收复燕云的交涉中,深知北宋朝廷腐朽,于十月下诏大举攻宋。金东路军自平州南下,先后攻占燕京、镇州、相州、浚州,渡过黄河,抵达开封城下。金兵南下途中,宋徽宗让位给皇子钦宗。靖康元年(1126 年)正月初三,金军渡过黄河,徽宗带着亲信连夜南逃,经亳州、泗州、扬州到达镇江。“徽宗南幸至润,郡官迎驾于西津”,徽宗一行被镇江知府蔡翛(蔡京子)安顿在镇江府治(北固山前峰鼓楼岗),随从百官如童贯、高俅等一时麇集东南。直到后来金兵北撤,徽宗一行才回到汴京开封。

靖康元年二月,开封军民在东京留守李纲率领下打退金军的多次进攻,但钦宗一心要割地求和,罢免李纲并同意割让太原、中山、河间三镇。消息传出,开封军民无比愤慨,数百名太学生在陈东带领下到宣德门伏阙上书请愿,开封军民数万人闻讯不期而集,敲打登闻鼓,鼓声伴着呼声震天动地,迫使钦宗恢复了李纲的职务。陈东(1086—1127)是镇江府丹阳县珥陵人,字少阳,秉性刚直,又博闻强记,特善属文,后以贡生入京师开封太学,在太学前后 15 年。金军南下进逼开封,他曾三次上书,揭露奸党蔡京、童贯等人的罪行,要朝廷诛六贼以谢天下。这次声势浩大的爱国请愿运动给投降派以沉重打击。不久,他回到家乡丹阳。高宗即位后召见他到应天(河南商丘)言事,声称“愿听天下正直之言”。陈东又连上三书要高宗返回开封,收复失地,迎回两宫,并罢免主和派黄潜善、汪伯彦等人。这使想偏安东南的宋高宗感到害怕,加上黄、汪之流不断“以语激怒高宗,言不即诛将复鼓众伏阙书”,高宗就以“狂生”的罪名将他与另一名太学生欧阳澈杀害。陈东临刑时“神色不变,既死面如生,识与不识之人莫不为之流涕。”灵柩不久归葬丹阳。建炎南渡后,高宗迫于舆论压力,下诏追封陈东的官职,并准在陈东家乡修建祠堂。

靖康元年八月,金军再次大举攻宋,同年十二月攻入开封,第二年春在大肆焚掠后,掳走徽、钦二帝及大批财富北归,北宋灭亡,史称“靖康之难”。东京被陷时,在外招募勤王兵马的徽宗第九子康王赵构幸免被俘,于 1127 年五月在应天(河南商丘)即位,改元建炎,是为宋高宗。高宗即位之初为站稳脚跟,任命李纲为右相,李纲即举荐宗泽为东京留守、开封府尹。宗泽到任后,一面整顿开封防务,安定民心,筹备军费粮草;一面加强开封防务,并联络河北各地义军,很快

明人绘陈东像

明人绘宗泽像

组织起一支百万人的队伍,一时声威大震。

宗泽(1060—1128),字汝霖,浙江义乌人。哲宗元祐六年(1091年)进士,曾任龙游知县、登州知州等职,后主持南京(应天府)鸿庆宫因事触犯宋徽宗,被革职在镇江闲居,寓居城内。夫人陈氏不幸病故,就葬在镇江城东京岘山下。金人南侵后他被起用知磁州,赴河北勤王。据《宋史》记载,当时山西太原已经失守,河北也多处洞开,他慷慨地说:"食禄而避难不可也"。当天"单骑就道,从羸卒十余人……缮城壁,竣隍池,治器械,募义勇,始为固守不移之计",与金人大战13次,杀敌数百,大挫金人气焰。靖康元年十一月康王赵构奉命出使金营并留为人质,路过磁州,被宗泽劝阻退回河南,这也是高宗后来起用宗泽的一个原因。当金兵突破黄河防线兵临开封城下时,康王赵构被任命为兵马大元帅,担起勤王之责。赵构则任宗泽为副元帅。宗泽主张速解汴京之围,却不被赵构及主和派所接受。宗泽先后任襄阳知府、青州知州,金兵北撤后经李纲推荐任东京开封留守。宗泽时年67岁，到任后修筑城防，恢复社会秩序，联络北方义军，打退金兵的多次侵犯，“威声日著，北方闻其名惮之，对南人必曰宗爷爷”。他还先后上疏24次，提出渡河复国的具体计划，但不仅未被采纳，反而受到投降派的猜忌和监视，忧愤成疾，病故在开封任上，终年69岁。临终前无一语涉及家事，但连呼三声“过河”！噩耗传来，开封军民哭声震天，表现出对他的爱戴。死后灵柩由儿子宗颖及部将岳飞护送回镇江，与夫人合葬在京岘山。宗泽墓前石牌坊有一对联：“大宋濒危撑一柱，英雄垂死尚三呼”，表达了人们对这位出师未捷身先死的爱国老英雄的崇敬之情。后被追谥忠简，有《宗忠简公集》8卷留世。

宗泽还是抗金民族英雄岳飞的恩师。宗泽任东京留守时由他联络并接受他领导的北方义军有王彦的八字军及山寨军等，其中王彦的裨将岳飞因触犯军纪按律当斩，在刑场被宗泽救下。宗泽见他气宇非凡，爱惜其才，令交付五百骑大破金军，戴罪立功，以功折罪。后又授之多种阵图，告诫他“阵而后战”。宗泽的器重和教诲对岳飞的成长起了很大作用。

2. 宋金镇江之战

宋高宗赵构同他的父亲徽宗、哥哥钦宗一样，畏惧金国，又怕真的迎回二帝后不好安排，拒绝了东京留守宗泽要他回銮开封的请求，一心“巡幸东南”。建炎二年(1128年)正月，宋高宗在主和派黄潜善、汪伯彦的簇拥下，取道江淮运河逃到扬州。这年冬，金太宗下诏攻宋，这是南宋立国后金人的第一次南侵。西路金军进攻陕西，东路金军渡过黄河占领山东、徐泗，兵锋直指扬州。宋高宗一面令人决黄河自泗入淮以阻金兵，一面派人护送隆祐皇太后先避杭州，自己作好随时逃跑的准备。建炎三年(1129年)二月，金军先头部队突入扬子桥，高宗闻讯“被甲驰幸镇江府”，军民仓惶跟从过江者无以计数，史称建炎南渡。在镇江驻留军队后，高宗一行取江南河经吕城、常州、吴江、秀州(嘉兴)逃到杭州。这次金军没有过江，在焚掠扬州后回军北撤。

建炎三年秋，金兵10万在完颜宗弼(兀术)率领下自江淮向江南进军，这是金国对南宋的第二次军事行动。金军渡江后占领广德、建康，一直打到浙东明州(宁波)。宋高宗被追逃到海上，再逃温州。金兵因不适应海上战斗，又怕孤军深入，在杭州大肆抢掠后，于第二年(1130年)春沿运河北撤，在镇江被扼守江口的宋军韩世忠部所阻，双方展开激战，这就是著名的宋金镇江之战。

韩世忠像

韩世忠(1089—1151)，字良臣，陕西延安人，早年家贫无产业，18岁时应募入本州乡兵。《宋史》称他“风骨伟岸，目瞬如电，……嗜酒尚气，不可绳检。”入伍后“挽强驰射，勇冠三军”，与西夏兵作战屡立战功，升任军官。北宋末浙西方腊起义，韩世忠以偏将身份随主将王渊前往镇压，因只身入青溪峒生擒方腊而被军中号为“万人敌”。靖康元年(1126年)金兵攻北宋，他率部协守开封。继又协守大名和赵州，因功升任统领、统制。靖康之难后，他加入拥戴赵构的行列，后率部扈从高宗南下扬州，与张浚、刘光世一起成为御前的三员大将。建炎三年(1129年)春，杭州发生苗傅、刘正彦兵变，韩、张、刘等合力平定叛乱，韩因功任御营左军都统、领武胜军节度使兼江浙置制使。完颜宗弼率军南侵时，韩世忠以浙西制置使守镇江。金兵突入浙东，韩世忠军退守江阴。金军沿运河北归，他率所部8000余人乘海舟由海口西上抵镇江焦山至金山江面，封锁了运河入江口，断敌归路。

当金军回军至常州时即受到岳飞所统军队的阻击，《宋史》称：

"飞四战皆捷,尾袭于镇江东,又捷;战于清水亭,又大捷,横尸十五里"。前又有韩世忠军在江中横阻,金兀术此时已是草木皆兵了。宋金镇江之战包括蒜山龙王庙伏击战、镇江江面战斗、镇江西黄天荡围困战及牛头山设伏战。

大战前,韩世忠估计完颜宗弼会派人来江边高地侦察宋军动静,预先在江岸及临江高地蒜山龙王庙中埋伏下各百人的小队,约定如有敌人来侦察,埋伏在江岸的一队先往里冲,埋伏在庙中的一队再冲出合围。是日深夜,果见有金军五骑登山入庙,听到鼓声,埋伏在庙中的宋军先出,等到埋伏在江岸的宋兵赶到时已逃逸三人,其中就有完颜宗弼。

完颜宗弼恼羞成怒,约日再战。韩世忠将海舟大船分为两队,每艘备有带钩的大铁索绕到对方背后横击敌舟,在金山江面"每缒一绠,则曳一舟沉之"。据《宋史》记载,"战将十合,梁夫人亲执桴鼓,

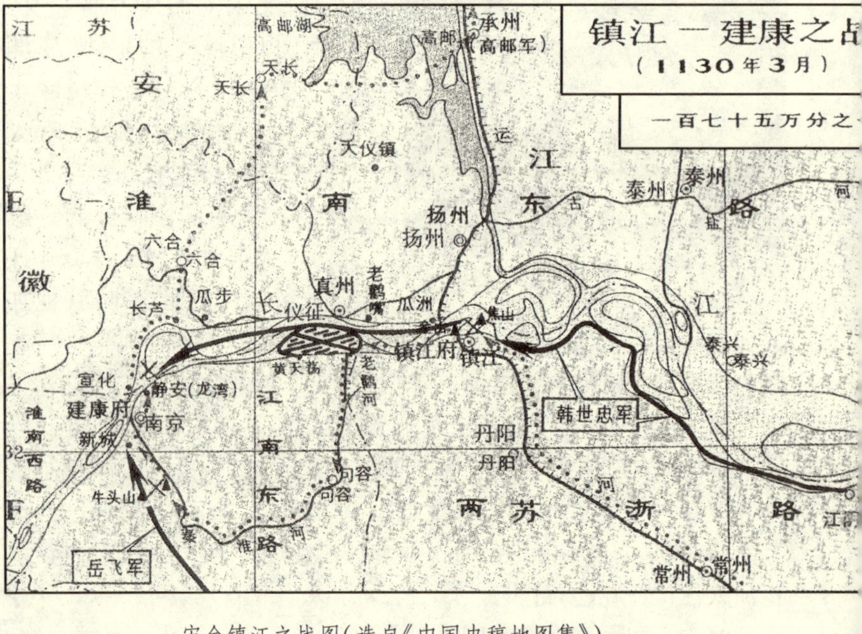


宋金镇江之战图(选自《中国史稿地图集》)

金兵终不得渡。尽归所掠假道,不听;请以名马献,又不听”。会战中,金兀术的女婿龙虎大王也被活捉,做了宋军的俘虏。完颜宗弼无计可施,请求面会韩世忠,“语其请甚哀”。韩世忠明白告诉他:“还我两宫,复我疆土,则可以相全。”金军大队及舟船只得沿江西走,宋军船队夹敌并行,且战且进,又将金军逼进建康东北70里处的黄天荡(今龙潭至栖霞间),即仪征对面的江面,围困48天。完颜宗弼损失惨重,一筹莫展,后来悬重赏得一奸细告密,利用老鹳河故道开渠逃逸到建康。

还在韩军与金军大战方酣时,岳飞军已在上元县南的牛头山设伏,以逸待劳。岳飞派士兵百人身穿黑衣趁夜混入金营中袭扰,引得金兵自相攻击。继派步骑2000多人袭击上元新城,大败金军。金兀术只得放弃建康,在索堇太一的江北援军接应下渡江退回江北,奔淮而返。

宋金镇江之战是南宋立国以来“中兴武功第一”之战,韩世忠成为中兴名将,被擢神武左军都统制,拜检校太保。曾沦为京口歌妓后为杨国夫人的梁红玉成为千古传颂的巾帼英雄。这次战役后,南宋小朝廷就以临安(杭州)为都城逐渐稳定下来,而入侵江南的失败却使金人从此不再把江南作为向南宋进攻的主要目标。韩世忠的部队则军威大振,受到老百姓的拥戴。行军打仗士兵每人一只军用陶水壶,世称“韩瓶”,至今仍为民间代代相传。而梁红玉在镇江金山妙高台击鼓战金兵的故事更是家喻户晓,成为爱国主义教育的生动教材。梁红玉本是淮安人,后沦落京口。宋人笔记《鹤林玉露》记:“韩蕲王之夫人,京口娼也。尝五更入府,伺候贺朔。忽于廊柱下见一虎蹲卧,鼻息齁齁然,惊骇亟走出,不敢言。已而人至者众,往复视之,乃一卒也。因蹴之起,问其姓名,为韩世忠。心异之,密告母,谓此卒定非凡人。乃邀至家,具酒食,至夜尽欢,深相结纳,资以金帛,约为夫妇。蕲王后立殊功,为中兴名将,遂封杨国夫人。蕲王尝邀兀术于黄天荡,几成擒矣。一夕,凿河遁去。夫人奏疏言世忠失机纵敌,乞加罪责。举朝为之动色,其明智英伟如此。”梁红玉当年击鼓处传为金山妙高台,历代诗赋甚多,给这座千年古刹增色不少。

绍兴初，韩世忠任淮东宣抚使，置司镇江，负责长江下游防务。绍兴六年(1136年)，韩世忠率部三万人置司楚州(江苏淮安)，负责淮河下游的防务，多次挡住金军与伪齐军南下过淮的攻势，为稳定东线作出了贡献。1138年，高宗正式在临安(杭州)建都，于第二年进封韩世忠为少师。绍兴十一年(1141年)宋廷与金达成和谈协议，高宗与秦桧即召韩世忠、岳飞、张浚从前线返京(临安)，收回了三大将的兵权，不久又以“莫须有”的罪名将岳飞父子杀害。当时“举朝无敢出一语”，惟有韩世忠“极言岳飞冤狱”。自辞去枢密使之职后，韩世忠“杜门谢客，绝口不言兵”，常常骑驴携酒外出，后面跟着一两个侍童，以纵游西湖为乐。居家不外出时，韩世忠则以诵读佛经为功课，自号清凉居士。绍兴二十一年(1151年)，韩世忠去世，得以善终。宋孝宗时追封为蕲王，世称韩蕲王。自调回临安，韩世忠时与秦桧同朝，但“未尝与谈”，可谓是忠奸分明。

## 四、采石之战与镇江

1161年的宋金采石之战是宋金对峙时期的重要战役，结果金军失败、宋军胜利。作为一次战役，采石之战包括了采石战斗及镇江江面的对峙。

宋高宗绍兴十九年(1149年)冬，金平章政事完颜亮(金太祖后裔，曾在金兀术帐下当过将军)杀金熙宗自立为帝，史称海陵王(死后降封海陵郡王)，是继金太祖完颜阿骨打、金太宗完颜吴乞买、金熙宗完颜亶后的金国第四代皇帝。

靠政变上台后的完颜亮为提高威望，巩固地位，一心想侵吞南宋，完成大业。他一面积极备战，一面自上京(今黑龙江阿城)迁都中京(今北京)，后来又迁到南京(今开封)。在完成各项准备后，于绍兴三十一年(1161年)夏向南宋提出划江为界的无理要求，九月以要求被拒为借口撕毁和议，出动六十万军队四路攻宋。金军一路攻川陕，一路攻荆襄，一路自海路袭击临安，主力则由完颜亮亲统自淮西渡河而南。四支中的三支均为宋军所阻，而完颜亮的主力一直打到长江北岸的和洲(今安徽和县)。

宋高宗原想避战求和(南宋另一主和派头目秦桧已于绍兴二十五年病死),直到金军攻宋前夕才被迫采取应战措施,起用已病的老将刘锜负责江淮战事,以刘锜守淮东,以都统制(受刘锜节制)王权守淮西。但淮西主帅王权弃守庐州(今合肥),经昭关、和州一直逃到长江以南的采石(今马鞍山市南)。东线刘锜力不能支,被迫自清河口退守扬州,并在瓜洲皂角林设伏大败尾追的一支金军。但刘锜已经病重,上疏求代。南宋一面命刘锜率军退回镇江并疗疾,一面派枢密院事叶义问督师江淮,以中书舍人虞允文参赞军事。虞允文,隆州仁寿(今四川仁寿)人,高宗绍兴二十三年(1153 年)进士,授彭州通判,累迁礼部郎官、中书舍人。战前他曾出使金国见完颜亮造舟运粮,返归后即建议朝廷加强战备。

这时两淮之地已尽失,完颜亮大军于十一月初准备从采石对岸的杨林渡过江。叶义问一行到达建康(今南京)后,解除了王权的兵权,改命驻芜湖的宋将李显忠为都统制,并派虞允文到采石一带犒师。虞允文来到采石时,李显忠还未到任而王权已离去,只见王权的败兵三五星散,解鞍束甲坐于道旁,已失去战斗力。他立即收队整形,并对将士大声激励。众将群情激昂,都说:“今既有主,请死战。”也有个别将领说:你是受命犒师而非督战,一旦战斗失利就要负战败的责任。他回答:“危及社稷,吾将安避?”经过清点,宋军马步兵还有 18000 人。布防甫定,金军战船数百只已从杨林渡口驶出,有 70 多艘先行靠岸。南岸宋军在猛将时俊的带领下英勇出击,人人死战,无不以一当十。宋军水师及民舟又在江中往来冲突,杀声震天。这时从光州溃退下来的一支宋军正好经过采石,在虞允文的指挥下也投入战斗,充当援兵。战至黄昏,金军不支向江北溃退,又遭宋军弓箭手的劲弓追射。此战金军被杀 4000 多人,其中大头目万户两人;被俘 500 多人,其中头目千户 5 人。

虞允文预料第二天金军还会反扑,决定不给金军喘息的机会,连夜指挥水师在江中巡梭,用劲弓远射对岸金兵,封锁杨林渡口,还派人到渡口上游处纵火。完颜亮见无机可乘，决定放弃从采石渡江，统军趋瓜洲，与攻下扬州的一支金军相合，打算从镇江江面渡江。

采石战斗取胜后，虞允文从李显忠处分得步兵16000人及部分水军船只赶赴京口，与刘锜的部队会合。刘锜在病榻上紧握虞允文的手说："疾何必问，朝廷养兵三十年，一技不施，而大功乃出一儒生，我辈愧死矣！"(《宋史·刘锜传》)。此时布防在镇江一带的各路宋军总数不下二十万人，宋金双方在镇瓜江面形成事实上的对峙。但宋军船只只有一百多艘，不敷水战之需，于是采用虞允文的建议，在镇江各口岸聚材冶铁，改修马船为战船。此外又增添数艘用车轮踏水的车船，来去迅捷，"三周金山，回转如飞"。金军不习水战，更添几分惊恐。

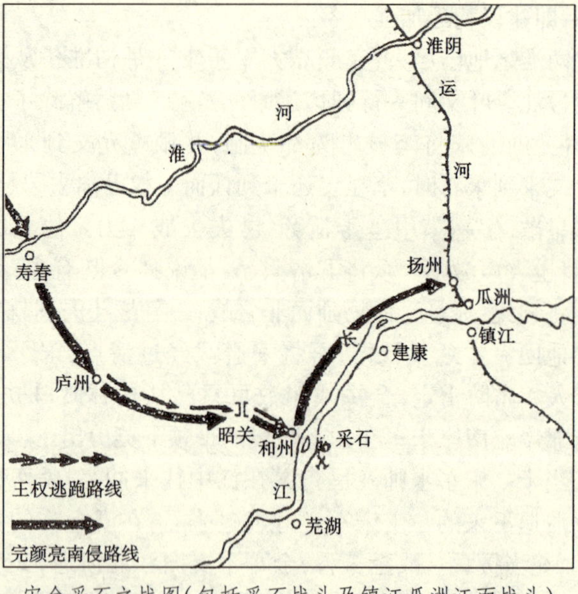

宋金采石之战图(包括采石战斗及镇江瓜洲江面战斗)

就在完颜亮南侵的第二个月，后方女真贵族发动政变，拥立东京(今辽阳)留守完颜雍为帝，史称金世宗。侵宋金军将领在进退失据的形势下，经密谋在瓜洲军营刺杀了暴君完颜亮，旋与南宋言和，引兵北归。

采石战后的第二年，高宗传位给嗣子赵昚，是为宋孝宗。虞允文在采石战后出任川陕宣谕使，协助吴璘收复不少陕西失地。孝宗隆兴元年（1163 年）调回都城临安任兵部尚书，后官至参知政事、右仆射兼枢密使，进左丞相，成为孝宗朝大臣。

宋金采石之战是中国历史上一次以少胜多的著名战例，在宋金战争史及中国古代战争史上占有重要地位。

## 五、宋代名士的镇江情结

### 1. 苏轼情系金山

苏轼（1037—1101），字子瞻，号东坡居士，四川眉山人，嘉祐进士，与父苏洵、弟苏辙合称“眉山三苏”。苏轼是宋代杰出的文坛领袖之一，是集才学、智慧、正直、豪情于一身的中国古代知识分子的典范。

苏轼像

苏轼一生仕途坎坷，宦海沉浮。宋神宗任用王安石变法，他上万言书反对被劾，自请外任，通判杭州，转知密州、徐州、湖州。继因诗案下狱，谪居黄州，迁居常州。司马光执政后他被召回京城，任翰林学士知制诰，又因不同意尽废新法而再度出知杭州及颍、扬等州。哲宗亲政后起用新党，他被视为旧党远贬惠州、儋州。徽宗建中靖国元年（1101年）自海南放归，死于常州。苏轼虽无党争的经验，却有治理地方的才能，每到一地兴利除弊，善待百姓，留下政声。他一生宦游各地,既能尽情领略壮丽河山,又能体察民间疾苦,这对诗歌创作大有裨益,给后世留下丰硕的文化遗产。他多次任职东南,有机会往来于润州,与镇江结下不解之缘。

京口山水甲天下,金、焦、北固及城南的鹤林、招隐等都是苏轼览胜题咏之所,而登临最多的还是金山。“金山楼观何耽耽,撞钟击鼓闻淮南”。自盛唐起,金山处在西津渡与瓜洲渡对渡的近侧,便利了众多文人学士、富商大贾、达官游宦及居士香客登岛敬佛和览胜,直接促进了金山寺庙的兴盛。苏轼的润州诗作多数也是歌咏金山的。熙宁四年(1071 年)六月,苏轼从开封往杭州,十一月初舟至润州,畅游金、焦、北固三山,写下著名的《游金山寺》诗,描摹了日落后大江的瑰丽夜景,表达了自己“有田不归”的思乡之情。诗中还写道:“是时江月初生魄,二更月落天深黑。江心似有炬火明,飞焰照山栖鸟惊。怅然归卧心莫识,非鬼非人竟何物?”是晚诗人见到的炬火、飞焰,同《梦溪笔谈》所记浮于江面“白光如银”、“其行如飞”的扬州大珠颇有相类之处,或应是发生在古代的自然之谜。元丰二年(1079年)春,苏轼由知徐州改知湖州,再游金山,写有《大风留金山两日》:“塔上一铃独自语,明日颠风当断渡。朝来白浪打苍崖,倒射轩窗作飞雨。龙骧万斛不敢过,渔舟一叶从掀舞”,逼真再现了风险浪急中的金山江景。金山胜景妙高台相传是佛印主金山寺时于西南山腰悬崖上凿建的平台,又称晒经台。“中有妙高台,云峰自孤起。仰观初无路,谁信平如砥”,自后为历代赏月的最佳去处。相传苏轼一次与众人在此赏月,由歌手吟唱旧作《水调歌头·明月几时有》,他应节起舞,飘然如仙,成为文坛佳话。

苏轼来润必登金山,还因为他同释门高僧有着方外之交。唐宋以来谈禅说诗、诗禅相通成为士大夫和知识分子的时尚追求,尤其是宋代以禅喻诗蔚成风气。苏轼因受父母影响,年轻时就已信佛,中年通判杭州更与高僧名寂多作方外交,使禅理大进。其时经济重心南移已成定局,全国佛教中心也随之移到江南,“吴越多名僧,与予(即苏轼)善者常十九”,其中就有金山寺的怀贤、祖心和了元。怀贤,字潜道,号圆通禅师。浙江永嘉何氏子,嗣法达观禅师,达观卒后由他继任主持金山寺。神宗熙宁年间,祖心来金山寺寄寓。祖心,字晦堂,号宝觉禅师。广东南雄邬氏子,少为诸生,19 岁双目失明,父母许以出家,后为宋南岳下十二世沙门、临济宗第二代传人。其性恬淡淳厚,行持谨严,博学广识,能诗善画,与宋代名士如王安石、苏轼、黄庭坚、秦观等相交甚契。一次苏轼与好友柳子玉等在金山对饮大醉,酣卧宝觉禅师榻上,夜分方醒,不见圆通、宝觉二长老,于是题诗壁上,诗云:“恶酒如恶人,相攻剧刀箭。颓然一榻上,胜之以不战。诗翁气雄拔,禅老语清软。我醉都不知,但觉红绿眩。醒时江月堕,槭槭风响变。惟有一龛灯,二豪俱不见。”宝觉后主持隆兴府的黄龙寺,哲宗元符三年(1100 年)圆寂。

苏轼与了元佛印的交往轶闻更是广为人知。了元,字觉老,赐号佛印禅师。江西饶州浮梁(今景德镇)林氏子,自幼熟读儒家经典,工书善诗,才思俊迈,风韵飘然。12 岁在家乡出家,云游至庐山嗣法开先道逻禅师,先后主持过庐山归宗寺、润州金山寺和焦山寺、江西大仰寺和云居寺等,九坐道场,四众倾向,名动朝野。苏轼早在谪居黄州时就已与他结识,其时了元住持归宗寺,黄山与庐山隔江相望,相互“酬酢妙句,与烟云争丽”。元丰七年(1084 年)苏轼奉命移居汝州,至泗州上表乞居常州获准,两次过润都与已主金山寺的佛印相晤。哲宗元祐年间,他三次入京任职,其间出知杭、颍、扬等州,凡经润都要上山与佛印谈诗论禅,留下许多佳话。

元符三年(1100 年)徽宗即位,大赦天下,66 岁的苏轼自海南北归,途中又接到在外州军任便居住的诏令,于是乘舟径返江东。第二年四月抵当涂,五月自金陵至仪真,拜会正在真州发运司任职的米芾,相会于白沙东园,又同游西山。因为高兴他多停留了几日,不料因中暑卧病于舟中。米芾闻讯赶来探视,彼此惺惺相惜。六月舟过润州,在金山寺见到画家李公麟曾绘的东坡像,感慨万千,写下《自题金山寺画像》:“心似已灰之木,身如不系之舟。问汝生平功业,黄州惠州儋州。”概括了苏东坡后半生的流放生涯,有悲愤,更有控诉。

舟泊润州，市人江岸争观。他在舟中得知苏颂去世的消息，还派长子苏迈前去吊唁。这是他最后一次与镇江结缘，不久即病逝于常州。

沈括像

2. 沈括定居梦溪园

沈括(1031—1095)，字存中，浙江钱塘(今杭州)人。出身于官宦家庭，父沈周进士及第后任职各地，也曾来镇江任过润州知州。沈括年轻时靠父荫出仕，任沭阳(今江苏沭阳)主簿、东海(今江苏连云港)县令。嘉祐八年(1063年)沈括考中进士，取得进士出身，任扬州司理参军，不久被推荐入京师任馆阁官员。1069年宋神宗任用王安石变法，沈括成为推行新政的官员之一，先后担任检正中书刑房、提举司天监、集贤院校理、太常丞、察访使、判军器监、回谢辽国使、权三司使、翰林学士等，在任上颇多建树。王安石第二次被罢相后，沈括因受政敌攻击，出知宣州，三年后改知延州兼鄜延路经略使，防御西夏侵犯。1082年西夏重兵围陷筑竣不久的宋西北要塞永乐城，沈括因无力分兵赴援，以"措置乖方"罪名遭贬，投闲置散多年，先后谪居随州、秀州，58岁时徙居润州，筑室于京口梦溪园，65岁时病逝，归葬钱塘。

沈括博古通今，是一位罕见的全才，《宋史》说他"博学善文，于天文、方志、律历、音乐、医药、卜算、无所不通"。一生著作甚丰，可惜除《梦溪笔谈》、《苏沈良方》及《长兴集》(部分)仍存外，其余多已亡佚。《梦溪笔谈》是一部笔记体裁的百科全书式的著作，26卷，另有《补笔谈》3卷、《续笔谈》1卷，合计30卷，共609条，内容十分广泛，涉及社会科学和自然科学各个领域，堪称为古代的百科全书。其自然科学部分共189条，既介绍了自己的科学成果，也记载了当时其他人的科技成就，为全书精华，价值最大。中国科技史研究专家、英国学者李约瑟博士赞誉《梦溪笔谈》是“中国科学史上的里程碑”。我国当代科学家钱伟长说：“这座坐标就屹立在镇江。”

沈括自幼随仕宦的父亲到过镇江，对江中的金山岛印象深刻。熙宁六年(1073 年)，他奉命来两浙路视察新政措施的推行情况，又一次来到镇江，并在润州募民兴修水利。镇江江山雄秀、交通便利、商业繁盛，宋时有“生在洛阳，死葬朱方”之说，是个风水宝地。熙宁十年(1077 年)他第一次遭贬，以集贤院学士出知宣州(安徽宣城)，托道人兀外花 3 万钱购得京口的一块废圃，但未修葺。哲宗元祐元年(1086 年)他由均州团练副使(随州安置)改授秀州(浙江嘉兴)团练副使，道经京口登看所置之圃，起名“梦溪”，决定对荒圃进行整修，作为日后定居之所(本地文物考古工作者曾自民间征集到“梦溪”石刻一方，考证为梦溪园的门额。石题款中有“皇宋乙丑”、“中元日建”，乙丑年为神宗元丰八年即 1085 年。据石刻所题，则此年应为园建成之年。)。元祐三年(1088 年)，他因向朝廷投献《天下州县图》(即《守令图》)被朝廷特许“任便居住”，才举家迁往润州，入园居住，前后 8 年。

梦溪园在京口朱方门外子城下，即今镇江市区正东路北侧的梦

(清)周镐绘《梦溪秋泛图》

溪园巷内。园内有一小溪,原是市河的一条支河,经范公桥流向城南。水起名梦溪,园取名梦溪园,正如沈括在《自志》一文中所说:"翁年三十许时,尝梦至一处。登小山,花木如覆锦,山之下有水,澄澈极目,而乔木翳其上。梦中乐之,将谋居焉。自尔岁一再梦或三四梦至其处,习之如平生之游。……元祐元年道京口,登道人所置之圃,怳然乃梦中所游之地。翁叹曰:吾缘在是矣! 于是弃浔阳之居,筑室于京口之陲。"他曾是变法集团的重要成员,徙居润州前司马光已尽废新法,哲宗亲政后亦未被再重用,托梦购园可见其用心良苦。梦溪园面积约10亩,这里风景秀美,溪水清澈,沈括在《自志》中曾详加介绍:"巨木蓊然,水出峡中,停潆杳冥,绕地之一偏者,曰之梦溪。溪之上耸然为丘,千本之花缘焉者,百花堆也。腹堆而庐其间者,翁之栖也。其西荫于花木之间,翁之所憩壳轩也。轩之瞰有阁俯于阡陌,巨石百寻哄其上者,花堆之阁者。据堆之颠集茅以舍者,岸老之堂也。背堂而俯于梦溪之颜者,苍峡亭也。而花堆有竹万个,环以激波者,竹坞也。度竹而南,介途滨河锐而垣者,杏嘴也。竹间之可燕者,萧萧堂也。荫竹之南,轩于水际者,深斋也。封高而缔可以眺者,远亭也。"有山有水,有亭有阁,树竹相参,花草覆锦,园虽不大,极有情趣。"予退处林下,深居绝过从"。在园内"渔于泉,舫于渊,俯仰于茂林美荫之间",以陶渊明、李约、白居

镇江市区的梦溪园遗址

易为心中的楷模，称之为“三悦”，与琴、棋、墨、丹、禅、茶、吟、谈、酒这九样对象酬酢交道，称之为“九客”。仅“九客”之一的谈，就谈出了一部《梦溪笔谈》来。他珍时惜阴，潜心于著述，除《梦溪笔谈》外，还著有《良方》、《忘怀录》、《茶论》等。有时也走出园外，饱赏京口山水之胜，一次夜登金山，留下佳作：“楼台两岸水相连，江北江南镜里天。芦管玉箫齐送夜，一声飞断月如烟。”他在游城东北花山寺后写的《题花寺诗》中还抒发出“嗟我有身无处用，强携尊酒入峥嵘”这种报国无门的悲愤心情。

由于长期投闲置散，著述不辍，过度劳累，也由于继妻张氏时常无端吵闹，沈括入居园内仅 4 年就病症缠身，身体越来越瘦，终至一病不起，于哲宗绍圣二年（1095 年）辞世，归葬钱塘，终年 65 岁。南宋以来园圃逐渐荒坏，《方舆胜览》（南宋祝穆撰）就记“今（梦溪园）半为农圃，半为军寨”。至元代，该园被他姓所据。

3．米芾建宅千秋桥西

米芾（1051—1107），字元章，号鹿门居士、襄阳漫史、海岳外史等。祖籍太原，父迁襄阳。米芾官至太常博士、礼部员外郎，因礼部另称南宫，世称“米南宫”；因平时举止癫狂，人又称“米颠”。他小沈括 20 岁，小苏轼 15 岁。《宋史》说他“所为谲异，时有可传笑者。……又不能与世俯仰，故从仕数困”，是一位不得志的士大夫。

米芾自画像

米芾天资聪颖，勤奋好学，兼通书画学、鉴定学及收藏学。他的书体潇洒奔放，又严于法度，被苏轼誉为“如风樯阵马，沉着痛快”，尤以行书成就最大，被列入“宋四家”。米芾一生书法创作极多，书法作品留存于后世的也多。他的山水画作犹如书作，崇尚意趣，如他自己所说：“因信笔为之，多烟云掩映，树石不取工细，意似便已”。尤其是迁居润州后，钟情于南郊鹤林山水，用水墨点染来表现江南烟雨空濛的秀丽景色，被称为“米氏云山”，点皴法则被称为“米点”。他的儿子米友仁继承了这种画风与画技。米氏父子创立的墨染山水画法，开创了中国画坛文人画的先河，同时也是其后镇江地方画派的鼻祖。米芾一生收藏宏富，鉴定精良，著有《书史》、《画史》、《宝章待访录》、《海岳题跋》等，诗文则有《山林集》。

米芾的家世及何时移居镇江至今还有争论。《宋史·米芾传》十分简略，且文中有误，仅称“米芾字元章，吴人也”，又说“卒年四十九”，其实活到五十七岁。收入《四库全书》中的《京口耆旧集》（丹阳无名氏撰）称：“米芾字元章……太原人，其父尝家襄阳，未几迁丹徒，故国史书曰吴人。”据此，则米芾之父米光辅时即已迁居镇江了。而据米芾之子米友仁于南宋初年的一幅图跋中说：“先公居镇江四十年”，据此推算米芾应在十七八岁时置家于润州，而实际上此时他正随母居于汴京（开封）。米芾的先世以武干显，米芾父米光辅官至左武卫将军，赠中散大夫、会稽公，其母阎氏曾入宫侍奉英宗高皇后（宣仁后），曾接生过后来的宋神宗，可能还哺乳过神宗。宋神宗熙宁四年（1071 年）为照顾国戚勋臣等子弟立“任子出官试法”，二十一岁的米芾也就以任子身份不经科考被恩补

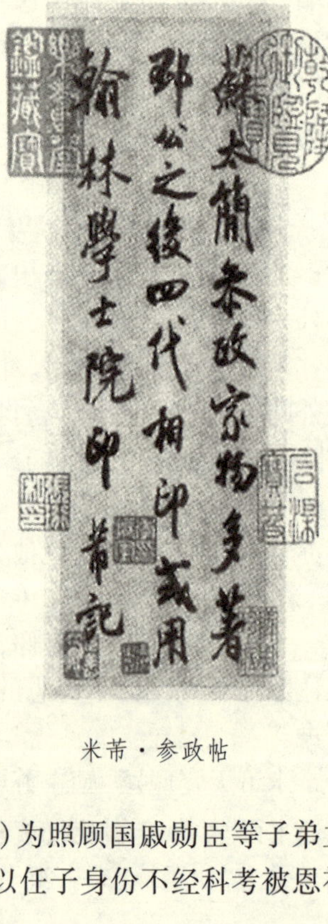

米芾·参政帖

为秘书省校书郎,从而步入仕途。二十一至二十三岁出任浛光(广东英德)县尉,二十四岁改任广西桂林尉,二十五至三十岁改任长沙掾。三十一岁去任东游,经庐山、黄冈,至金陵,原拟任刘庠的属官,不料刘庠已遭贬谪,本该担任的金陵从事也做不成了,于是遍游江北山阳及江南吴中等地。他的好友蔡肇在《米元章墓志铭》中说"过润爱其江山,遂定居焉",米芾择居镇江一说也是有事实依据的。

米芾之所以置家润州,一是镇江山水雄秀,自古有"第一江山"之誉。他四十八岁在涟水军使任上撰写的《净名斋记》中就对镇江山水极尽赞美之能事,称其地"得山川之多而甲天下之胜"。这为米芾的艺术创作提供了良好的条件。二是镇江地处大运河与长江交汇处,交通便捷,西上京师,东下吴越,一舟无阻。米芾每次任职时间都不长,为稻粱谋一生多次赴京师开封,遍谒权要,以求得一官半职。此外,交通便捷也为觅书、觅画提供了方便。米芾镇江的家在府治下的千秋桥西,临近穿城而过的漕河。据他写的《弊居帖》可知建有宝晋斋、致爽轩、修阑堂、漾月亭、佳丽亭等,其中宝晋斋中藏有法书名画。环绕居宅遍种桐、柳、椿、杉各种树木。因其父母具葬黄鹤山,米芾还曾在鹤林寺附近"筑室守墓"。米芾因喜南郊风景幽静,曾对鹤林寺僧说,死后愿做护佑鹤林寺的伽蓝神。

据今人曹宝麟所考,米芾三十五至三十七岁居家守母丧,三十九至四十一岁在家任润州学教授,四十五至四十六岁在润州家中闲居,其余多数时间在外地任职。徽宗大观二年(1108 年)春,米芾病死在淮阳(江苏邳县)军任上,第二年六月归葬镇江西南的长山,由生前好友蔡肇撰写墓志铭。后来米友仁将墓由长山迁葬南郊鹤林寺一带,与米芾父母的墓相靠近。到清代时已很荒寂了,清前期京口三诗人之一的余京写有《米南宫墓》,称"山荒樵径十三松,米老孤坟此地逢,断陇牛羊青草卧,残碑风雨绿苔封"。今黄鹤山北的米芾墓则是1987 年新修复的。

4. 陆游、辛弃疾任职镇江

南宋诗坛领袖陆游与南宋词坛领袖辛弃疾先后任职于镇江,留下千古佳话。陆游(1125—1210),字务观,号放翁,越州山阴(今浙江绍兴)人,南宋爱国官员、诗人。自幼才气超逸,年少即能诗文,科考省试第一,赴礼部复试为秦桧黜落,秦桧死后始被起用,孝宗即位赐以进士出身。曾任京师临安枢密院编修官、圣政所检讨官,改任镇江、隆兴、夔州等州府判官。在蜀还曾入四川宣抚使王炎及四川制置使范成大幕中,投身军旅。东归后任职于福建、江西、浙江等地,官至礼部郎中兼实录院检讨官,赐宝章阁待制。陆游坚决主张抗金,一生矢志不移,曾屡遭主和派集团的压制和排挤。晚年退隐家乡,继续诗歌创作直至去世。

陆游像

陆游一生两次与镇江结缘,第一次是在宋孝宗隆兴年间,第二次是在孝宗乾道年间。

绍兴三十二年(1162 年),高宗让位给孝宗赵昚,第二年改元隆兴。孝宗即位之初很想有一番作为,曾召见陆游,夸他“力学有闻,言论剀切”,并赐以进士出身。隆兴元年(1163 年),朝廷以老将张浚为枢密使,都督江淮军马;继以李显忠为招讨使,下诏北伐。旋因准备不足及将领不和,致五月军溃符篱。朝中主和派抬头,加之又与孝宗身边的新贵结怨,陆游于这年五月被调离出京,出任镇江通判。“重入修门甫岁余,又携琴剑返江湖”,愤闷中陆游先回家乡山阴歇息一段时日,于隆兴二年(1164 年)二月来到镇江任上。通判为宋代州府一级的副长官,由中央直接委派,与知州或知府同理地方的政务，通判还负有代表中央监督地方政务执行的职能。镇江是东南战略要地和淮东前线的供应基地，驻有大量军队，陆游来此被临战氛围所熏陶而很快振作起来。莅镇的第二个月，老将张浚奉命督视江淮兵马，往来于建康、扬镇之间，他与陆游父陆宰曾是志同道合的朋友，陆游年轻有为，又以世谊拜谒，很得他的器重。在镇江地方官员配合下，张浚督练军马，增置战舰，修造武器，招募江淮义勇，一时声势颇壮。陆游更是积极襄赞，陪伴往来于沿江两岸，又与张浚子张栻及军幕参赞陈俊卿等相处融洽，"无日不从游"，度过了一段美好时光。晚年陆游回忆起这段经历曾写有《书愤》诗："早岁那知世事艰，中原北望气如山。楼船夜雪瓜洲渡，铁马秋风大散关。"中年在镇江及其后在蜀陕的豪情壮举竟使他终生难忘！

在镇江通判任上，陆游与知府方滋关系融洽。方滋是安徽桐城人，在镇江知府任上留有政声，八月的一天他邀陆游等同僚登临北固山多景楼，陆游赋有著名的《水调歌头·多景楼》：

江左占形胜，最数古徐州。连山如画，佳处缥缈著危楼。鼓角临风悲壮，烽火连空明灭，往事忆孙刘。千里曜戈甲，万灶宿貔貅。露沾草，风落木，岁方秋。使君宏放，谈笑洗尽古今愁。不见襄阳登览，磨灭游人无数，遗恨黯难收。叔子独千载，名与汉江流。

词章慷慨悲壮，表现出陆游词的豪放一面。

是年冬，陆游好友韩元吉自临安调任江西来镇江省亲，与陆游盘桓两月之久。韩元吉，字无咎，号南涧，原籍河南许昌，曾任大理寺少卿知建康、婺州，官至吏部尚书，赐龙图阁学士。韩是陆游的挚友，陆游调任镇江时他与范成大、周必大等作诗送别。两人"道故旧，问朋友"，纵览京口江山。陆游邀何偁（字德器）、张玉仲相伴同游焦山，并作《焦山题名》：

陆务观、何德器、张玉仲、韩无咎，隆兴甲申闰月廿九日，踏雪观《瘗鹤铭》，置酒上方。烽火未息，望风樯战舰在烟霭间，慨然尽醉。薄晚，泛舟自甘露寺以归。明年二月壬午圜禅师刻之石,务观书。

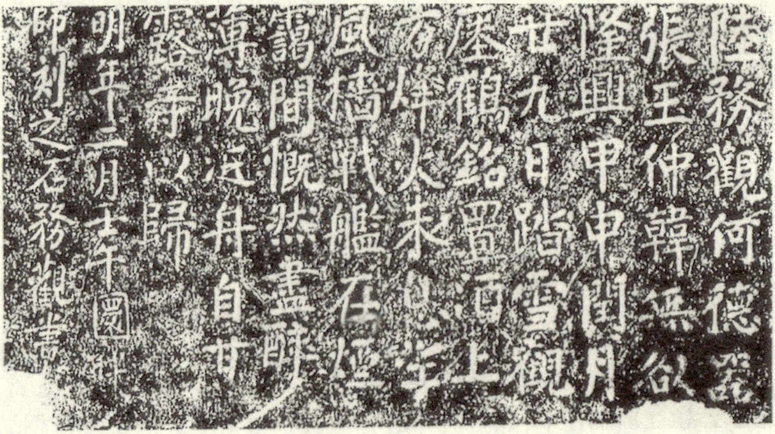

陆游焦山题记(石刻)

圜禅师即焦山寺长老定圜,据清吴锡麒《游焦山记》称:“(焦山)崖多刻宋元人书,惟绍兴二年陈安民等题名,隆兴甲申陆务观题名历历可读。”陆游自称:“凡与无咎相从六十日,而歌诗三十篇”,釐为《京口唱和集》。陆游在镇江通判任上约一年半,因其兄陆淞调任镇江提举市舶使,按例回避,遂于乾道元年(1165 年)七月,改任隆兴府(江西南昌)通判。赴任仅半年,他即被言官参劾在京口时“鼓唱是非,力说张浚用兵”而被免职还乡。

陆游第二次来镇江是乾道六年(1170 年)入蜀赴任夔州(四川奉节)通判途中。这年六月舟经镇江,在丹阳陵口游览六朝陵墓石刻;入府城登寿丘山访宋武帝刘裕故宅;又登甘露寺,揽胜于多景楼;舟离镇江前畅游金山观日出。在金山巧遇奉命出使金国的好友范成大。范成大,字至能,号石湖居士,江南吴郡(苏州)人,绍兴进士,后累官至礼部尚书、参知政事,后世将其与陆游、杨万里、尤袤并称为“中兴四大诗人”。陆游在《入蜀记》中记载了这次邂逅:“奉使金国起居郎范至能至山,遣人相招食于玉鉴堂。”范成大在《石湖居士诗集》中也说:“余与陆务观自圣政所分袂,每别辄五年,离合又常以六月，似有数者。中岩送别，至挥泪失声。”可见两人感情之深。

5. 辛弃疾守镇江

何处望神州？满眼风光北固楼。千古兴亡多少事？悠悠。不尽长江滚滚流。年少万兜鍪，坐断东南战未休。天下英雄谁敌手？曹刘。生子当如孙仲谋。

这首《南乡子·登京口北固亭有怀》，是辛弃疾任镇江知府登临北固楼时填写的名作。

辛弃疾(1140—1207)，字幼安，号稼轩，山东历城(今济南)人，小陆游15岁。自幼生活在被金人占领的沦陷区，满怀杀敌报国的雄心壮志，且又才华出众，文武双全。1161年金主完颜亮大举南侵，后方空虚，北方各地纷纷起义，22岁的辛弃疾也率众2000投奔当地义军领袖耿京。南归后历任江阴签判、建康通判、滁州知州、江西提点刑狱、湖南及湖北转运使、福建及江西安抚使等职，曾上书《十论》、《九议》，系统阐述抗金方略。宋孝宗淳熙八年(1181年)因谏官弹劾遭谗落职，退隐江西信州带湖多年，其间有过短暂起用，旋即又被投闲置散。宋宁宗即位后，外戚韩侂胄当政，起用主战派人物。嘉泰三年(1203年)，辛弃疾被起用知绍兴府兼浙东安抚使。第二年正月，他受到宋宁宗赵扩的召见，已退仕在家的陆游闻讯写有《送辛幼安殿撰造朝》相赠，寄以厚望。辛弃疾在临安的对应中言“敌国必乱必亡”，提出“愿属元老大臣，预为应变计”。嘉泰四年(1204年)三月，64岁的辛弃疾以宝谟阁待制出任镇江知府。此距陆游通判镇江40年，南宋统治已进入中后期。

镇江是南宋江淮前线的战略支撑点，山河雄壮。辛弃疾南归后娶时任镇江军节度使判官厅事的范邦彦之女为妻，其后又嫁女给居住镇江的妻兄范如山之子，曾有机会往来镇江。辛弃疾到任后积极备战，勘察地形，修缮城垒，赶制一万套军服，打算招募江淮土丁一万人单独成军，不与失去战斗力的官军混杂在一起。还主张潜入敌境，侦察敌情，做到知己知彼。政务之暇也常与部属、友人登临府治后峰

赏景怀古,除《南乡子》外,还写有《永遇乐·京口北固亭怀古》:

千古江山,英雄无觅,孙仲谋处。舞榭歌台,风流总被,雨打风吹去。斜阳草树,寻常巷陌,人道寄奴曾住。想当年,金戈铁马,气吞万里如虎。元嘉草草,封狼居胥,赢得仓皇北顾。四十三年,望中犹记,烽火扬州路。可堪回首,佛狸祠下,一片神鸦社鼓。凭谁问,廉颇老矣,尚能饭否?

同《南乡子》一样,这首词也是千古传诵的名作,被后人推为辛词压卷之篇。辛弃疾在镇江一面积极备战,同时也清醒意识到敌我力量的悬殊,主张充分准备,不作军事冒险,并在词中用元嘉故事向朝廷讽戒,警示不要重蹈覆辙。这却与韩侂胄急于一战以专权树威的想法背道而驰。开禧元年(1205年)三月,南宋执政者借口他荐举的一名属官违法,而将他降职两级,接着将他调离江防前沿,改派为

北固山图(载《鸿雪因缘图记》)

隆兴(今江西南昌)知府。辛弃疾未及到任,又被举劾为"好色、贪财、淫刑、聚敛",一切职务都被撤销。开禧元年七月,辛弃疾从镇江直接回到江西铅山。"不是望金山,我自思量禹",临行前他作有《生查子·题京口郡治尘表亭》,期盼大禹那样的英雄来重整河山,两年后即病逝于铅山。

6. "生居洛阳,死葬朱方"

镇江山水雄秀,又地居交通枢纽,北宋时经真楚运河及汴河可直抵京师开封,南下取浙西运河可直达杭州。商业繁荣,码头兴盛。文人学士、达官游宦或留居于此,或迁居于兹,或因葬而后人附居者不一而足。《嘉定志》称:"京口江山素号奇伟,故承平时士大夫有'生居洛阳,死葬朱方'之语"。两宋时镇江除多名胜古迹外,还多公卿甲第、名人陵墓。

北宋大臣陈升之,福建建安(今建阳)人,英宗朝任枢密副使,神宗朝熙宁初为相,以集贤殿大学士拜中书门下平章事。因在变法机构名称上与王安石意见不合,称疾不朝,后任镇江军节度使、知扬州。退仕后即移居江南,治第于润州,府址位于京口范公桥南,与沈括梦溪园相近。沈括《梦溪笔谈》曾记"丞相陈秀公治第于润州,极为宏壮,池馆绵亘数百步。宅成,公已疾甚,唯肩舆一登西楼而已。"宋《舆地纪胜》也称陈升之"后居于润,薨葬于润,子孙因家焉"。陈升之本人非润州籍人,其子孙入籍丹徒就成了润州人。

与陈升之类似的还有北宋另一大臣苏颂,其祖籍泉州同安,自幼跟随做官的父亲宦居各地。仁宗庆历二年(1042 年)苏颂考中进士,时年二十三岁,授宿州观察推官,次年即迁江宁知县,三年任满适逢其父苏绅病故,扶柩归葬途中就便葬父于运河入江口处的润州(墓在京岘山西北),遂移家京口。苏颂从政五十多年,晚年"告老,以中太一官使居京口",宅第在城东化龙坊,与陈升之宅相近。哲宗绍圣四年(1097 年)正式致仕,徽宗建中靖国元年(1101 年)在京口病逝,葬于城西五州山。苏颂本人原非润籍人,而子孙后人则入籍镇江,散居京口、丹阳等地。如其曾孙苏炤隐居不仕,筑圃建堂,藏书其中,自号“东山樵隐”，南宋名臣虞允文曾大书“沧波”二字相赠。苏颂致仕归居京口后，“家藏书万卷，秘阁居多”，是宋代镇江地方藏书大家。《嘉定镇江志》曾记北宋末在润州任丹徒县尉的苏州吴县人叶梦得常去苏颂府第借阅传抄，受益良多，后来就成了叶门藏书世家之祖。

除陈升之、苏颂外，北宋前期，一代词宗柳永也是死葬镇江的。柳永，字耆卿，初名三变，福建崇安人。因排行第七，又称柳七；曾任屯田员外郎，故世又称柳屯田。柳永是北宋平民词人最杰出的代表，他的词将写景、叙事、抒情揉为一体，并大量使用民间俚语，受到大众喜爱，“凡有井水饮处，即能歌柳词”。柳永主要生活在真宗、仁宗两朝，因屡试不中作词冒犯龙颜而被长期黜落，浪迹于江湖间。仁宗景祐元年（1034 年），五十多岁的他才考中进士，任过睦州（今浙江建德）团练使推官、昌国（今浙江定海）晓峰盐场盐监、工部屯田员外郎等职。晚年又因作词再次触犯龙颜而“不复进用”，在旅途中病故。柳永葬地有“襄阳说”、“枣阳说”、“仪征说”、“丹徒说”，而以客死润州丹徒为多说。此说即据上文提及的北宋末任过丹徒尉的吴县人叶梦得写的《避暑录话》：“永终屯田员外郎。死旅，殡润州僧寺。王和甫为守时求其后不得，乃为出钱葬之。”明代本邑府志、县志进而称柳永墓在丹徒“土山”下。土山在何处？也有不同说法。一说如南宋《方舆胜览》称“在（润州）城西”，其后元《至顺志》则详称土山为镇江城西蒜山临江处的银山。另一说则称“土山”为北固山，如北宋乐史《太平寰宇记》记甘露寺“在城东角土山上”。明张莱《京口三山志》也记“土山巢然隆起，晋唐以来郡治据其（指北固山前峰）上”。清代本邑学者杨棨在《京口山水志》北固山条目中也持这一说法，并列有“宋屯田郎中柳永墓”一条。

## 六、元兵占领镇江及名人笔记中的镇江

### 1. 元兵占领镇江

至元十一年（1274 年），元世祖忽必烈下令伐宋。元军数十万在丞相伯颜统领下自襄阳沿汉水进入长江，再顺江东下。1275 年正

月，元军在池州（安徽贵池）以东的丁家州及芜湖的鲁港先后击溃南宋权臣贾似道的宋军主力。这年三月，建康宋军降元，镇江知府洪起畏逃跑，统制官石祖忠献城，录事参军陶居仁不屈被杀。元军在占领建康、镇江、江阴等地后暂时休整，停止了进攻，与江南、江北防守的宋军一时呈胶着对峙的状态。面临元军的逼近，南宋小朝廷束手无策，下诏各地起兵勤王。著名抗元将领、原湖北郢州防守张世杰奉诏率所部取道江西赶赴临安，很快就被起用。这年秋天，他与部将刘师勇等率水师上驶屯驻镇江焦山江面，与元军对峙。宋军水师以每十艘船舰为一方阵，用铁链相互连接，并规定没有主帅的命令，各船不得解链起锚，以示必死的决心。两军会战后，元军水师自上游压下，并用火箭射宋军船篷，宋军舰队方阵既不能移动又不敢断链起锚，烧死、战死及投水而死的有一万多人，其余的溃退到焦山以下的圌山。这年年底，元军三路会攻临安，左路水师自镇江、江阴下驶入海，登陆杭州湾；右路元军由建康经皖东南、浙北包抄浙东；中路大军自镇江沿运河而南，相继攻占常州、无锡、平江（苏州）、嘉兴，兵锋直达临安城下。1276 年春，宋恭帝与谢太后开城出降，南宋政权瓦解，1279 年南宋灭亡。

陆秀夫像

在元兵占领临安后，文天祥、张世杰、陆秀夫等爱国将相坚持抗元斗争。陆秀夫字君实，镇江府丹徒人，原籍楚州盐城，三岁时其父迁家镇江东郊汝山下。少从乡耆孟逢大、孟逢原兄弟就读于乡塾，后寄宿于京口南郊鹤林寺，过了一段清贫的耕读生活。二十一岁进士及第，初入淮南制置使李庭芝军幕，继随李来扬州任淮东参议官。元军东下时，他在都城临安任宗正少卿兼权起居舍人。临安被占，他追从益王赵昰、卫王赵昺自海上逃往温州，继与陈宜中、张世杰等拥立赵昰于福州，他任端明殿学士、签书枢密院事。元兵攻入福建，流亡政权南走泉州、硇州。不久赵昰病死，他与张世杰再拥戴八岁的卫王赵昺。张世杰任少傅，他任右丞相。1279 年春，崖山会战失败，陆秀夫背负幼帝，从容投海死，年四十四岁。后人编有《陆忠烈集》，在崖山、盐城及镇江建祠奉祀。镇江的陆忠烈公祠原建于金山，清乾隆朝自金山移建至南郊鹤林寺侧。同时殉海的还有丹徒进士高桂及京口草巷茅氏七世祖茅湘。

元灭南宋后，在中央设中书省，在地方设行中行省，简称行省，代表中央治理地方，行省下设路、府、州、县。元军占领镇江的第二年即 1276 年，镇江升府为路，称镇江路，下辖一司（京口录事司）、三县（丹徒县、丹阳县、金坛县），隶属于江浙行省（省治杭州）。

2. 名人笔记中的镇江

有两部笔记记叙了元代的镇江，一部是元代前期来华的意大利人马可·波罗撰述的《马可·波罗游记》，另一部是元中期镇江文人郭畀所记的《云山日记》。





马可·波罗是 13 世纪意大利旅行家，出生于著名水城威尼斯。其父和叔父是当地有名的行商，曾于至元三年（1266 年）东行到达元的上都（开平，今内蒙古多伦西北），受到大汗忽必烈的接见，返程时带有忽必烈致罗马天主教皇要求选派基督教士来中国的信函。1271 年，其父和叔父带 17 岁的马可·波罗再次东行，向忽必烈复命。他们一行沿丝绸之路，克服艰难险阻，穿越西亚和中亚，于至元十二年（1275 年）到达上都。

马可·波罗像

马可·波罗到中国时只有21岁，年轻英俊，受到元世祖忽必烈的器重，前后在中国旅居达17年之久。除在大都陪侍皇帝及太子外，马可·波罗还曾奉命巡视各省，足迹遍及西北、西南和东南各地，其间曾任扬州总管3年。至元二十八年(1291年)，他与父、叔奉命随同波斯使臣护送蒙古公主阔阔真到波斯(伊朗)。在完成使命后，马可·波罗父子三人继续西行，于1295年回到了阔别多年的家乡威尼斯。不久，马可·波罗因参加威尼斯人对热那亚人的战争而被俘，在狱中口述旅行经历，由狱友记录而成《东方见闻录》，即《马可·波罗游记》。这部游记脍炙人口，风靡全球，至今畅销不衰，被誉为"世界一大奇书"。

全书以第二卷即中国卷内容最多、叙述最详，不仅记载了元初的中国政治、军事、经济、民族和风俗，而且专章记载了被蒙古统治者征服的南方各个城市，其中第2卷第73章介绍了镇江府，另外第72章介绍瓜洲的内容中也有一些同镇江有关。

在元灭南宋过程中，江南地区是最后归附的。元朝统治者实行民族歧视政策和民族压迫政策，将全国人口分为四个等级，其中第一等级是蒙古人，第二等级是色目人，第三等级是汉人，第四等级是南人。除蒙古人是统治民族外，其余色目人、汉人、南人的地位是按归附元政府的先后排列的，尤其是南人的地位最低，被蔑称为南蛮。马可·波罗在游记中说"镇江是蛮子省的一个城市"，意即中国南方的一个城市。元政府在地方共设10个行中书省，简称行省，代表中央管理地方，镇江隶辖于江浙行省，即马可·波罗所说的"蛮子省"，本是南宋王朝统治的腹地。镇江在南宋时为府，至元十二年(1275年)被元军攻占，第二年升府为路，称镇江路，仍辖丹徒、丹阳、金坛3县。马可·波罗在游记中仍称镇江为府，明显是沿袭两宋以来的习惯用法。镇江西北江中的金山，与瓜洲相对，是著名的风景名胜地，岛上的金山佛寺更是江南禅宗名刹，这自然引起马可·波罗的注意。他说："在瓜洲城对面的大江中心屹立着一座岩石构成的岛屿，岛上有一个大寺院，住着两百名和尚，敬奉偶像"，还说"这个大寺院，居于其他许多庙宇的首位”。

自大运河开凿后，镇江和对岸的瓜洲成了长江与运河的交汇点，成为东南交通的枢纽。马可·波罗在瓜洲城看到：“这里每年汇集着大批的小麦和稻米，其中最大的部分运往汗八里（北京），供应皇帝的臣民。”对这条隋时开凿、元代裁弯取直的南北大动脉，马可·波罗了解得还比较详细：“这条交通线，是由许多河流、湖泊，以及一条又宽又深的运河组成的。……其目的，在于使船只能够从一条大河转入另一条大河，以便从蛮子省直达汗八里，不必取道海上。”而镇江及对岸的瓜洲则是大运河东南段的咽喉，是长江下游东西南北交通往来的枢纽。自大运河开凿后，镇江就以手工业、商业和交通运输业著称于世，成为远近闻名的水码头。马可·波罗途经镇江时看到当地居民“靠经营工商业谋生，广有财富。他们制造丝绸和金线织物。各种狩猎活动，在这里极为盛行，各种食物也极其丰富”。这同本地志书的记载相符。元《至顺镇江志》就说：“京口依山濒江，故多山林川泽之利，凡稼穑、丝蚕、虫鱼、草木、果蓏之属，虽细大不齐，然兹地所生皆曰土产。”其中，地产粮食有稻、黄粟、麦、豆、麻等；地产食品有酒、面、酱、酢、牛乳、饼饵等；地产纺织品则有罗、绫、绢、纱、细、布等多种，其中绫又有杜绫、绵绫、大绫之分。

马可·波罗在游记中还提到了当时基督教在镇江地区的传播情况，与《至顺镇江志》的相关记载完全吻合。

反映元代镇江社会生活最为详细的是元中叶镇江画家、教育家郭畀的《云山日记》。

郭畀，京口人，字天锡，晚年号退思，因长有美髯，人又称郭髯，出身于儒学世家。他“克绍家学，尤精书画”，名重当时。元大德年间曾任镇江路学学录，后又任饶州路鄱江书院山长等职。他记的《云山日记》始于至大元年（1308 年）八月，迄于至大二年（1309 年）十月，在一年三个月中逐日记载了家居及外出的活动，是一部价值很高、多方位反映元代镇江社会生活的实录。

《云山日记》记有大量元时的镇江地名及街市坊巷，与志书记载

镇江昭关石塔(元代过街石塔)

十分契合。宋元时镇江府城城周26里余，有12个城门，其中北面的定波门、南面的仁和门、南水门、中土门，东面的青阳门、西南的鹤林门在日记中都有记载。宋元时镇江府城有五市、七街、八十二巷，其中见之于日记的街市巷名则有马市、小市、五条街、长巷、竹竿巷、果子巷、下河头等。除众多市楼、酒店外，日记中还提到蔡市桥纸铺、千秋桥灯铺、郎二哥药店、孟宅染织坊、万和店、王二米铺等店肆名，宋元时城市商品经济之活跃由此可窥一斑。

元代镇江城内寺庙很多，如市井之侧的寿丘山普照寺名气就很大。寿丘山史传为宋武帝刘裕老宅所在，南朝陈时始有寺，至隋唐名慈和，北宋称延庆。金兵南下，宋金对峙，江北淮民南渡者众。南宋绍兴中又于此处建泗州僧伽塔院，寺名再易为普照。寺在寿丘山巅，山麓附龙华会，每年农历三月三日江淮之民相继来此焚香，设斋供，热闹非常。除普照寺外，《云山日记》中提及的还有：青阳门里的报恩寺、登云门里的灵济寺、中土门里的万寿寺、鹤林门外的胜果寺、鹤林寺，府治南的因胜寺及张祠、东岳庙、西岳庙、城隍庙、玄妙观等，足见当时释道之盛。

元朝统治自中前期起，政治腐败就日渐暴露，加之民族歧视及民族压迫政策，导致社会经济凋敝、社会黑暗。镇江虽地当要冲，但“土瘠民贫，无甲第巨室、富商大贾”，规模不过是路级建制中的下路（当时10万户以下为下路）。加上差役繁重，逃亡者日多，户数更是逐年减少，市面萧条，至大二年正月十六晚郭畀偕朱选卿到桥上看月，“四顾荒城，红灯数点而已”，颇为凄凉。元政府对汉族知识分子怀有防范心理，持有排斥态度，甚至一度停止科考。在这种氛围下，不少人隐居闾里，甘泊清淡，或诗酒玩世，或书画自娱，或纵情山水。郭畀也不例外，从日记可见其每天活动除家事、职（学）事外，多为酒友、书友、画友、文友之间的应酬往来，如此既能宣泄情感，又能消磨时间。为强化社会治安，保障统治民族的特权，元政府颁布了一系列禁令、禁例，如收缴民间武器、限制民间聚会及实行宵禁制度等，规定夜晚一更三点至凌晨五更三点为宵禁期，严禁人行，违者处罚。时任镇江儒学教授的嘉兴籍人王公进因醉酒违反了宵禁制度,被捉不算还当街受辱。元以武力为本,又是少数民族入主中原,元代社会之严酷及汉儒社会地位之低下可以想见。

《云山日记》还记有不少元时镇江的社会风俗,也提及为数不多的娱乐活动。郭畀记事每日必书天气之阴晴寒暑,成为《云山日记》的一大特色,并因此而保存了极珍贵的元代气象资料。元代江南冬天多雪,奇冷奇寒,呈现悬冰如柱、河湖封冻的景象。如至大元年(1308 年)九月郭畀由镇江府城搭乘航船作钱塘之行,在杭州、湖州等地逗留多日,于闰十一月十五日整装返归。十九日船过毗陵(常州)"东北风大作,极冷不可言",夜半大雪飞舞,落在船篷上淅淅作声,天明"船上篙橹皆坚冰",舱中寒不堪言。航至吕城,"坚冰四合,舟不可行",船工打冰前进,"丁东作声"。船在丹阳河段为厚冰冻结再不能动,所幸家中车马来接,得以回到宅第。

## 七、宋元镇江官学和书院

### 1. 宋元官学

官学是封建政府举办的学校,早在先秦就已出现,即所谓"学在官府"。西汉时除在都城长安建太学为最高学府外,还诏令天下郡国建立学校,将郡国之学称为学,县邑之学称为校。发展到唐代,学校制度已较完备。唐末及五代军阀混战,社会经济和文化教育遭受很大破坏。宋代承平后,官学才又逐渐得到恢复。

范仲淹像

宋太宗太平兴国八年(983年),润州太守柳开在府治东南朱方门里(即州衙东南隅)创办州(府)学,此事在汪藻的《修学记》中有记载,应是宋代镇江官学的开始。宋代镇江官学的进一步发展是在名臣范仲淹出知润州时。范仲淹,字希文,苏州吴县人,北宋著名政治家、文学家,其每到一处,为官一任,造福一方,不仅革新政治,而且推行教育。他任苏州知府时,捐宅兴学。仁宗宝元元年(1038年),他由知饶州改知润州,对州学学宫"新而广之",奏请划拨闲田充作校产,给学校添置经史、传疏、诸子等书籍,又聘请江南处士李觏使来校讲学。为督促子弟务课,他每隔五日到州学视察一次,还亲自教授学生如何作文,对学业优秀的设宴犒劳,一时"士翕然兴于学,民相劝趋于善"。范仲淹的重教之举影响深远,由学风延及民风,维护了地方的安定。庆历新政时期,他任参知政事,力倡在全国大兴义学,润州的教育事业得到进一步发展。南宋初金兵南侵,镇江府(北宋末升州为府)校舍多被政府驻军占用,或作为军需仓储。绍兴中宋金议和,局势逐渐稳定。绍兴十一年(1141年),镇江太守刘子羽捐资助教,将府学修葺一新。

除州(府)学外,县学也得到恢复和发展。两宋时期,丹徒县学附设于府学之内,元延祐六年(1319年)朱天珍倡议单独设立县学,于镇江城西的儒林里购得潘姓故居及宅地6亩,用于建筑丹徒学宫。除丹徒外,丹阳、金坛也都建有县学。元大德三年(1299年)金坛县达鲁花赤阿老瓦丁看到县学学宫"风摇雨漂,圯坏相继,支东而西倾,补上而下漏",感慨万分,表示"废不葺,职我之咎",决定全力修缮,只用了一个多月时间将金坛县学修缮一新,受到当地百姓和儒生的赞誉,教谕(教师)全璧为之作记。

各级官学是封建政府培养人才和选拔人才的主要阵地,是维护和推动封建国家机器不停运转的人才储备基地。办学与科考被紧密地捆绑在一起。北宋中期规定,在校学习满三百天的人,才能参加解试。北宋末崇宁三年(1104年)又诏告天下:"将来科场取士,悉由学校升贡"。各级官学又是灌输儒家封建统治思想的场所,学生学习的内容主要是《诗》、《书》、《易》、《周礼》、《仪礼》、《礼记》、《左传》、

《公羊传》、《谷梁传》等儒家经典，考试内容也主要是四书(《论语》、《孟子》、《大学》、《中庸》)、五经(《诗经》、《尚书》、《易经》、《礼记》、《春秋》)和《孝经》。各级学校充满浓厚的儒学氛围，连学校内的建筑都呈现出鲜明的儒学特色。以宋元镇江府学为例，主要建筑有大成殿、先圣庙、先贤祠、文昌祠、地灵祠、祭器库、肃容所、成德堂、三鳣堂、渊源堂、采芹亭、学庚、公厨、正录位、直学所、学门、德音亭、井亭、教官厅等。其中位于正中的大成殿是学校的主体建筑，为学子瞻仰、朝拜祖师爷孔子的地方。在大成殿西面的先圣庙，祀奉颜子、孟子及以下门人大儒之像。先贤祠又在先圣庙的西面，分东、西、中三室，东室有宋代的濂溪、明道、伊川、横渠、晦庵、南轩、东莱七位理学大师的绘像，中室有苏颂、王存、宗泽、陈东四名乡贤的绘像，西面有柳开、范仲淹、钱彦远、张昪、杨杰、毛友、刘子羽七位有过助教之功的前镇江郡守的绘像。成德堂是学子学习的场所，位于学宫东面，宋时有 20 间教室，元时有 8 间教室。为何取名成德？元代俞德邻在一篇记中说："民生七岁而入小学，十有五而入大学。所学皆正道，所习皆正人。奸声乱色，不留于聪明，淫辞詖行，不蛊其心术，故其成德也易。"表明封建官学教育子弟首先坚持封建伦理道德标准。此外，三鳣堂是藏书之所。元代学宫左侧还建有德音亭，亭中立有二碑，其一为《勉励学校诏》，相当于校纪、校规。

2. 宋元书院

书院原是唐代收藏、校勘经籍的皇家图书馆，兼有侍讲作用。书院到宋代才渐渐演变为讲学习修的教育场所。宋代书院兴盛的原因，一是各地官学在唐末五代遭到很大破坏，到宋代虽然逐渐恢复，但还是不能满足教育发展的现状。二是北宋末年建炎南渡后，理学在南方崭露头角，理学大师们纷纷以书院为阵地，通过讲学来传播自己的治学思想和学术主张，教学质量一般要好于官学。南宋时，书院越办越多，成为常见的社会现象。

宋仁宗天圣二年(1024 年)，处士侯遗(字仲逸)在茅山西北(今句容境内)创建茅山书院，自营粮食，教授乡徒。润州太守王随奏请上司给田3顷，作为书院经费的补充。茅山书院与石鼓书院、白鹿洞书院、嵩阳书院、岳麓书院、应天书院并称为宋初全国六大书院。侯遗从教有10多年，死后生徒散尽，书院废弛，学田院舍渐被茅山崇禧观道士占据。南宋后期，茅山道士因事有田产被官府没收，金坛知县孙子秀奉总领兼镇江太守王埜之命，寻访书院故址加以修葺，将没收的田产作为书院的经费来源。南宋末，书院迁至金坛县南5里的顾龙山麓，仍称茅山书院。元代因袭，有院屋27间，主要建筑有先圣庙、先贤祠、明诚堂等。茅山书院是今江苏境内的最早书院，前后断续存世240多年。

南宋时期书院办学在镇江进一步发展，新建有淮海书院和濂溪书院。南宋后期，蒙古军队连年攻宋，兵锋所指直达泗州、滁州、扬州。两淮居民纷纷渡江，大多避居京口。淳祐八年（1248年），高邮籍太常少卿龚基先首倡在镇江建立书院，安排避居镇江的淮民子弟读书学习。他的倡议得到广泛支持，镇江太守王埜慨然划拨风景胜地北固山西麓的凤凰池畔作为书院院址。继任的太守李迪及徐栗也多方关照，而两淮官宦、富户纷纷解囊捐金，新书院很快建成。宋理宗赐名淮海书院，并题写匾额。淮海书院是宋代镇江最大的书院，又是一所专招移民子弟的书院，办学很有特色，在江苏书院史上占有重要地位。入元后，书院被甘露寺僧夺占，虽经书院山长不断诉讼，但力争未果，只好临时借民居教授生徒。元贞元年（1295年），黄一龙在府治西南斜桥儒林里购置一处地方，计有房屋80多楹，费钞800缗，作为淮海书院的新址。其后书院新址又有两次扩建，始备规模。元代淮海书院主要建筑有先圣庙、大成殿、戟门、先贤祠、地灵祠、祭器库、明伦堂、大学斋、书楼、学庚、公厨、德音亭、山长公廨等。私学的规模虽然比不上官学，但学校的布局、格式及主要建筑物是大致相同的。

南宋后期，镇江太守徐栗于南郊黄鹤山麓倡建濂溪书院，建有三堂、二斋、二亭，委郡学博士兼此院山长，广招四方之士入院读书。入元后被鹤林寺僧撤毁，院址也被并占。书院山长徐苏孙只好在城内皇祐桥南临时复校,但规模很小,房舍简陋,不符合办学条件。后经有关当局出面疏通,由镇江府学与淮海书院出资相助,于府城东南定波门内选址重建,计有房舍 17 楹,规模仍然不大。

书院到了元代发生很大变化。元代是少数民族入主中原,对民间教育控制很严,书院或遭禁毁,或被限制规模,或由政府操纵,或被寺庙侵夺,同时书院逐渐官方化,失去了自由的学术氛围,失去了原有的私人办学的特色。

# 第七章　明清时期镇江的繁荣

“舳舻转粟三千里，灯火沿流一万家。”明清镇江港口呈现繁荣景象；明清镇江府城奠定了近代镇江城区的规模。清中前期，康熙帝、乾隆帝6次南巡都在镇江驻跸和览胜，对推动地方经济和城市建设起到一定作用。明清时期镇江文化兴盛，诗歌、戏曲、书画创作十分活跃，出现具有鲜明地方特色的京江画派。

## 一、朱元璋攻占镇江

公元1351年，白莲教主韩山童、教徒刘福通在颍州（安徽阜阳）发动起义。起义军头裹红巾，转战于北方，称北方红巾军。南方白莲教主彭莹玉响应起义，与徐寿辉转战于湘赣、皖南、苏南和浙北等地。1352年夏秋，彭莹玉率军一度占领元江浙行省首府杭州，继又攻占苏南的宜兴、溧水、溧阳、金坛、丹阳、句容、龙潭，并向镇江进军。虽然这支起义部队不久被迫撤出苏南，但元政权在江南的统治开始瓦解。其后，泰州人张士诚在泰州建立政权，并击溃元丞相脱脱统领的镇压大军。1356年，张士诚渡江南下，占领了平江（苏州），将政权由高邮迁到那里。

红巾军大起义爆发后，定远人郭子兴占据濠州（安徽凤阳）。24岁的朱元璋前去投奔，深得信任，由亲兵升任总管，拥有一支30 000人的武装。郭子兴还招赘他为婿，将义女马氏（即高皇后）嫁给他。郭子兴病死后，朱元璋统领其军，当上了元帅。1355年，朱元璋采纳谋士李善长等人建议，率部渡江南下，于第二年春攻占集庆（南京），改名应天府，作为经营、发展的根据地。这时他的势力范围西达芜湖、滁州，东到溧阳、句容，方圆不过一二百里，仍很局促。当时“四面皆元兵”，在应天府的西南有元将八思尔不花守徽州、元将别不华等屯宁国，东面有元将定定守镇江、青衣军张明鉴据扬州。如果不抓住战机，让东边的镇江落在张士诚的手里，让西南的宁国落在徐寿辉的手里，都将对应天构成直接威胁。1356 年三月，即攻占集庆的当月，朱元璋派大将徐达攻打镇江，并申明军纪。镇江被很快攻破，元将定定战死。大军入城，“号令明肃，城中宴然”。徐达，字天德，濠州人，少有大志，长身高颧，刚毅勇武，在军中与常遇春分任正、副元帅，所向披靡，为朱元璋建立明朝立下汗马功劳。割据东吴的张士诚见镇江被徐达攻占，派水师前来争夺，徐达先败后胜进围常州。朱元璋攻占镇江后，改镇江路为江淮府，不久再改称镇江府，派义子沐英和大将耿再成镇守。这年九月，朱元璋一行自金陵乘船由水路来到镇江视察并了解情况。

据《明史》及其他一些史料记载，明代开国皇帝朱元璋的家世同今句容有关。其先祖居沛国相县（今江苏沛县与安徽符离集一带），到宋代，沛地朱姓一支南迁建康府句容县通德乡朱家巷。朱元璋五世祖朱仲八、高祖朱百六、曾祖朱四九都在句容务农为业。元初，因生计日见艰难，朱四九的长子即朱元璋的祖父朱初一徙居泗州的盱眙县。朱元璋就是朱初一次子朱五四的最小儿子，原名朱重八，出生在盱眙县的灵迹乡。小时又随父亲朱五四迁居濠州钟离县（安徽凤阳），仍以务农为生。朱元璋小时曾替富户看牛放羊，17 岁时淮北地区遭受旱灾、蝗灾，瘟疫伴随饥荒，父母及长兄相继去世，走投无路之下就入皇觉寺为僧，又云游合肥一带乞食多年，直到红巾军起义爆发才投身军伍。朱元璋攻占集庆后，祖居句容的同族父老乡亲 40 多人闻讯赶来，受到朱元璋的接见，“并叙长幼之礼，行亲睦之道”。至正二十三年（1363 年）春，又从应天来到句容通德乡朱家巷，拜谒先祖。明朝建立后给曾是帝王祖居地的句容县不少优待。明《万历句容县志》序中就说：“高皇帝定鼎，南畿列为郡十有四，而都辅圪峙应天为重。应天之邑八，而拥王气于上游句容最重。”这就点明了这一层关系。

朱元璋在镇江看到他的军队占城时秋毫无犯，市井依旧，获得口碑，十分高兴。在镇江拜谒孔子庙后，朱元璋驻跸北固山，并在北固山下凤凰池畔召见地方儒生，勉励他们“守法、守业、守诚”，并劝谕农桑，尽快恢复和发展生产。这批被召见的儒生代表后来有不少被朱元璋所擢用。这之前，朱元璋还曾访得在镇江避居的老者秦从龙。秦从龙，字天元，洛阳人，曾任元江南行台侍御史。元末大乱，他匿居镇江。徐达率军攻占镇江前，朱元璋要他留意寻访，说他“才器老成”。打下镇江后朱元璋重金往聘，继又亲至龙江驿站迎侯秦氏夫妇。自后“朝夕访以时事”，视秦为经营江南的重要谋士。1365 年冬，正在镇江督军的朱元璋得知年已七旬的秦从龙病故在镇江家中，亲往哭悼，继命厚恤其家。

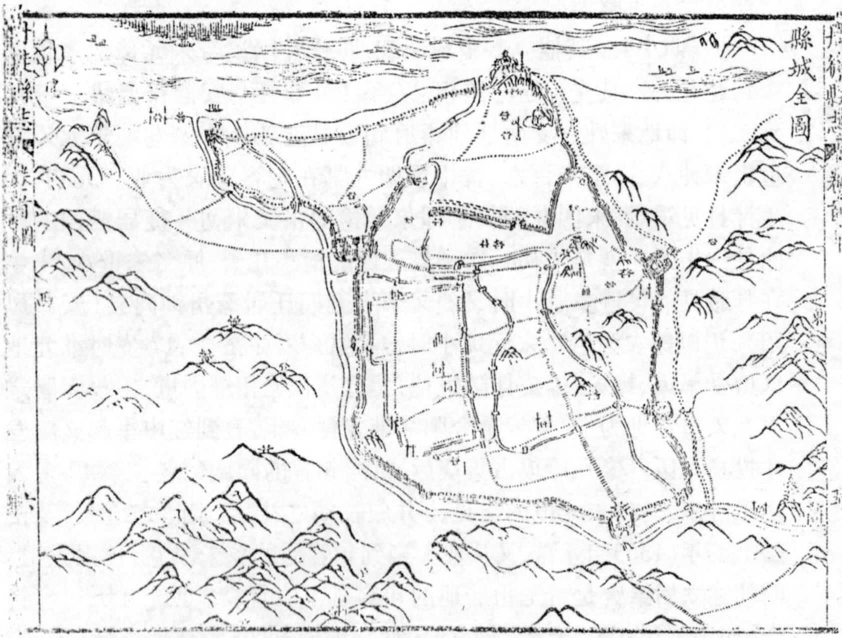


光绪《丹徒县志》载明清镇江府城图

至正十七年(1357 年),朱元璋攻取常州和徽州,采纳徽州宿儒朱升的"高筑墙、广积粮、缓称王"的建议,实力不断壮大。从 1361 年起用四年时间消灭了上游陈友谅的割据势力,再用一年不到的时间消灭了下游张士诚的割据势力。1367 年十月,以徐达、常遇春为正副元帅,统兵 25 万北伐元廷。1368 年正月,朱元璋在应天即皇帝位,年号洪武,是为明太祖。这年八月,明军攻占大都,改大都为北平,元亡。

## 二、明景帝母后丹徒吴氏

明景帝朱祁钰是明代的第七个皇帝(1450—1456 在位),本为明宣宗(1426—1435 在位)次子。其母吴氏,镇江府丹徒人,当明宣宗朱瞻基为太子时被选入宫中,不久生下朱祁钰。宣宗即位后于宣德三年(1428 年)封吴氏为贤妃,称吴贤妃;又授吴贤妃父吴安为锦衣卫百户,是为外戚。

明宣宗长子朱祁镇,生下几个月就被立为皇太子,其母孙贵妃被册封为皇后,称孙皇后。宣德十年(1435 年)明宣宗病死,太子朱祁镇即位,史称明英宗(1436—1449、1457—1464 在位),年号先后为正统和天顺。明英宗即位后尊母孙氏为皇太后,又封皇弟、吴贤妃所生朱祁钰为郕王。

英宗即位时只有九岁,其母孙皇后拒绝听政,而依靠元老阁臣如三杨(杨士奇、杨荣、杨溥)等行政,一时号称"海内富庶,朝野清晏"。英宗长大后开始宠信太监王振,开启了宦官专权的先例,导致政治腐败、边防松弛。

正统十四年(1449 年)夏,蒙古瓦剌首领也先统军南下,进攻明朝,攻下大同。在未作任何准备的情况下,王振鼓动英宗发兵 50 万亲征,军至土木堡(今河北怀来境内)被围,明军死伤过半,英宗也被俘虏,史称"土木堡之变"。

英宗出征时命郕王朱祁钰留守京师,及英宗被俘虏消息传来,孙太后命郕王监国,升兵部侍郎于谦为兵部尚书,担当御敌重任。十月，明军取得北京保卫战的胜利，瓦剌军退回塞北。就在北京保卫战前的一个月，在留京诸臣的拥戴下，经孙太后同意，郕王朱祁钰即位，是为景帝，年号景泰，而遥尊英宗为太上皇。

明景帝即位后还尊称其母吴贤妃为吴太后，又加封吴安为卫指挥使，再迁前府左都督。景泰七年(1456 年)吴安被封为安平伯，成为贵戚。吴安弟吴信擢迁为都督佥事，另一弟吴敬任南京前军左都督。景帝在位时丹徒吴氏一门地位显赫，荣耀乡里。

明景帝在位七年，重用能臣于谦、商辂等，抚恤阵亡将士，蠲免灾区税粮，罢停苏、松、常、镇四府织造采办，被《明史》称为"笃任贤能，励精政治"。明景帝只有二十多岁，在他的身后有两宫太后(孙太后、吴太后)的影子。但景帝私虑过多，如瓦剌首领也先愿意议和并送回英宗，他虑及帝位不肯迎回，后在于谦等劝说下才遣使妥办，却又将英宗送进南宫禁锢起来。再如，他即位后先是诏立英宗子朱见深为皇太子，后来又改立自己的儿子朱见济为太子，而将朱见深封为沂王，这当然会引起孙太后的不满。景泰八年(1457 年)初，景帝病危，而此前自己的儿子朱见济已经病死，大臣们奏请复立朱见深为太子，景帝却迟迟未允，这事很令人费解。一些失意的官僚如石亨、徐有贞等与太监曹吉祥策划发动了"夺门之变"，拥戴英宗复辟，继又杀害爱国大臣于谦等人。

英宗复位后，改年号为天顺，废景帝为郕王并将之迁居西宫内，不久景帝死于西宫，年仅三十。景帝母吴太后被去太后称号，仍改原称为宣庙贤妃，吴氏父吴安降为府军前卫指挥佥事，其余均革职回原籍丹徒闲住。明宪宗(朱见深)成化(1465—1487)中，当过几年太后的吴贤妃病逝于深宫的寂寞中，推算活到五十多岁。

吴氏在《明史》后妃传中被列入，仍尊称为太后，但仅寥寥数十字："吴太后，景帝母也，丹徒人。宣宗为太子时，选入宫。宣德三年封贤。景帝即位，尊为皇太后。英宗复辟，复称宣庙贤妃。成化中薨。"

## 三、明清镇江港口的繁兴

明清时期,中国封建制度走向衰落,但社会经济仍然继续发展。

明代镇江府辖有丹徒、丹阳、金坛三县。清前期因袭明制,仍辖治丹徒、丹阳、金坛三县,雍正八年(1730 年)划江宁府之溧阳县辖于镇江。清末光绪三十年(1904 年)在丹徒县东北长江中太平洲设置太平厅,镇江府辖有一府四县一厅。宣统三年(1911 年)太平厅升为太平县,此为扬中设县之始。因与安徽省太平县重名,民国三年(1914 年)改称今名扬中县。1914 年公布的《拟改各省重复县名呈文并批》中称:“该县本为太平洲,孤峙扬子江中”,故改名扬中。今镇江三个县级市中以扬中建县历史最短。

镇江滨江而南,自古就是港口城市,因港兴城,因港兴市。远在西周前期,镇江东乡大港沿江地带建立的宜国,就是典型的港口城市。六朝重镇京口,则是以北固山前峰为中心的著名滨江城市。自隋唐大运河贯通南北后,港口经济进一步发展,明清时镇江港口呈现繁荣景象。明清先后定都北京,国力强盛,经济发达,人口增加,政府机构相应扩大,漕运成为维持统治机器正常运转的生命线。元代漕运以海运为主,明前期废除海运后,立即修复遭元末战乱破坏的南北大运河,河运又成为漕运的主要渠道。明代漕粮定额约 400 万石,仅江南苏州(70 万石)、松江(23 万石)、常州(17 万石)、镇江(10 万石)四府的漕粮岁输数就有 120 万石,加上浙江岁输 60 余万石,合计有 180 余万石。这其中的大部分由运漕船经江南河,由镇江过江入瓜洲口北上。清代苏、松、杭、嘉、湖及常、镇七府的漕粮岁输数约计 150 万石,也大都由镇江过江入瓜洲口北上。每年冬春,镇江港口一片繁忙。明时镇江江面犹宽 10 里,船到江中“有金山合浪”。为保证漕船安全过江,明政府曾派有关官员坐镇瓜洲城楼,“遇大风,旗悬渡止”,避免损失。清康熙年间,曾责令江镇道台督率文武官员,坐镇西津渡口,指挥运漕船只安全北渡。

江南河镇江境内的丹徒河段及丹阳河段地势相对较高,遇到枯水季节，往往行船不畅，影响漕粮运输。明清两朝对漕河丹徒段和丹阳段不断疏浚，并视为整治江南河的重点。一是治理丹阳练湖，增强蓄水济运功能。练湖又称练塘、曲阿后湖，在今丹阳市区西北角。西晋末陈敏兄弟以自凿的家湖为基础，引西北诸山之水汇流而成，方圆40里。有人用诗："万轴胤行卫，千翼泛飞浮"描绘其非凡湖势。历史上，练湖屡浚屡涸。元初，湖面大部被垦，不久复浚为湖。明万历初湖面被侵又多，旋再毁田复湖。清初一度废湖为田。康熙四十八年(1709年)，复湖如初。历史上练湖除灌溉作用外，还起到蓄水调节江南河丹阳段水位的作用。直到清末练湖淤浅日重，逐渐失去了蓄水的功能。二是各级政府还经常疏浚江南河丹徒段和丹阳段河道。明成化六年(1470年)，疏浚京杭运河辛丰至陵口段。明弘治年间(1488—1505)疏浚镇江段全线(入江口至奔牛)。清康熙六年(1667年)和雍正三年(1725年)，对镇江段全线再加疏浚。三是治理府城通江港道，如北固山下的甘露港、城西北江口的京口港(大京口)及两港之间的新港(小京口)。通过拓宽、疏浚，镇江成为连接京杭运河南北两段的交通枢纽，成为漕粮北运、商旅往返、货物集散的著名码头。

明清时期镇江港口繁荣除表现为仍是江南漕运咽喉外，还表现为府境内外交通状况良好、功能齐全。明、清一统，驿道自京师(北京)可直达浙闽。如从京师到镇江，由始发地北京会同馆出发，经固节、涿鹿等驿，再经东光、安德马、茌山、东阿、昌平等驿，再经临城、利国、睢阳、宿州等驿，再经濠梁、池河、滁阳、江浦等驿，至应天府(清称江宁府)江东驿和龙江驿，再经句容县龙潭驿，到镇江府京口驿，全程2490里。反之由镇江府经江宁北上至京师，路线一样，这是一条连接冀鲁皖苏四省的陆上通衢。元代大运河裁弯取直，由北京经镇江可直达杭州，如由镇江雇船或搭船顺漕河至北京，总长2900多里，比陆道要多行四五百里，但大宗货物贩运及士人商贾长途旅行则多取京杭运河线。一是水运便捷，二是较少劳累，三是货载量大，且费用便宜。明代世情小说《杜十娘怒沉百宝箱》，叙述公子李甲携十娘自京城南归绍兴，行至潞河，舍陆从舟雇了一只回瓜洲的差使船，顺漕河而下，一路欢悦。船泊瓜洲江口后，别雇民船，准备第二天一早渡江到镇江，不料在徽商孙富的挑唆下，竟忽然变卦，至酿成催人泪下的爱情悲剧。漕河镇江至杭州段就是八百里长的江南河，明清时畅通无阻，沿河还有陆道，水驿、陆驿并立，既加快了交通流量，也可满足出行者的不同需求。镇江还处在长江黄金水道线段（宜昌——江阴段）上，江航条件优越，船只往来穿梭不息，并形成稳定的江航航线。

连结水、陆驿道的是驿站，驿站设施元代已具规模，明代更见完备。除房舍及水陆交通工具外，馆驿中还设有驿丞、攒典等职官，另有馆夫、房夫、门子、马夫、驴夫、船工等服役人员。早在元代，过往镇江府境的驿道交通就很繁忙，朱元璋建明后除弊兴利，去苛从简，对驿站进行调整裁并，在江苏共设站 30 多处，镇江府内设置三驿，即京口驿、炭渚驿和云阳驿。其中，府城的京口驿站是水陆相兼的大站，明初设于京口闸西，明英宗天顺七年（1463 年）迁徙到洗马桥东。到明世宗嘉靖中规模扩大，有驿船 10 只、驿轿 10 乘、马、驴 10 头。清康熙年间，京口驿的驿船增至 15 只，驿轿仍 10 乘。明清时的京口驿是通连两京（北京、南京）和浙闽的水陆要驿。除驿站外，镇江府全境还广设递铺。递铺古称邮，是与驿站平行的邮传组织。一般在府前设总铺，然后分东西南北各路，十里一铺，依次传递。据明正德《丹徒县志》载，镇江府治并丹徒县立铺十二：府前总铺（在府治西）、西津铺、西门铺、七里店铺、乐亭铺、洪信铺、高资铺、炭渚铺、陶巷铺、三里冈铺、流水冈铺、陆成铺等。这些递铺线路除有的借行驿道外，多数使用县道、乡道，是沟通镇江府城与四乡集镇之间的地方孔道。

随着社会经济的发展和交通条件的改善，明清时期镇江港口的商品流量不断加快、加大，成为大宗商品中转和集散的“银码头”。镇江港是江南地区粮食集散地之一，形成米市。当时苏松地区商品经济发达，棉织业、丝织业闻名全国，随种棉植桑规模不断扩大，粮食生产不能自给，仰赖上江的徽米、赣米、湘米和川米。汉口、九江、芜湖等米市的大量商品粮用船载由镇江港进入江南河，运到苏州枫桥米市，供应苏、松、杭、嘉、湖之需，并有一部分转运至福建。据统计，年需数在1000万石左右，远远多过漕运数，其中还有一部分由上江船只卸在镇江港中转或集散。至晚清最盛时，镇江有米厂40多家，大小粮号近百号。镇江多丘陵山地，粮食总产不丰，全靠上江的商品粮和苏北的地产粮共同催熟镇江的米市。除粮食外，木材也是过境中转及集散的大宗商品之一。川、湘、云、贵木材扎捆成木排浮江而下，至镇江港入江口附近鲇鱼套一带停泊，依序入京口闸，经江南河运往苏州木材市场，其中也有部分木材就在镇江码头集散。此外，苏州、杭州、湖州的丝绸，松江、嘉定、常熟、无锡的布匹，除一部分自给外，大部销往全国各地及海外，其中相当数量需经镇江港转销两湖、直鲁和西北地区。清代镇江经营丝绸批发、零售的绸布店、绸庄有90多家。

港口兴盛，交通便捷，流通加快，直接促进了商业和城市的繁荣。康熙府志称："京口为舟车络绎之冲，四方商贾群萃而错处，转移百物，以通有无。"明清时镇江的造船业、修船业、铁钉业、油麻业、织绸业、印刷业、酿酒业、制醋业等远近闻名。清诗人查慎行途经京口，写有《京口和韬荒兄》一诗："江树江云睥睨斜，戍楼吹角又吹笳。舳舻转粟三千里，灯火沿流一万家。"形象地表现了清前期这座江城的规模、地位和兴旺景象。随着经济发展、人口增加，城内城外坊市、街巷不断增多。据康熙府志统计，镇江府城计有19坊（仁和坊、黄祐坊、善济坊、仁安坊、宝城坊、怀德坊、市西坊、儒林坊、治安坊、忠祐坊、文昌坊、白马坊、大围坊、云山坊、西津坊、虎踞坊、登云坊、岳祠坊、鸿鹤坊）、6市（大市、小市、马市、米市、菜市、中市）、11街（凤凰街、五条街、十字街、上河街、下河街、税务街、屏风街、新街、九里街、通市街、沈公街）、96巷。其中有的街名、巷名，如弥陀寺巷、城隍庙巷、荷花楼巷、磨刀巷、果子巷、石头巷、演（堰）军巷等仍在沿用。明时丹阳县城有14坊，规模仅次于府城，下辖10乡、6大镇，同期句容县城有4大街、17巷，至清代增加到29巷，规模不断扩大。

## 四、明代中期的镇江

### 1. 明武宗幸镇江

明正德十五年(1520 年)闰八月,明武宗朱厚照一行由南京来到镇江,在大臣杨一清家中盘桓两日,后由镇江渡江取京杭运河北归。

明武宗朱厚照是明代第 10 个皇帝,在位 16 年(1506—1521 年),因其年号为正德,民间称为正德天子,富有传奇色彩。他是孝宗长子,即位时只有 15 岁,外貌很像皇祖朱元璋。史书上誉他"性聪颖"、"好学知礼",其实是个好动的玩童。在亲信太监刘瑾等引导下,从小好鹰犬,好角觝,好游戏,喜歌舞,喜女色,喜微服出行,与他父亲虚心纳谏、图精求治的举措大相径庭。正德十四年(1519 年)夏,江西宁王朱宸濠起兵反叛,武宗决意亲征,并借机巡游。当大军离开京师向南进发时,叛乱已被平定,都御史、南赣巡抚王守仁收复了南昌,并生擒朱宸濠。武宗封锁消息,仍按原计划南下,抵达南京。为树立威信,并满足好胜心,命人将朱宸濠押解到南京,举行受俘仪式。事毕还想巡游苏、湖和浙江,因大臣们苦谏勉强同意回銮,但坚持要到镇江看望因故致仕的大臣杨一清,并吊唁曾当过他老师的靳贵。《明史·武宗本记》记十五年"八月丁酉发南京,癸卯次镇江。幸大学士杨一清第,临故大学士靳贵丧。"而据民国学者柳诒徵在《里乘》一著称:"明武宗正德十五年八月,南巡至镇江。先入吾家化鹏公宅;次幸杨文襄公第;次幸靳文僖公第,吊其丧。诗文纪事,脍炙人口。"

镇江柳氏为明清地方文化世家,遥尊晚年流落京口的北宋著名词人柳永为迁润始祖,而柳氏宗谱以可考者明中叶的柳鲲为居润一世祖。柳鲲,字化鹏,生于明景帝六年(1455 年),世居镇江郡城西关外,是为地方"乡饮大宾",生子柳淮与柳泗,死葬东郊京岘山。据柳氏宗谱所记,明武宗曾幸临京口城西柳宅,勉慰了柳鲲父子,并恩许蠲免柳家徭役。此事表明,镇江柳氏于明中叶时已被官方视为是文化名人柳永的后裔。

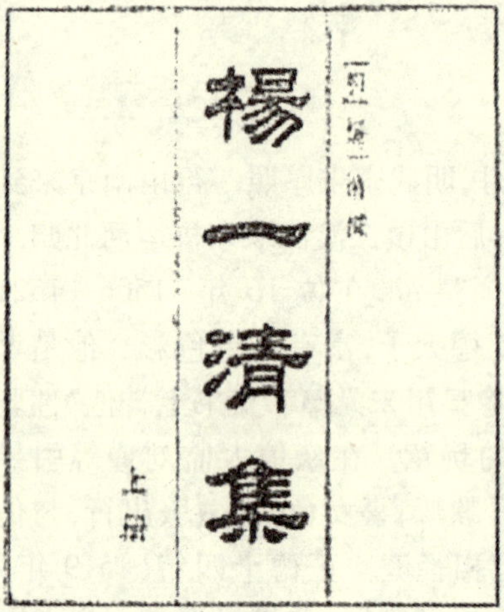


《杨一清集》
（中华书局 2001 年）

杨一清（1454—1530），字应宁，号邃庵，别号石淙，明景泰五年（1454 年）生于云南安宁。一清少时即有文才，八岁即以神童被荐入翰林院赐读，十一岁时随致仕的父亲杨景迁居湖南巴陵（岳阳），十四岁乡试中举（解元），十九岁（1472 年）考中进士。第二年，父病故，卜葬镇江丹徒，他就将家迁到这里，成了镇江人。入仕后任过中书舍人、山西佥事、陕西督学，在陕西一呆就是 8 年，后入京师任太常寺少卿，迁南京太常寺卿。弘治十五年（1502 年）经兵部尚书刘大夏举荐，杨一清被任命为左副都御史，督理陕西马政。明初朱元璋曾下令用四川茶叶交易西域良马，以备军用。日久生弊，至明中叶，奸商纷纷以私茶易马，牟取暴利，而政府能收购的却很少。一清到任后取缔非法交易市场，打击奸商，情况很快改观。不久被委巡抚陕西、兼督马政。在任大力整肃军纪，打退数万蒙古骑兵的侵犯，因功迁右都御史，总制西北三镇（延绥、宁夏、甘肃）军务。

明朝中后期，宦官干预朝政。武宗继位后重用以刘瑾为首的号称“八虎”的亲信太监，刘瑾掌司礼监、邱聚掌东厂、谷大用掌西厂，天下之权集于家奴。宦官疯狂掠夺财富，打击、迫害正直大臣，加剧了社会矛盾和统治集团内部的矛盾。刘瑾很赏识杨一清的才干，但又嫉恨他不肯归附自己，就网罗罪名以“破冒边费”将他投入锦衣卫大牢，因大学士李东阳、王鏊的说情才没有加害，还是罚了他 600 石米的款。正德五年（1510 年）四月，宁夏安化王朱寘鐇以“诛瑾”为名起兵反叛，朝廷下诏以杨一清总制军务，以神英为总兵、太监张永为监军，领兵西讨。张永也是“八虎”之一，因争宠与刘瑾结怨。朱寘鐇的叛乱很快被平定，班师回朝途中杨一清与张永密谋除瑾。张永向皇帝汇报了叛乱的起因及平叛经过，直陈刘瑾擅政已威胁到君权。武宗马上觉悟，立即行动，逮捕了刘瑾及其死党，又从刘瑾府宅中搜出大批金银珠宝及兵器、玉玺等违禁物，立即将刘瑾处以极刑。据张萱《西园闻见录》载：“一时公卿士庶方能吐气，欢声震天，摘瑾肉而嚼者如市。”杨一清与张永联手铲除刘瑾势力，是明中期政治生活中的一件大事，有利于暂时缓和日益紧张的社会矛盾。事定后，杨一清任户部尚书，后改任吏部尚书兼武英殿大学士，参与机密，对因被构陷而获罪的官吏一一甄别，并建议革除种种扰民之弊。这些拨乱反正的措施很得人心，被当时人比喻为唐代名相姚崇。可是，后来明武宗又重用钱宁、江彬等一批新的奸佞小人，杨一清就“力请骸骨归”，被准许后，回到阔别多年的家乡镇江。

杨一清的宅第在镇江府城内钱家山（今市区观音桥巷内），此外在城外南郊一带还有两处房舍，一处建在黄鹤山下，称黄鹤山庄；另一处建在丁卯桥侧，叫丁卯精舍（南城外东南，原唐刺史许浑丁卯桥旧址）。据《明史·杨一清传》记载，武宗到镇江临幸杨一清家，杨设宴于茂祉堂，君臣“乐饮两昼夜，赋诗赓和以十数”，兴致既很高就又想到巡游苏杭，被“一清从容谏止，帝遂不为江浙行”，减少了一些扰民之害。明武宗到镇江的另一件事就是亲临靳贵之丧。明武宗当东宫太子时的老师靳贵是镇江籍人，宅第在府城内南门大街靳家巷。靳贵弘治进士，正德朝官至武英殿大学士，后告退还乡。武宗南巡，靳贵刚去世，于是亲临老师家吊唁，并作祭文：“朕居东宫，先生为傅。朕登大宝，先生为辅。朕今南巡，先生已矣。呜呼哀哉！”文虽不长，却也动情。靳贵宅在杨一清宅第之南。

明世宗嘉靖帝即位后，曾派专人慰问杨一清，又厚赐金币。嘉靖三年（1524年）杨一清被新皇帝起用，任左都御史、总制陕西三边军务，继又召还任内阁首辅，后因遭到明世宗心腹大臣张璁等人构陷被削职还乡。这时他年纪已大，因愤发疽而死。数年后被追赠太保，谥文襄。《明史》评论他："博学，善权变，尤晓畅边事。……惟晚与（张）璁、（桂）萼异，为所轧，不获以恩礼终。然其才一时无两，或比之姚崇云。"其诗书俱佳，著有《石琮诗稿》20 卷、《关中奏议》18 卷等，中华书局于 2001 年出版有《杨一清集》（全二册）。

2. 日本使臣访问镇江

明代，镇江港口兴盛，交通便捷，城市繁荣，也促进了中外文化交流。明中叶，日本遣明使随员、画家雪舟等杨及遣明使臣策彦周良都曾访问过镇江，用文字或绘画表达了对镇江山水及名胜的赞美和想往。

明前期恢复了元代中断的中日往来，议定日本贡船每十年来华进贡并贸易。明政府在明州（宁波）设市舶提举司，"由中官主之"（《明史·日本传》）。日本贡船例停宁波港，在获准入京后由使臣率部分随员分乘小船沿漕河北上，抵京师（北京）通好并朝贡。地处江南河入江口的镇江，成了日本贡使一行往返的必经之地。

雪舟（1420—1506），名等杨，出生在日本武士家庭，自小就表现出绘画的天赋。雪舟 12 岁入宝福寺为僧，不久来到京都相国寺，学习禅宗和画艺。当时宋学、禅宗在日本盛行，出现"五山文化"时代。山即寺，五山即五座代表性的僧寺。五山诗僧主张"诗禅一味"，五山画僧则仿效宋元的泼墨山水画技，崇尚意趣。雪舟中年时，绘画成就已誉满京都，画风简素、恬淡。但他十分想往来中国学习水墨画技的真髓，并亲身感受中国名山大川的风情神韵。1467 年（明成化三年），48 岁的雪舟随遣明使臣天舆清启等由紫筑乘船出发来到中国，在明州天童寺研修佛法与书画。第二年六月随使臣沿漕河北上，一路参观访问，经杭州、镇江、南京、扬州等地，于十一月抵达北京。在京师应众人之邀，创作了巨幅《富士（山）清见寺图》，受到广泛赞誉。1469 年（明成化五年）春，雪舟随遣明使臣一行返回宁波，不久乘舟归国。

往返途中，雪舟都到镇江金山寺参禅拜佛，取景写生。他在《唐土胜景图卷》写生画中以较多的篇幅描绘了镇江三山（金山、焦山、北固山）等景点，再现了镇江的美丽和富饶。雪舟的这幅写生画原稿今天已看不到了，但在日本京都国立博物馆还能看到部分画面的摹本。画的右侧标有："雪舟笔，唐山胜景画稿"。看画面可知，雪舟在创作时取坐北朝南向，按顺序广角度地将金山、西津渡、昭关石塔、蒜山、江口、府城、城垣、北固山、焦山等景点描绘得错落有致、气象雄伟。从画作中可见金山寺建有双塔，挺拔秀美，高耸半空。两塔之间的正上方题有："金山龙游寺妙高峰"，可知金山寺在明代仍称龙游寺。画的下方题有："上京渡人"四字。在右上方还注明"自北京四十日至此处，南京者自此地船路一日半也"，这同明代程图、路引中的船程记载相吻合(参见明徽商黄汴著《天下水陆路程》)。雪舟回国后在山口的云谷庵画室中，为香积寺创作了《金山寺图》和《育王山图》。金山是镇江名胜的代表，是镇江城市的名片，雪舟在访问中国及在归国后两次创作镇江山水画作，表现出他对镇江山川的钟情及对镇江禅寺的崇敬。雪舟是日本室町时代最伟大的画家，也是当今公认的世界文化名人之一。

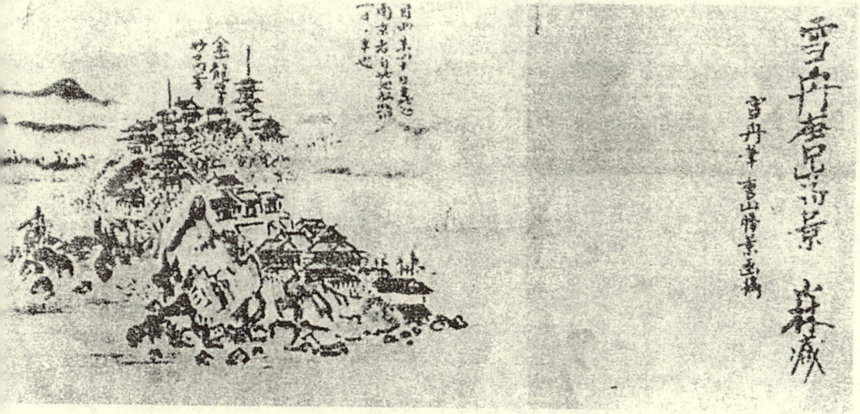

明代的金山寺(日本画家雪舟画)

明世宗嘉靖初，在宁波发生日本使臣"争贡事件"。明政府撤销了设在明州的市舶提举司，但日本贡船入明实际还未禁绝，策彦周良的两次来华就是"争贡事件"发生后的最后两次"勘合贸易"之行。

策彦周良(1501—1579)画像

策彦周良(1501—1579),字策彦,名周良,号谦斋、怡斋,日本丹波国(今京都)人。9岁时师从北山鹿苑寺的心翁等安,学习惮宗。18岁在天龙寺受剃度,出家为僧。他博学多才,尤喜研汉文典籍,是五山文化末期的代表人物。1539年(明嘉靖十八年),他出任遣明副使,与正使湖心硕鼎率贡船来中国。1547年(明嘉靖二十六年)他出任遣明正使再度来到中国,受到明世宗嘉靖帝的接见。策彦周良第一次入明,著有《初渡集》;第二次入明,著有《再渡集》。其中,尤以《初渡集》最为详细,记录了入明后每一天的行程日常生活。包括在镇江逗留期间的所见所闻。

嘉靖十八年十月十七日,策彦周良与正使率随员五十人沿漕河北上进京,经杭州、嘉兴、苏州、常州,于十一月二十九日抵达镇江府境的云阳驿。十二月三日船队过丹徒坝,入扬子江西上,直抵镇江府城京口驿。停靠后一行人即畅游金山寺。明时金山耸立在大江中,据《初渡集》所记须由岛南码头上岸,经长廊,进入寺庙。寺的山门上书有"龙游禅寺"四大金字,这与雪舟画上的题词完全相吻。进入山门是天王殿,天王殿后是大雄宝殿。大殿左有小佛堂,右有方丈室。大殿后有妙高台及藏经楼。从策彦周良的记载看,明代金山寺的布局同现今金山寺的布局大致一样。

第二天,策彦周良等又游甘露寺,其所见所记则与现今的山景有异:

……寺在山上。坂口有庵,庵门揭"海岳庵"三大字。……有楼门,门里按四天王像,横颜"天下第一江山"六大字,延陵吴琚书。……入此门,则右方有九层铁塔。有长廊,廊下挂大版。左方有钟楼，挂华鲸。佛殿横揭"大雄宝殿"四大字，金字。……殿之后有小堂宇，横揭"宝华堂"三大字。……山之绝顶有多景楼遗址，盖近年炎上。又有藏殿，横颜"勅赐藏经宝殿"六大字，金字也。前有北固山，山下有习兵之场。场中央有堂宇，横颜"讲武"二大字。

由此可知，明时北固山后峰甘露寺也是诵经习佛的宗教活动场所。策彦周良一行于十二月五日接受禀给（地方供给），六日换乘坐船，七日驶离镇江，渡江至扬州府广陵驿。

3. 镇江地区的抗倭斗争

倭是古代人对日本的通称，明朝时期日本武士、浪人和商人结成武装集团到中国沿海走私劫掠，就被称作倭寇。倭患在明初已现萌态，不过影响有限。明中后期嘉靖帝在位时国势日衰，海防废弛，东南沿海倭患猖獗起来。

北固山前峰后垣，原与中峰相连，明中叶为防倭被掘断

嘉靖三十二年(1553年),倭寇连舰数百,大举入侵,浙东西、江南北同时告警。明政府以南京兵部尚书张经为总督,负责东南军务,又调集各地官兵和广西少数民族军队来苏松地区参战。第二年(1554年),张经、俞大猷指挥部队在嘉兴北面的王江泾一举歼寇近2000人,取得第一次大捷。但张经却受到派来督察军务的严嵩党羽、工部侍郎赵文华的诬告,被嘉靖皇帝杀了头。局面发生逆转,倭患蔓延开来。

嘉靖三十四年(1555年),一股倭寇自山东劫掠苏北赣榆、沭阳、淮阴,又一股自苏松扑向常熟、江阴、无锡,出入太湖。还有约70人的小股居然从浙江窜到江西饶州、安徽徽州和芜湖,经南京城下转掠溧水、溧阳、宜兴,在苏州浒墅关附近才被消灭。这一年倭患也蔓延到镇江地区,在镇扬江面及常丹运河沿线都有倭寇船队行踪。为保卫地方生命财产,丹阳县组织军民在县城筑起一道内城,后来又将原为土城的外城改为砖城。句容县也改建城墙,加高加固,土改为砖。镇江府城外的甘露岭(北固山龙埂)也被掘断,使北固山中、后峰与前峰(在城墙内)不能相连,以确保城池安全。



嘉靖三十五年(1556年),一股倭寇自福清登岸,散入内地,淮、扬、常、镇地区都受到不同程度的破坏。内有一小股窜到丹阳访仙桥一带,焚毁名园七峰山房,又一小股窜到丹阳吕城,被当地群众击退。这年四月江北一股倭寇约3000人窜到丹徒东乡的圌山、山北等港口地带,烧杀淫掠,无恶不作。正在巡江的无为州同知齐恩率所部水军上前迎战,奋勇杀敌100多人。齐恩的一个儿子齐嵩只有18岁,骁勇善射,一直追杀到安港,其他人在后面跟进,不料中了前面敌人的埋伏,齐恩和儿子齐尚、齐开、齐仲、齐实及家丁20多人阵亡。倭寇乘机反扑,追到金山江面,又杀死镇江卫千户沈宗玉和王世良,明军损失颇重。倭寇深入镇江地区劫掠引起明政府的重视,巡江御史邵惟忠在奏本中指出,瓜洲、仪征是留都(南京)的门户,镇江、常州是江南漕运咽喉,不可等闲视之。明政府采纳了他的建议,增调各地军队来东南前线会剿。嘉靖三十六年(1557年),江北一股倭寇再度窜入镇江、常州时，被明总兵徐珏等击溃。这一年，苏松地区的抗倭战斗也不断告捷。嘉靖三十八年(1559 年)，进犯江北的倭寇遭到重大失败，对江南的威胁基本解除。此后，抗倭主战场逐渐转移到浙南和闽广一带。

## 五、清军南下及南明政权的对抗

明崇祯十七年(1644 年)三月，李自成的大顺军攻入北京，推翻了明王朝的统治。四月，清兵入关，农民军退出北京。五月，明福王在南京建立南明弘光政权。十月一日，清世祖顺治在北京皇极殿即位，开始了清王朝的统治。

南京弘光政权被马士英、阮大铖等奸党把持，史可法被排挤到扬州督师江北。江防方面以刘孔昭为操江提督，以郑鸿逵(郑成功叔父)为镇江总兵，以兵部主事杨文骢监军京口。杨文骢认为金山盘踞在大江中，控制南北，如环金山一圈筑城，既可屯粮，又资守御。于是费钱巨万，仓促督竣。但这座金山城存世时间不长，清初顺治时已经废圮。明末清初著名史学家、旅行家谈迁在《北游录》中也提到这座金山城，还说看到遗留下来的城砖。

清顺治元年(1644 年)十二月，清军自河南、山东分兵南下，相继占领徐州、盱眙、泗州。顺治二年(1645 年)四月占领扬州，屠城十日，史可法被俘慷慨就义。清军前锋进驻瓜洲，与南明军隔江相峙。大江中只有镇江总兵郑鸿逵及郑彩的兵船来回游弋，而控有江防主力的操江提督刘孔昭贪生怕死，布兵南岸，后又不战自溃。五月初，清豫王多铎兵分两路，一路作疑兵，“编大筏，置灯火，夜放中流”，南岸以为来袭，发炮石轰击。另一路为主力，预先埋伏在七里港内，乘雾潜渡，蔽江而南。南明镇江防军仓促列阵北固山下，被清军铁骑冲破。监军杨文骢奔逃苏州，郑鸿逵、郑彩率水军由海路逃奔福建。清军占领镇江，接着防守南京的南明军队投降，弘光政权灭亡。清廷任洪承畴为江南总督，以重兵屯南京，作为经营东南的大本营，又分一军驻苏州，一军驻杭州，一军驻海口吴淞，以为声援。

镇江自古是通海的江防要地，为南京屏障又控扼江南漕河，自海警频起，其战略地位更显突出。顺治十二年（1655年），清廷以都统伯石廷柱挂镇海大将军印，统率汉八旗官兵驻防京口，屯驻北固山下演武场。顺治十六年（1659年），复任都统刘之源为镇海大将军，统领汉八旗2000人及左右两路水师驻防京口，圈占城内西南的文昌、儒林、黄祐、怀德等坊为驻兵营地。同年又调绿营兵丁4000分驻西城外阳彭山与西北高地，镇江成为清初的军事重镇。

弘光政权灭亡后，鲁王在绍兴、唐王在福州、永历帝在梧州重建南明政权。顺治三年（1646年），清军出征浙、闽，鲁王、唐王相继失败。从顺治四年（1647年）到顺治十六年（1659年），鲁王部将张名振、张煌言以舟山为根据地，与以厦门、金门为根据地的郑成功联合抗清，并肩作战，极大地撼摇了清政府在东南的统治。

张煌言，号苍水，浙江鄞县（今宁波）人，明末崇祯举人。少年时代曾随做官的父亲在山西、北京等地生活，后随父回到家乡。这段经历丰富了他的人生阅历，还使他感受到东北女真族的兴起及其对明王朝的威胁。在家里，他除熟读经史外，还练习骑射，以期将来为国效力。清军南下后，他和各路义军拥立鲁王于绍兴监国，被任兵科给事中，时年26岁。清军攻到浙东，他随鲁王及将领张名振辗转流亡舟山，任兵部侍郎。从1647年至1659年的13年中，张名振、张煌言等集水师北伐长江前后有8次。顺治十年（1653年）正月，张名振、张煌言在崇明平洋沙击溃一支清军后，入长江直抵金焦而还。第二年正月，张名振、张煌言在吴淞会合后再入长江，海

张煌言像

舟数百艘至泰兴，“逼镇江，登金山，望祭明太祖陵”。第一天登山的有 500 余人，许助金山寺僧米、盐各 10 石；第二天再登金山哭祭明孝陵，一时三军皆失声。张名振作诗：“王师桴鼓心肝噎，父老壶浆涕泪亲。南望孝陵兵缟素，会看大纛祃龙津。”表现出恢复中原的强烈愿望。这次义军舟师直薄仪真、燕子矶，终因兵力不济，很快退回崇明，还军天台。不久张名振死去，遗言将统领的军队尽归张煌言指挥。顺治十六年(1659 年)，张煌言又与郑成功联军攻入长江，并一度占领镇江。

郑成功，本名郑森，字大木。父郑芝龙原是福建沿海一带的海盗首领，后来接受明政府的招安。郑成功的生母是日本平户田川氏之女，1630 年(崇祯三年)成功 7 岁时随母由日本归国，居住于福建南安县的同安镇。他天资聪颖，读书刻苦，15 岁升入南安县学。南明弘光政权建立后，封其父郑芝龙为南安伯，又任命其叔父郑鸿逵为镇江总兵。21 岁的郑成功随叔父郑鸿逵来到南京，入国子监读书，并拜南京礼部尚书钱谦益为师。钱见他胸怀大志，年轻有为，依名给他起了一个字叫大木，含有栋梁之意。弘光政权覆灭后郑芝龙、郑鸿逵在福州拥立唐王，唐王很喜欢郑森，赐姓朱，改名成功，成了后来被称为“国姓爷”的由来。清军南下攻陷福州，郑芝龙降清，母田氏自尽。郑成功立志抗清，与父划清界限，在回给其父的信中说：“从来父教子以忠，未闻教以贰”，表示“向背去留，各行其是。”在叔父郑鸿逵等人帮助下，24 岁的郑成功在南澳起兵，改用永历年号，走上武装抗清的道路。继占据厦门、金门作为抗清基地。顺

郑成功像

治十六年(1659年)清军攻入云南,永历帝自昆明南奔缅甸。为挽救永历政权的危局,郑成功率水陆大军17万自厦门北上,与据守舟山的张煌言部会合,实施制订已久的"进入长江,捣其心腹"的战略计划。这年五月,他自任招讨大元帅,以张煌言为监军,将大军分作83营,由舟山出师,入长江口直驶镇江。此前,清政府为加强长江的防御,在崇明岛筑城,在下游沿江要地配置大炮,并在圌山和谈家洲(北固山西北江中,康熙时坍没)安放西洋大炮。镇江是金陵门户,清廷派有重兵驻守,先是以石廷柱为镇海将军,统八旗屯于京口;继以管效忠为江南提督,驻扎北固山下演武场。清军在金山、焦山江面横设用大铁索与巨舟捆缚而成的拦江障碍——滚江龙,又在瓜洲城江面用木栅栏构筑水上浮城,每座木城可藏兵500人、大炮40门,取名叫木桴营。大战开始后,郑成功派张煌言为前锋率所部潜入江下,砍断锁江的滚江龙,继派大将甘辉领军10 000,焚毁江面上的木桴营,一举攻克瓜洲。第二天,郑成功集大军主力进攻镇江,清江南巡抚蒋国柱、提督管效忠、副将高谦、镇江知府戴可进聚集在城内,全力死守。郑军登岸后,清守军出城应战,自江滩至镇江府城西门外阳彭山下成为激烈拼杀的战场。双方三进三退,清军铁骑不能突破郑军的方阵,郑军战舰又抛发大炮,声震十数里,弹矢飞下,江水沸腾。提督管效忠败逃江宁,4000部众只剩百余,伤心地叹息:"吾自满州(管为辽东人)入中国,身经十七战,未有此死战也。"巡抚蒋国柱逃奔丹阳被拒纳,再逃常州。副将高谦、知府戴可进、丹徒县令赵奋霄开城投降,郑成功率众"张紫盖入城"。第二天城内"兵民解辫发,日晡市开"。当郑军攻克瓜、镇的同时,张煌言率前锋部队沿江西上攻取南京上游的芜湖、池州、宁国、徽州等地,安徽沿江各城镇望风反正,四府三州二十四县地相继光复。清政府在东南的统治受到严重动摇。郑成功大军反攻长江是南明对清的一次重大胜利,正如时人陈于鼎所评:"明末惟李定国、郑成功水陆两大战,差可人意。"

攻占镇江、瓜洲后,大将甘辉曾向郑成功进言:"断瓜洲则山东之师不下,据北固则两浙之路不通。但坐镇此,南都可不劳定也。"

参军潘庚钟也认为:“未可骤进,当暂住瓜镇,分据淮扬诸郡,收拾人心,观衅而动。北都满汉兵民不下数百万,断其粮道,两月之间必生内变。此曹公之所以取胜于官渡也。”郑成功却认为,如此会“自老其师,援兵日集,首尾受敌,我势岂不自孤?”并于七月初督师向南京进发,而留军4000守卫镇江。登舟驶离前,他豪情满怀赋诗言志:“缟素临江誓灭胡,雄师十万气吞吴。试看天堑投鞭渡,不信中原不姓朱。”可是“累捷自骄”的郑成功兵临南京后却中了江南总督郎延佐的缓兵之计,释戈开宴,以待敌降,结果在南京城下受到清军突袭,被焚船只500余艘,伤亡官兵数万,仓皇退回镇江。在镇江又遭清总兵梁化凤等的追袭,战败于东郊京岘山。郑成功被迫放弃瓜镇,还军厦门。而在上游的张煌言部来不及撤退,陷入重重包围之中,部众散失,他本人历尽千辛万苦,长途跋涉,经皖南、浙西,辗转回到浙东宁海。

郑成功返回厦门后击退了清军对厦门的三路围攻,并于1661年4月率部从金门料罗湾出发向台湾进军,经过9个月的激烈战斗,打败了盘踞台湾的荷兰殖民者,收复了被霸占38年之久的台湾宝岛。

自郑成功水师撤退后,清廷严厉镇压迎奉郑军的地方人士,制造了“己亥通海大案”。据说镇江就有“八十三家,后皆伏法”。时异而势改,康熙二十二年(1683年)清政府统一台湾,康熙三十八年(1699年)郑成功孙郑克塽奏请将郑成功灵柩由台南归葬福建故里。康熙不但恩准,且派御林军护灵归葬,并褒封郑成功为“功臣”。而张煌言在就戮100年后,也被清乾隆帝追谥为“忠烈”。

自康熙平定三藩之乱后,清廷在全国的统治已经稳定。清政府于全国设总督(正二品)8人,在今江苏、安徽、江西三省设有两江总督。清政府还在全国设将军(从一品)13人,在江宁(今南京)则设有江宁将军;又在全国设都统(从一品)二人、副都统(正二品)33人,其中属江宁将军管辖的2人,即江宁副都统和京口副都统。《清史稿》职官志称:“都统、副都统统掌八旗政令,宣布教养,厘诘戎兵,以赞旗务。”乾隆二十八年(1763年)裁撤镇江汉军旗兵,调拨原驻防江宁的蒙古旗兵中的六、七两甲来京口驻防，以掌印副都统统领，仍由江宁将军管辖直到辛亥镇江光复，京口驻防及其眷属都是蒙古族旗人。

## 六、康熙、乾隆巡游镇江

在号称康乾盛世的一个多世纪中，清圣祖康熙帝和清高宗乾隆帝各自南巡6次，成为清中前期政治生活中的一件大事。这两位皇帝每次南巡主要取道京杭大运河，并都在号称东南漕运咽喉的镇江驻跸、览胜。

南巡盛举始于康熙帝。康熙八岁即位，十六岁亲政，在位61年。康熙二十年(1681年)三藩之乱平定，二十二年(1683年)清军进入台湾，第二年在台湾设府。自清兵入关以来，经过近40年的征战，清政府对全国的统治才真正稳定。在这个政治大背景下，康熙帝决定巡视东南。从他的南巡举措看，一是视察河工，检查、督促治黄、治淮水利工程，安定民生。二是调整政策，安抚民心，如在曲阜祭孔，在江宁祭明祖陵，增加江浙科举及入学生员名额，蠲免部分赋税。三是考察吏治，申饬地方官员，缓和统治矛盾。四是了解沿途风俗民情，游览山川地理。康熙6次南巡分别是：康熙二十三年(1684年)、二十八年(1689年)、三十八年(1699年)、四十二年(1703年)、四十四年

康熙像

乾隆像

(1705 年)、四十六年(1707 年),每次都取京杭大运河,经山东、直隶,至淮北宿迁(河道总督署治处)视察、研究河工,然后南下至江北扬州,渡江由镇江至苏、杭。回程由镇江府丹阳县舍舟取陆路,经句容至江宁,再乘舟渡江北归。

康熙二十三年(1684 年),康熙帝第一次南巡,九月出京师,经河间,过德州,巡济南府城,为趵突泉题匾"激湍"。至泰州,登泰山观日出。至宿迁,召见河道总督,实地巡察黄河北岸 180 里堤岸。过清江浦、淮安府,喜见商贾往来、舟楫如织。过宝应县、高邮州、邵伯镇,所见田庐多在水中,登岸步行巡视堤岸,召见当地耆老详问灾情及原因。十月二十二日抵扬州府,见扬州市肆繁华,游平山堂、天宁寺。第二天由仪真渡江,计划先巡江宁,因舟在江中忽遇顺风可速达京口,于是顺流而下,"仪真京口路百里,挂帆瞬息凌长风"(《由仪真乘巨舰至京口》)。舟至镇江府西门外驻跸。杭州将军马哈达、京口副都统张元勳、张思恭、杭州副都统石文炳、江宁巡抚薛柱斗、汤斌、江宁布政使柯永昇、章钦文、按察使王国泰、京口右路总兵官冯德昌、江南提学赵仑、镇江知府高龙光等一大批地方军政官员前来朝见。二十四日在大学士高士奇等陪同下,乘舟游览金山寺。时金山岛尚在大江之中,古称浮玉。岛上金山禅寺层层累叠,飞阁流丹,金碧辉煌,巍为壮观。康熙一行遍游金山:大雄宝殿、妙高台、留云亭、朝阳洞,又东眺鹘山(善财石),西眺石排山(相传郭璞墓)、中泠泉。康熙赐书"江天一览"四字,后由晚清两江总督曾国藩将四字刻石,置放山顶留云亭内,亭因改名"江天一览亭"。在金山饮中泠泉水,赋诗《试中泠泉》:"缓酌中泠水,曾传第一泉。如能作霖雨,沾洒遍山川。"唐茶博士陆羽曾品评天下泉水,以金山中泠为第七。其后品茗专家刘伯刍将宜于煮茶之泉水分为七等,而以金山中泠为第一,自后中泠泉被称为"天下第一泉"。明末金山筑城以资守屯粮,清初刘忠镇京口时拆毁。顺治十六年(1659 年),镇海大将军刘之源为防郑成功、张煌言水师进犯长江,又复筑金山城。时过 20 多年,康熙南巡至此下令撤除城堞,此后复建回廊,周以栏楯,使金山景观进一步恢复。食毕素斋又放舟游览焦山。据《康熙政要》所记，这一天还游览了镇江南郊的竹林禅寺，所见"曲径逶迤，茂林修竹，……青叶碧枝，阴森崖谷，实北地所未有。"至晚才登舟扬帆，离镇赴苏。二十七日自苏返回，第二天游无锡锡山，停驻镇江府丹阳县南门。继由丹阳取陆路向西，穿句容县于十一月一日抵达江宁府。留驻三天，于十一月四日渡江北归。康熙巡游江南期间曾于舟中命大学士明珠、江南总督王新命传谕江宁巡抚汤斌，重申这次南巡备足需用之物，秋毫不取民间，倘如发现地方上借端摊派，扰民害民者，必严惩不贷。舟离江宁时又发布谕旨，告诫地方官员："尔等大小有司，当洁己爱民，奉公守法，激浊扬清，体恤民隐"，并作《示江南大小诸吏》诗。

康熙二十八年(1689 年)，康熙帝第二次南巡。正月初八离京，扈从仅 300 人。途中诏免江南赋税 20 余万，作《蠲江南逋赋》："国家财赋东南重，已责蠲租志念殷。雨泽何妨频见渥，普天愿与乐耕耘。"自瓜洲渡江至镇江，驻苏州，抵杭州至绍兴祭大禹陵，亲制祭文，行九叩礼。二月二十七日自杭回銮，由丹阳取陆路达江宁，祭明祖陵，赏赐江宁驻防、京口驻防和高龄男女。晓谕扈从部院大臣：一是江宁、镇江、杭州三地驻防兵丁，镇守已久，应赏赐优恤；二是江、浙为文人萃集之地，应酌量增加入学名额。舟发江宁，沿江东下驻跸金山，于三月三日抵扬州北归。这次南巡，扈从官员中有礼部尚书、丹徒人张玉书。张玉书，字素存，号润浦，顺治进士，康熙朝大臣，后擢文华殿大学士兼户部尚书。博学谨重，曾参与主持过《明史》及《康熙字典》等要籍的编修。张家宅第位于镇江府城南门内，也是当年南巡一行前往苏杭的必经之途。除第一次南巡他丁父忧返籍、第三次南巡丁母忧返籍未得扈从外，其余几次南巡，张玉书都曾随驾其中。康熙三十八年(1699 年)二月，奉皇太后作第三次南巡，自瓜洲渡江，驻跸金山。与皇太后同游江中名胜，是日天气晴和，江光如镜，帆樯上下，烟树氤氲，皇太后登塔远眺，顿觉风光无限。康熙帝赋《金山江天寺诗》、《赐大学士张玉书——金山月夜诗》，撰《皇太后驾临金山记》等，又游焦山。这次过镇还为绍隆寺题书"灵觉宝寺"匾额,并赐佛像、藏经等物。这次抵苏及杭,检阅校射。回銮仍取丹阳、句容的陆道至江宁,驻于江宁织造曹寅署。由江宁登舟再至镇江,舟中作《江行》:“风帆来往乱江流,楼橹纵横拍浪浮。只在艄公持舵稳,曾将为政喻操舟。”将自己治理国家比喻为艄公掌舵。四月二十一日渡江北归。康熙四十二年(1703 年)正月,康熙帝离京第四次南巡,作《登金山望长江诗》等。因河工基本告竣,这次南巡重点督察吏治,要地方官吏宽大和平、正己率属。途中对山东、河南、江浙社会经济发展作了比较,作《巡行江浙见闾阎稍有起色,示诸臣省刑爱民》诗。康熙第五次南巡(1705 年)与第六次南巡(1707 年)间隔和时间都很短。六次南巡前后相距二十多年,对安定黄淮民生、稳定东南统治起了积极作用。

乾隆帝在位 60 年,效法祖父于 1751 年、1757 年、1762 年、1765 年、1780 年、1784 年南巡 6 次,巡游路线及各项举措同康熙帝大致相仿。乾隆十六年(1751 年)正月,乾隆帝离京,奉皇太后第一次南巡,离京前下旨蠲免苏皖浙三省地丁银 280 余万两,增录三省府、州、县学名额若干。二月初八日御舟渡黄河,视察河工。十四至十五日驻跸扬州高旻寺行宫,两淮盐商为迎驾极尽奢华。二月十六日渡江驻金山行宫,作《初登金山得句二首》极誉金山之景是“一时胜览若登仙”。次日登舟游焦山,作《游焦山歌》等,歌曰:“金山似谢安,丝管春风醉华屋。焦山似羲之,偃卧东床袒其腹。此难为弟彼难兄,元方季方各腾声。若以本色论山水,我意在此不在彼。……”对各呈特色的金、焦山水作了比较。乾隆帝第一次南巡距清初已有一百多年,镇江城市发展,户口殷实,交通便捷,呈现“到处摩肩户口多,百年休养际熙和”、“碧草新芜接驿楼”(《润州道中作》)的繁兴景象。明清时镇江府城的京口驿是名闻东南的水陆相兼的大站,位于府城西门外漕河之北岸(今黄花亭一带)。舟入漕河到此,乾隆舍舟乘骑沿陆驿大道至城南丁卯桥,访许浑故址遗迹,继游南郊招隐寺。这次南巡下苏、杭,祭钱塘江及大禹陵。途中诏令江南进诗献赋之士分赴江宁、杭州考试,选取钱大昕、谢墉等 8 人,特赐举人擢用。回銮途中于二月二十二日驻跸金山行宫，二十四日驻跸江宁行宫，祭明孝陵，二十九日自江宁乘御舟至京口江面祭江后渡江北返。

乾隆二十二年（1757 年）正月乾隆帝离京，奉皇太后第二次南巡。二月初九驻跸扬州天宁寺行宫，盘桓两日后渡江，驻金山行宫，巡游焦山。在《重书瘗鹤铭跋》中称："丁丑春南巡，二月之望重登焦山。摩挲古刻，惜其刓泐过多，因拟书一通，勒之碑。而原刻移置寺中壁间，以存其旧云。"为保存、整理文物做了一项有益的工作。这次南巡止苏、杭，回銮江宁，登舟北归。乾隆二十七年（1762 年）二月乾隆帝离京，奉皇太后第三次南巡。渡江驻金山行宫，偕太后登塔览胜。在京口检阅水师操练。游览焦山，憩于焦山行宫。焦山行宫建于此次南巡前一年（1761 年），由南巡大吏于焦山海云堂旧址建竣。这次南巡还自杭州前往浙东海宁视察、督查海塘工程。乾隆三十年（1765 年）正月乾隆帝离京，奉皇太后第四次南巡，二月二十日过江后仍驻金山行宫。回銮游焦山，据《自丹徒跋马至象山渡江驻焦山》

金山北麓御码头遗址

诗称:“回銮得趁一时兴,策骑偷消十里遥”,可见游兴甚浓。乾隆四十五年(1780 年)正月乾隆帝离京第五次南巡,二月渡江,驻金山行宫,由镇江抵苏杭,回銮江宁,乘舟北归。乾隆四十九年(1784 年)正月乾隆帝离京第六次南巡,途中颁旨将钦定《四库全书》另抄三部分赐扬州、镇江、杭州。三月初渡江驻金山行宫,次日又驻焦山行宫。这次南巡至杭回銮,由江宁渡江北归。

自 1751 至 1784 年,乾隆 6 次南巡相距三十多年,对进一步缓和民族矛盾,对巩固清廷在江南的统治,对推动东南经济的发展和地方文化建设都起到了一定的积极作用。同其祖父康熙不同的是,他处在康乾盛世的顶峰,本人又好大喜功,讲究排场,仅随行后妃、官员、兵丁就有 2000 多人,用马五六千匹,纤夫、役夫更不计其数,一路挥金如土,铺张浪费,南巡中的游览享乐因素明显过于其他因素。晚年,乾隆退居太上皇后曾作总结:“朕在位六十年,并未失德。唯六次南巡,劳民伤财,作无益,害有益”,并晓喻后继者不得再作南巡之举。

## 七、大学士张玉书与京口张氏

张玉书(1642—1711),字素存,号润浦,顺治进士,康熙朝大臣,官至文华殿大学士兼户部尚书,《清史稿》中有传。

张玉书是明清镇江望族张氏的后代,世居镇江城南。根据张氏家乘所载,元末至正年间,张姓四一公自中州迁居京口,死后归葬原籍,后被奉为张氏镇江始迁祖。其子张善甫随父迁居江南,占籍丹徒,死葬镇江城南磨笄山。南迁前张家就是“家雄于赀”的富户,可能是为避元末战乱而迁来江南的。二世张善甫生有三子,第三子名张昇。明中叶,张昇嫡裔六世张廷瑞和七世张浃都乐善好施,八世张栢(号绍南)更视济贫扶弱为荣事。万历十六年(1588 年)春,江南大旱,饥民流离,社会动荡。张浃、张栢父子设粥厂于丹徒西南乡,前后用米约千石。除施粥外,“疾病者给医药,无衣者给棉絮,处置周详,无有失所。……接赈两月,至夏麦登场而后止,所全活盖数万人,而公之囊空如洗矣！”（董其昌《绍南公传》）。地方上报朝廷，授给张栢南直隶布政司经历衔，京口张氏开始由富户向士绅转型。

张栢生有三子：长子张凤翼、次子张覲宸、三子张凤仪，三兄弟都是府县生员，且“皆好施，有父风”。老大张凤翼曾不顾丹徒知县庞时雍的反对，乘隙擅自雇人将城内寿丘山上的僧伽砖塔迁移到城南外鼎石山上（据风水先生说山上的砖塔挡住了山下丹徒县学的文运，是故学子中举的不多），而遭地方当局的拘禁。晚明社会动荡，上司为息事宁人，最后将张凤翼开释不问，一场风波不了了之。迁塔风波表明，京口张氏发展到晚明时已成为地方势力的代表。张栢小儿子张凤仪生子张九徵，是为十世。生活在明清鼎革之际的张九徵顺应形势，效忠于新朝，使京口张氏就此成为远近闻名的科甲世家。

张九徵，字公选，号湘晓，生于明末。自幼勤奋励行，博学多识。顺治二年（1645年）清廷平定江南，是年秋恢复科考，二十九岁的张九徵参加了江南乡试，高中解元（江南举人第一名）。顺治四年（1647年）参加北京会试，他与丹徒籍的杨鼎、顾仁、王际有、冯旦、陈迁楹等同榜中仕。历任吏部行人司行人、文选司主事、考功司郎中等职，顺治十二年（1655年）充任乙未科会试同考官。事毕，因疾辞归。顺治十六年（1659年）在家静养的张九徵突遇己亥事变。当郑成功大军进攻镇江时，他与另一退仕乡绅笪重光登城协守，继而潜逃出城，并谋乞援军反攻。事定后，张九徵更受清廷赏识，于康熙二年（1663年）被诏还吏部任职，不久出视河南学政，颇有政绩。张九徵生有六子四女，六子中先后有四人（长子张玉裁、次子张玉书、四子张仕可、五子张恕可）相继考中进士，后来张玉书的长子张逸少也考中进士，出现一门进士的盛景，未中进士的（三子张玉禾、六子张舆可）也都以贡生资格人仕，为世所惊叹。

张氏子弟中又以张玉书职位最高，政绩卓异。张玉书是张九徵的次子、张栢的重孙、张昇的八世孙，自幼颖悟，九岁参加县童子试，名列第一（县案首）。十六岁参加江南乡试，又考中举人，被视为神童。顺治十八年（1661年）参加会试，考中进士（2甲12名）。其后任翰林院编修、浙江乡试主考官、顺天乡试主考官、日讲起居注官、侍讲学士,康熙二十年(1681年)经皇帝提名擢升内阁学士,后迁刑部尚书、兵部尚书、礼部尚书。二十九年(1690年),四十九岁的张玉书被授文华殿大学士兼户部尚书,成为康熙朝的内阁宰辅之一。其一生主要政绩一是入阁协理政务。据《清史稿·大学士年表》载,张玉书于康熙二十九年入阁参政至三十七年因丁母忧去职返乡守丧,康熙四十年被诏再度入阁,直至五十年病故热河,其协助皇帝处理政务长达18年,是最受康熙帝信任的汉大臣之一。二是奉命督查河工,如康熙二十七年(1688年)奉命与图纳去勘查河工治理及海口情状,五月起程,八月返京,向康熙作了如实汇报,肯定了河道总督靳辅多年的治河成效,也提出中肯的改进意见,使朝廷争议暂告停息。后来,南巡途中康熙也常向扈从张玉书征询对沿途水利设施的看法,他曾提出"引汶水通漕(运河)"、"以淮水敌黄(河)"的正确建议,并被采纳。三是纂修典籍,先后出任《平定三逆方略》、《平定朔漠方略》的总裁官,《明史》编纂的一任总裁官和一任监修官。此外,《世祖章皇帝实录》、《大清会典》、《大清一统志》、《治河方略》、《佩文韵府》、《康熙字典》等重要典籍的编撰或审订,张玉书也大多参与其中。四是数次出任乡试、会试的主考官,担负选拔人才的重任,并因公正廉洁,受到学子的信任。

康熙帝视张玉书为肱股之臣,称赞他"学向既博,人品亦极优"。六次南巡,张玉书扈从四次。1696年春,康熙帝第二次亲征准噶尔贵族噶尔丹,自将中路大军。张玉书奉诏随征,其弟张仕可也以参赞衔加入幕中。大军前行70余日,在克鲁伦河与叛军隔河相峙,叛军不战而逃,至昭莫多被西路清军击溃。张玉书是从征至漠北最前线的唯一汉族大臣,康熙帝对他说:"汉官无随师者,唯尔以大臣决意扈跸,坚确不移,参赞机密,从行至此。"康熙五十年(1711年),时年70岁的张玉书病逝于热河避暑山庄,加赠太子太保,谥文贞。棺柩南归,葬丹阳尢区村。在府城南郊建有张文贞公祠,乾隆帝曾赐额曰:"风度端凝"。

## 八、明清时期的镇江文化

### 1. 公私书藏

明清时期,中国古代文化进入总结阶段,尤其是清代在宣示武功的同时,还标榜“文治”,对古籍进行大规模整理和编纂。乾隆三十七年(1772 年),清廷下诏征求国内所有存书,第二年起设置专门机构——四库馆,由纪昀任总裁官,调集大批文人学士着手编纂《四库全书》。这部我国最大的丛书,历时 10 年完成,分经、史、子、集四大部分,每一部分又分许多小类,共收录图书 3503 种,计 79337 卷,装订成 36315 册,总汇了清中期以前中国历史上的主要典籍文献,堪称历代百科丛书之最。全书编成后前后缮抄 7 部,每部都用香楠木片上下夹之,束以绸带,装入香楠木匣内,经、史、子、集各部分别用黄、红、蓝、灰绢绸装饰书面,分藏于北京皇宫内的文渊阁、北京圆明园文源阁、热河行宫的文津阁、奉天(沈阳故宫)文溯阁、扬州大观堂文汇阁、镇江金山寺文宗阁、杭州西湖圣因寺文澜阁。前面的四阁称北四阁,也称内廷四阁;后面的三阁称南三阁。乾隆时期编纂《四库全书》是中国文化史、也是世界文化史上的一件盛举。

《四库全书》的存放布点相当集中,北四阁存放地都是皇帝及其家庭的居住、生活之所,南三阁的存放地又都在富庶的江浙地区。其实北四阁的四部藏书是原定的缮抄数,南三阁的三部则是后来决定续抄的。加抄投放的目的,一为了笼络江南人心。江南经济发达,文化昌盛,人文荟萃,几次南巡中的南北差异现象给这位乾隆爷留下深刻印象。其二是扬、镇、杭三地都是每次南巡的驻跸之地,三地不惜巨资修建行宫,出力甚多。而在《四库全书》的编纂中,“江浙藏书家呈献种数尤多”,出力也大。藏书之举算是“回报”。其三是扬州文汇阁、金山文宗阁这两座藏书馆早于《四库全书》决定存放前就已建成,原是入藏康熙朝编纂的《古今图书集成》的,以备乾隆南巡驻跸时所需用书。后来发现这两地藏书馆阁除可藏《古今图书集成》外,还可藏更多的书,无需另外再建。乾隆四十七年(1782 年)七月八日清廷所颁上谕称:“思江浙为人文渊薮,朕翠华临莅,士子涵濡教泽,乐育渐摩,已非一日。其间力学好古之士愿读中秘书者,自不乏人。兹《四库全书》允宜广布流传,以光文治。如扬州大观堂之文汇阁、镇江金山寺之文宗阁、杭州圣因寺之文澜阁,皆有藏书之所。著交四库馆再缮书三分(份),安置各该处,俾江浙士子得以就近观摩誊录。”乾隆五十二年(1787 年)至五十五年(1790 年),江南三阁的《四库全书》陆续运抵进阁。

文宗阁建于乾隆四十四年(1779 年),阁址在四面环水的金山岛上,位于行宫之左,妙高台南侧,坐北向南,有阁馆、廊楼、门楼,呈四合院式。阁前滔滔大江,阁后峭壁悬崖,清幽静谧,远离城市。取名文宗,含有江河到此朝宗于海之意。按例,金山文宗阁与扬州文汇阁都由两淮盐运使经管,而浙江文澜阁则由浙江盐运使掌管。盐政是公认的富差肥缺,有经济实力对藏书馆阁进行日常管理与修缮。同文汇阁一样,文宗阁例由驻扬州的盐运使选派扬州学者担任典书官员,入阁办事,寺庙及镇江地方不预其事。同北四阁不一样,南三阁允许江浙士人入阁阅读、抄录,具有一定的开放性。南三阁存世仅半个多世纪即遭厄运,于咸丰年间毁于战火。咸丰三年(1853 年)3 月 19 日太平军攻占南京,3 月 31 日占领镇江,4 月 1 日占领扬州,文宗、文汇两阁在战火中被焚毁。太平天国失败后,曾国藩幕僚莫友芝奉命来镇、扬探访二阁失散书籍的下落,在一份汇报材料(《上曾国藩书》)中说:“……镇江阁在金山。僧闻贼将至,亟督僧众移运佛藏避之五峰(山)下院,而典守阁者扬州绅士,僧不得与闻,故亦听付贼炬,惟有浩叹。”一江之隔的扬州文汇阁也遭火焚,荡然无存。文宗、文汇两阁由建到毁不足百年,从一个侧面显示出处在封建社会末期的镇、扬这两座南方城市由兴盛走向衰败的历史轨迹。

嘉庆十八年(1813 年),漕运总督阮元督漕扬州、瓜洲,焦山定慧寺住持清恒(号借庵)、翠屏洲诗人王豫受邀往访,论议《江苏诗征》的编纂及在镇扬一带的焦山创立藏书楼。阮元的倡议意在繁荣江苏地方文化。其后阮元及有关人众登上焦山选址,议定将海西庵浮玉

焦山图(载《鸿雪因缘图记》)



山房改建为藏书楼。继由阮元捐资、丁淮具体经画,自该年八月至十一月建楼五楹,由阮元取名“焦山书藏”,并制定《书藏条例》,规定“书不分部,惟以次第分号”,以《瘗鹤铭》中相、此、胎、禽、华、表、留、唯等77字顺序为橱号。第二年春,阮元作《焦山书藏记》,并赋诗、书额。焦山书藏是具有一定开放性的地方图书馆,由焦山寺僧负责簿录管钥,士人学子可来馆阅看,但不外借,“有翻阅之人,照天一阁之例,但在楼中,毋出楼门”。馆内藏书甚丰,善本尤多,据民国前期完成的《焦山书藏》书目统计,计藏书3500多种、21000多册、59000多卷,大多来自远近学者名流的捐赠。咸丰初,文汇、文宗两阁都在战火中焚毁,而焦山书藏独存,为地方上保存了一部分文化典籍。民国26年(1937年)12月,侵华日军占领镇江,焦山书藏与海岳庵在战火中被炸毁。从创议到毁损,焦山书藏整整历经一个世纪。

清代随社会经济发展及文化繁荣,私人藏书蔚然成风。文人学士大多家自藏书，以方便阅读及著书立说。如清前期诗人冷士嵋隐居丹徒镇，筑室江泠阁，藏书甚丰。清中叶的蒋宗海是乾隆朝进士，曾任军机处行走，中年告归。家藏图书三万余卷，曾纂修《嘉庆丹徒县志》。清中后期的杨棨是道光年间的选贡，藏书颇多，曾著《京口山水志》，旁征博引，材料极丰。晚年为避太平天国战火，渡江逃如皋，“侨居中拥书数十箧，披诵无虚日”（光绪《丹徒县志》）。

清末至民国初期，镇江私人藏书家主要有陈庆年和丁传靖。陈庆年（1863—1929），字善馀，号石城乡人、横山，世居丹徒辛丰乡西石城村。其父陈懋桓，号月如居士，以设私塾教书为业。陈庆年8岁时随父迁入镇江城内，22岁就读江阴南菁书院，因学习刻苦成为优贡生。光绪二十二年（1896年）应湖广总督张之洞邀请赴武昌，任湖北译书局总纂，编辑《洋务辑要》。光绪二十八年（1902年）张之洞调任两江总督，由湖北巡抚端方兼署湖广总督，陈受邀而入端方幕中，协助端方管理地方上的文化教育，先后担任湖南高等学堂监督、湖南图书馆监督、南京江楚编译局提调、江南图书馆会办等职。江南图书馆建于光绪三十二年（1906年），馆藏欠丰，陈庆年随同总办缪荃孙赶赴杭州，抢在日本人之前购得著名的丁氏“八千卷楼”藏书80 000余册运回南京，大大丰富了新建馆内的藏书。晚年返归故里，从事学术与刻书，一生著述甚丰。陈庆年是清末民初江苏有名的藏书家之一，居镇江藏书之冠。陈家藏书始于其父陈懋桓，是陈氏父子两代人完成的。陈父以私塾授徒的收入逐渐添置书籍，迁入城内居住后专辟一间小阁用以藏书。陈庆年学成任职后，家庭收入渐丰，陈父在磨刀巷住所专辟一间传经堂，收藏图书。陈庆年在两湖及南京任职期间，也积极收购图书，先后计有300箱全部运回镇江。陈父去世后，

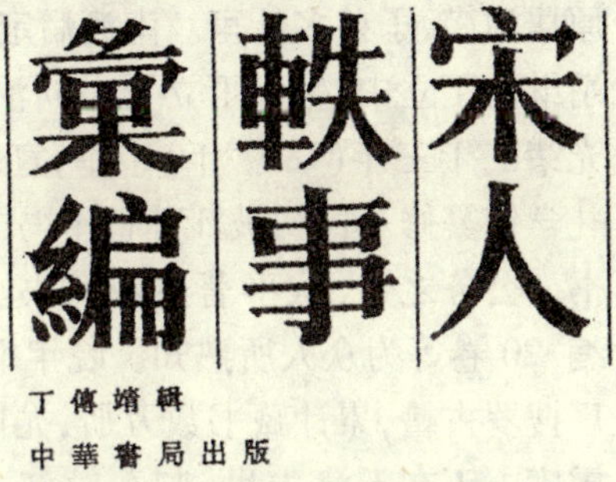

丁传靖辑《宋人轶事汇编》

陈庆年于民国七年(1918年)将传经堂扩建为传经楼,计楼上楼下6间2厢,约120平方米,内藏各种图书、文献约二十余万册,为当时镇江最大的私人藏书楼。就私人藏书数量而言,在整个江苏地区也可列入前几名。

清末到民国初期,另一位镇江籍著名藏书家丁传靖(1870—1930年)的藏书活动主要在京津地区。丁氏为明清镇江世家,先祖宋时原居河南,子弟多仕宦。南渡后定居镇江,后代也大多习儒从政。传靖继父丁立中,生父丁立干是同治进士。其幼承家学,诗文负盛名。光绪二十三年(1897年)中举,宣统元年(1909年)被陈宝琛荐聘为礼学馆纂修。民初被江苏督军冯国璋所聘,后随冯入京,任总统府秘书。公务之余,从事著述和藏书。一生著作等身,如《宋人轶事汇编》20卷等为众人所熟知。晚年举家迁居天津。在京期间常去琉璃厂搜罗古籍,累计藏书数万册,尤以宋、元、明史料为多,书斋名为白雪庵。丁在天津去世,归葬镇江,原有藏书被运回家乡,可谓桑梓情深。

2. 清代诗坛

清代镇江诗坛也很活跃,诗人前后相续,诗集多不胜举,并涌现出一批名家。仅嘉庆年间编辑的《京江耆旧集》中,就收有府城及四县(丹徒、丹阳、金坛、溧阳)的诗人657位,选诗2100多首,见有诗集名300多部,人数之多、数量之丰远远超过前代。诗人中有官员、有隐士、有布衣、有闺秀、有方外人,作品雅俗并存,风格各异。

清初,世事巨变,在前朝遗民心灵中留下巨大创伤,反映在诗坛上就出现了所谓的遗民诗与遗民诗人。清初本地遗民诗人主要有冷士嵋、朱祐、谈允谦、何雍南、程世英、钱邦芑等,遗民诗或多歌颂历史上与镇江有关的贤良方正及爱国忠臣的高风亮节,或多表现诗人坚守名节、隐居不仕的思想情怀。在这批遗民诗人中,以冷士嵋的创作成就最高。清代社会进入康乾盛世后,涌现出许多所谓"盛清"诗人,在镇江诗坛上也出现了有"京口三诗人"之誉的地方名家。京口三诗人是指康、雍、乾时期活跃在镇江诗坛上的余京、张曾及鲍皋三位平民诗人，而又以鲍皋为代表。当时国力强盛带来诗力的雄浑，在诗坛上出现了崇奉唐体而排斥宋体的格调说，在诗风上则倡导气韵高古、雄浑悲壮。京口三诗人的诗作就是这种诗说在本邑实践的结果。其中鲍皋的诗作成就集中反映在《海门诗钞》及《海门诗钞外集》中，两集合计选诗 675 首。至乾嘉之际，活跃在镇江诗坛上的诗人为数众多，流派不一，而影响较大的代表性诗人则是丹徒籍的应让、吴朴、鲍文逵、顾鹤庆、王豫、钱之鼎、张学仁七人，号称“京江七子”。七子才气横溢，又过从甚密，相互切磋唱和，渐成气候，是本地文坛的新人群体。在诗歌创作上，七子受前代京口三诗人的影响，也受到同时代江南名家如袁枚、赵翼的性灵说和才气说的影响，既宗唐诗，又博取众长，化古朴为清朴，且不乏反映现实主义的题材。除创作外，七子还编纂诗集，《京江耆旧集》13 卷就是张学仁和王豫历时多年共同编辑而成的。其后晚清道、咸、同、光年间，本邑诗坛上还先后涌现过“京江中七子”及“京江后七子”等诗人群体。

清代京江诗坛上还活跃着一批女诗人，多为世家闺秀，也有名士之妇，文采过人，不让须眉，《京江耆旧集》中就录有女诗人 51 位，录有诗集名近 20 部。著名的如秦芷、岳庆图、陈蕊珠、周素贞、骆绮兰、贺双卿、鲍氏三姐妹（鲍之兰、鲍之蕙、鲍之芬）等，诗作或清丽如洗，或哀婉动人，各具特色。

清代镇江禅宗寺院诗系独树一帜，其中焦山诗僧的创作成就惊人，据陆草考说焦山定慧寺诗系与宁波天童寺诗系、常熟虞山三峰寺诗系、杭州灵隐寺诗系并称为清代东南四大寺院诗系。焦山诗系形成于乾隆朝，兴盛于嘉、道、咸、同朝，其中尤以清恒（号借庵）、达瑛（字慧超）名气最大，与曾居住焦山的丹徒僧人悟霈（字古岩）并称为“京口三诗僧”，各有诗集相传。嘉庆年间地方名士王豫选这三僧诗作，刊刻《京口三上人诗钞》。其后咸、同年间的了禅、大须等诗僧的诗作也多。这些诗僧如曾主金山寺的清恒与当时东南名士如阮元、袁枚、赵翼、王文治、梁章钜、洪亮吉、陶澍、伊秉绶等交往频繁，相互酬唱，因而山诗中除具空灵特色外，也表现出较浓的文人气息。

3. 画坛与书坛

明代镇江书坛、画坛波澜不惊。以画坛为例,一是东南浙派画风流行,南都(南京)、镇江地区都受到影响;二是米芾的画技仍被继承和模仿,但很少有突破。清初因政治变动及战乱频频,书坛、画坛一度沉寂,直到康乾盛世时才逐渐有了生气。至乾嘉年代,书坛、画坛十分活跃,名家辈出,名迹纷呈,出现具有地方特色的京江画派。

清初笪重光是本邑较有影响的书画家和书画评论家。笪重光(1623—1692)字在辛,号江上外史、郁冈扫叶道人。生于明末,活动于清初,落籍句容,家在京口。其先祖于南宋时自淮西六安迁居句容东乡之茅庄。明中叶其高祖笪鸠幼孤,依族姓于丹徒,遂家京口。曾祖笪继良为万历举人,父笪昌龄出任过江西万年知县。重光自幼聪颖好学,且姿度弘伟,曾就读于焦山僧舍,补博士弟子。顺治九年(1652年),他以句容籍学额考中进士,授刑部郎中,出任湖广道监察御史,改任江西巡按。因上章弹劾监司李嘉猷贪酷未果,被召还回京,颇感仕途维艰,遂辞官返归。在茅庄筑松子阁、鷃笑斋、鹅池馆等,往来于京口、句容两地,游徜于山水之间,与名士冷士嵋、张九徵等相酬唱,著有《江上集》。其工书画、精鉴赏。书法探源魏晋,尤近苏、米;画示神韵,所绘山水高情逸趣,常与恽南田、王石谷往来切磋,著有《书筏》、《画筌》各1卷。其中《画筌》仅4000余字,通篇用骈语体讲述山水画理论和技法,见解新颖,是关于探讨绘画理论的奇著。

清前期镇江籍的蔡嘉、蒋璋、张琪被誉为画坛"京口三大家",但蔡、蒋两人长期寓居扬州,张则隐名于闾里,对本地的实际影响都不大。清中叶乾隆盛世时镇江书坛出了个大家王文治,画坛出现新人潘恭寿,"潘画王题"成为艺坛奇葩。王文治(1730—1802)字禹卿,号梦楼,镇江府丹徒人,清代著名书法家、文学家、戏曲家。文治12岁即能诗善书,远近闻名。乾隆十八年(1753年)参加乡试,被拔为贡生,第二年赴京师与著名桐城派散文家姚鼐等相识并结为挚友。乾隆二十一年(1756年)应邀随正、副册封使全魁、周煌去琉球(今日本冲绳),任记室,时年26岁。归来后自治"曾经沧海"一印,常用之

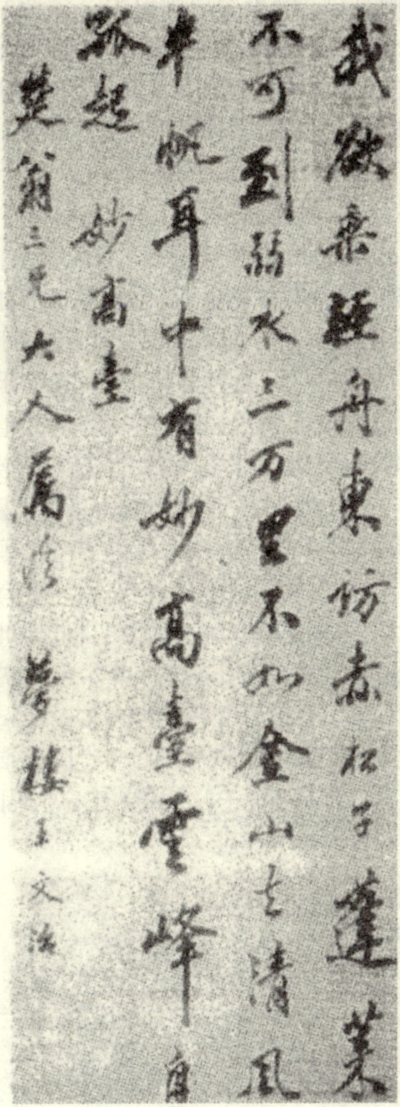

王文治行书《妙高台诗轴》

于书画题跋。乾隆二十五年(1760年)考中进士,授职国史馆编修,升翰林侍读,出任云南临安知府,前后两年。后清军入缅平叛,他因下属失职,导致督粮不力,被停职去任,回归故里。从此漫游于江浙,曾一度执掌杭州西湖的崇文书院。其书源于米芾、董其昌,以"侧媚取势",秀逸天成,与翁方纲、刘墉、梁同书并称为"清代前四家"。时人评说:"刘石庵相国专讲魄力,王梦楼太守专取风神,故有浓墨宰相、淡墨探花之目也",足见时人对其字的推崇。除善书外,闲时也作画,喜画梅、松、荷等,风格简淡、清致,画风如书风。王文治的墨迹为时人所重,京师士大夫多视若珍宝,海外如琉球、韩国等地也多珍藏。今存墨宝尚多,海外如日本东京国立博物馆、冲绳县立博物馆等也都藏有王文治的墨宝,至为珍贵。潘恭寿(1741—1794)字慎夫,小王文治11岁,自幼学画勤奋,深得王文治赞许。王返回故里后,两人成莫逆之交。书画同理，王“以书字用笔之道授之，其画日进”(《墨香居画识》)。潘恭寿的山水融明清诸家之长，用笔苍劲，构图简洁，墨色浓重。传世精品有《深云庵探梅图》、《山雨欲来卷》、《溪山高逸图》、《烟浮远山图》等。更有趣的是字画互衬，一个画画，一个题字，“潘画王题”成为当时艺坛的趣话。除书画外，王文治的诗名也盛，诗风雄健，超尘拔俗，有《梦楼诗集》传世。晚年他皈依佛门，吃斋诵经，活到90多岁。

还在康乾年间，与镇江一江之隔的扬州画坛崛起“八怪”创作群。扬州八怪继承朱耷、石涛的独创精神，打破束缚，形成各自的独特风格，取得引人注目的成就。至乾、嘉、道年间，镇江画坛因受扬州画坛的影响，以八怪为榜样，努力标新立异，强调师法造化，在继承“米家山水”画技的同时，形成落笔浓重的风貌，具有鲜明的地方色彩，被称之为“京江画派”。其领军人物为张崟和顾鹤庆。张崟(1761—1829)字宝岩，号夕庵。他画山水结构严谨又有力度，用墨浓重，气韵沉郁，尤擅长运用密麻的墨点，自成一家。由是“邑之画者宗之”，成为京江画派的开山人物。山水图轴中又喜有松，其松有古逸之气，时人谓之“张松”。晚年多以镇江山川之景为题材，传世名篇有《京口三山图》、《鹤林烟雨图》、《润州十二景》等。顾鹤庆(1766—?)字子馀，号弢庵，其画风与张崟相仿，落笔浓厚，多以江南实景入画，尤喜画柳，有“顾柳”之称。“张松顾柳”并重，当时同为京江画派的中坚。继张崟、顾鹤庆后，张深(张崟子)、明俭(几谷)、周

张崟《诗龛图》

镐等人继承并发扬这一画派的风格，其中尤以周镐成就突出，成为京江画派的后期代表，画于道光二十二年(1842 年)的《京江廿四景》(廿四景为林开古驿、山绕瓮城、蓉楼话雨、京畿晓发、梦溪秋泛、范桥流水、城南赛社、刁坞藏春、浮玉观涛、狮岩消夏、北固晚钟、海门泛月、西津晓渡、江上救生、半江红树、招隐听鹂、竹林听泉、鹤林古木、八公早梅、岘山策蹇、兽窟危亭、龙洞吟秋、九华层云、五州积雪)就是周镐传世的代表性作品。

周镐绘《京江廿四景》之一《范桥流水》

4. 明清镇江戏曲

戏曲始于元代的剧曲，元代剧曲融歌曲(唱)、宾白(白)和舞蹈动作(科)为一体，以唱为主，白与科相配合，形成戏剧艺术。明代，随着社会发展、国力强盛和人口增加，戏曲呈现繁荣。一是涌现许多戏曲创作家和表演艺术家；二是不少达官名士时兴蓄养家班，酬宴助兴；三是地方剧种纷纷出现，如余姚腔、弋阳腔、海盐腔、昆山腔等就先后传入南都(南京)及其附近的镇江。

正德十五年(1520 年)，明武宗巡幸南都和镇江，在镇江临大学士杨一清宅，君臣欢宴两日。杨一清除以歌舞杂耍助兴外，还组织家班演出戏曲，可谓“漫衍鱼龙看未尽，梨园新部出西厢”。为讨皇上的欢心，杨家的戏班不只排演5本21折的《西厢记》，还连夜赶排了一出歌功颂德的新戏——《四喜传奇》。剧本由杨府门客、嘉定人沈龄赶创，又选聪明绝慧的演员赶排。沈写完一折，演员立马排演一折，只一夜工夫，剧本写好，戏也排好。第二天武宗看完演出果然龙颜大悦，问是谁创作的，杨一清如实相告。皇帝要赏赐沈龄以官职，被沈婉拒。在明代除官宦的家班作酬宴演出外，民间艺人演出也常见于时人的记载。丹徒人顾容（字可观）爱好戏曲，常登台演出，一次演《赵氏孤儿》中的公孙杵臼，因台下反应平平而深自责怨。回家后怀抱木雕小儿，对着镜子反复揣摩、研习，到了痴迷程度。后来再演此剧，台下“千百人哭皆失声”，演出大获成功。丹阳人贺懋燧也是一位精于词曲的戏曲家，曾模仿北宋婉约派词人柳永的风格，创作《紫钗令传奇》，受到时人的好评。

晚明，江南地区商品经济发达，市民阶层壮大，城乡大众对文化生活提出了新的要求，戏曲表演更加丰富多彩，剧本题材也更加广泛。既有揭露社会黑暗的，也有歌颂历史英雄的；既有颂扬舍身取义高尚情操的，也有同情青年男女追求婚姻自主、挣脱包办樊笼的。当时，镇江府城西门外的阳彭山名气很大。阳彭山后向阳处建有丽春台，为明末仕宦宴饮饯客之所，也是歌舞梨园竞技之地。清初遗民诗人何絜就曾在《西园歌舞》中回忆当年阳彭山下演出剧曲的盛况：“华堂杰阁矗空起，梨园选胜早征歌。点染双文王实父，玉茗堂空灿花主。……种种传奇翻不足，绿鬟子弟喉如玉。凤羽裁成翡翠妆，骊珠转出胭脂曲。二八歌姬胜小蛮，螺黛纤纤柳叶弯。莲步蹁跹羡长袖，花枝婀娜舞轻鬟。绛唇莺吐成黄娟，娇羞闪映桃花扇。……”当时还有外埠家班来镇献演。据《陶庵梦忆》记，崇祯二年（1629年）秋，张岱取道京杭运河由浙江前往山东，日暮舟停镇江城西北江口，至二更移舟金山旁。上岛，穿龙王堂，入金山寺大殿，四周一片漆静。张岱呼唤跟随的戏童带戏具、行头，盛张灯火于金山大殿中，演唱“韩蕲王（韩世忠）金山及长江大战诸剧”。顷刻锣鼓喧天，一寺山僧惊起围观。全剧演完，天色将明，即卸装返舟，解缆过江。张岱，字宗子，号陶庵，浙江山阴（今绍兴）人，出身官僚世家，少为纨绔子弟，好梨园、鼓吹。家养戏班，演员齐整，每日必聚名士度曲征歌，曾在家乡城隍庙上演《冰山记》，观者数万。一生著书多部，而以《夜航船》、《陶庵梦忆》最为有名。这次月夜送戏上金山，应是明清镇江戏曲史上的一次盛事，由此可知这一爱国主义故事题材至晚明时已被完整地搬上了戏曲舞台。明末，《三言》作者冯梦龙曾来镇江任职丹徒县学教谕，与虞来初及镇江府金坛人彭天锡等聚会镇江甘露寺，切磋戏曲技艺。彭天锡是明末杰出的戏曲表演家，多扮丑角和净角，曾在张岱家串戏五六十场而穷其技不尽。张岱称赞他："千古之奸雄佞幸，经天锡之心肝而愈狠，借天锡之面目而愈刁，出天锡之口角而愈险，设身处地恐纣之恶不如是之甚也。"

明末清初发生重大政治变故，兴盛一时的戏曲文化大潮在清初急剧回落。清初遗民诗人冷士嵋，号秋江，世居丹徒镇，崇尚气节，至死不与清政府合作。除著有《江冷阁集》、《绪风吟》诗集外，还创作剧本《清风剑》。清初镇江戏曲家陈于鼎，号实庵，崇祯进士，原籍宜兴。清兵南下后一度降清，任京师弘光馆编修，旋又被革职，南归后定居镇江，从事戏曲活动，曾校订《待月记》，由家班演出。清初顺治年间，东南地区的抗清斗争此起彼伏，清廷在江宁、镇江、杭州等地驻防重兵，戒备森严，不只民间闾里的集会、结社被明令禁止，就是达官显宦的演剧活动也不被提倡。顺治十六年（1659年）郑成功水师反攻南都之役失败后，清廷在"反正城市"如镇江、金坛等地严加绥靖，不少地方著姓、前朝遗老、反正义士遭到迫害。陈于鼎因曾至南明军中拜谒郑成功，于顺治十八年（1661年）被逮捕杀头。清初戏曲的寂寞并不是内在因素造成的，随着统治的稳定和社会经济的恢复与发展，这一状况到康乾盛世时有所改变，至乾嘉时期戏曲文化重新繁荣。一是演出场所——戏台不断复建修建。如镇江万古一人巷内的关帝庙戏台始建于明末，清乾隆三十七年（1772年）重修。镇江西乡高资镇大王庙戏台于康熙四十二年（1703年）重修。句容城区西郊的西庙戏台则建于嘉庆年间。二是粉饰太平的迎銮戏规模巨大,既满足了南巡帝王的虚荣心,也带动了戏剧表演水平的提高。如乾隆第五次南巡(1780年)由扬抵镇,于江上舟中遥见对岸有一大硕桃,及舟将泊,“忽烟火大发,光焰四射……桃砉然开裂,则桃内剧场中峙,上有数百人演《寿山福海》新戏”(《清稗类钞》)。这枚大桃实际上是一个装有机关布景的临时大舞台。三是城乡民间演出丰富多彩,满足了人民大众的文化生活需求。有庙会戏(逢庙会请戏班演戏敬神)、丰收戏(秋收后请戏班演戏庆贺)、行会戏(各行业公所请戏班演唱)、堂会戏(官宦、士绅、富户遇婚娶、寿诞等喜庆之事请戏班或艺人来家中厅堂演出)等。四是戏曲创作成果渐多,戏曲名家不断涌现,如王文治、刘翚、严保庸等。

位于镇江西区的火星庙戏台遗址

王文治少年时即喜音律,与同乡茅思艾友善,同有戏曲爱好,而茅家有梨园小部演唱。文治中年辞官后返归故里,雅嗜声曲,家中蓄养优伶30人,“行无远近,必以歌伶一部自随”(《词余丛话》),平日卖字卖文,所得全部用于家班。歌伶中知名的有瑶生、钿郎(王在云南任职时于昆明觅得)、素云、宝云、轻云、绿云、鲜云、淡云、微云、拂云等,时称彩云班。"十年彩云队,艳誉南北噪",所演《长生殿》、《牡丹亭》、《邯郸记》、《西楼记》等均享有盛名。王文治在清中叶有"国士"之誉。嘉道年间镇江籍戏曲名家则有严保庸(号问樵),是继王文治之后的又一戏剧天才。其人天才高旷,诗词、楹联、书画、弦管无不精通,尤擅长编剧。在京师备考期间,他创作《同心言》、《奇花鉴》、《红楼新曲》等剧作,由昆班演出,轰动京师,"每一曲成,都中争购之,纸为之贵"。道光九年(1829 年)考中进士,授翰林院庶吉士,改任山东栖霞知县,后因在县署排演戏曲被劾罢官。道光十九年(1839 年)又著刻剧本《盂兰梦》,是为悼念亡妻张姬之作。清末镇江籍戏曲创作名家公推丁传靖,所著戏曲有《霜天碧传奇》、《沧桑艳传奇》、《七昙果传奇》三部,而以《沧桑艳传奇》最负盛名。该剧 20 折,演义明末清初江南名妓陈圆圆的传奇一生,是一部大型历史文学剧本。

# 第八章　近代镇江

1842年7月的中英镇江之战是鸦片战争的最后一战,在近代史上占有重要地位。镇江于第二次鸦片战争中被辟为通商口岸;开埠通商和英租界的划建标志着外国资本主义入侵本地的深入。镇江地区民族资本主义工商业出现于19世纪末至20世纪初,1905年建成的大照电灯公司是江苏境内最早的民营电业公司。1911年的辛亥革命进一步推动了镇江地区的近代化进程。

## 一、中英镇江之战

1840年6月(道光二十年五月),英国殖民者发动了蓄谋已久的侵华战争,用武力打开中国的贸易大门,保护罪恶的鸦片走私。为尽快实现战争目的,侵华英军舰队在攻占中国东南沿海一些城市后,于1842年6月驶至长江口外海面集合待命,准备执行"扬子江作战计划",即突进长江,控扼南北大运河,切断漕运通道,迫使清政府尽快投降。6月16日英军攻占吴淞炮台,接着占领宝山、上海。7月初,从英国本土及印度调集的援军赶至吴淞口。7月6日,英舰船72艘载运陆海军约12000人,编成6个纵队溯江西上,由司塔林号、伯劳弗号、摩底士底号、克里欧号、哥伦拜恩号、基尔德斯号、弗莱吉森号、伯鲁多号、麦都萨号、复仇神号、伯劳西号及旗舰皋华丽号组成的第一纵队首先驶离吴淞。

7月9日,英舰队进入福山口,10日驶至江阴江面。江阴城无清军防守,"居民迁徙,十室九空",英侵略军一队登岸进城。12日,英舰队驶过鹅鼻嘴,常镇兵备道台周项自鹅鼻嘴逃返京口,很快又逃往扬州。

7月13日，英先行舰船到达丹徒圌山附近江面，圌山炮台（有炮20门）守军向英先导船伯鲁多号及复仇神号开炮轰击，迫使敌船后撤。第二天英舰摩底士底号等9艘围攻圌山炮台，激战后炮台被毁。15日英舰司塔林号、弗莱吉森号闯入焦山江面，“火轮船二只驶至南岸扑攻”，企图登陆，被我东郊象山码头守军击退，英舰弗莱吉森号还击毁了焦山脚下的一座清军的掩蔽炮台。17日，双方在沿江再度炮战。20日，英舰大队由焦山北江进入镇江府城正面江面，自甘露寺下至金山、银山，直达对岸瓜洲河口，当晚侵略军头目在旗舰上商量第二天的攻城计划。其时，中方除镇江城内由京口副都统海龄指挥的1600名旗兵（内有增援的400名山东青州旗兵）外，另有奉命赶来增援的湖北提督刘允孝统率的鄂兵2000人及浙江参赞大臣齐慎统率的赣兵和浙江大营兵1700人，分驻西门城外高地。

21日清晨，英军大举攻城。敌第一旅（萨勒顿旅）由金山对岸登陆，进攻西门外银山及阳彭山下的汉军，刘、齐两军一触即溃，奔逃辛丰。敌第二旅（叔得旅）由正面江面登陆进攻北门，占领北固山。激战中该旅55团掷弹兵乘隙架云梯突攀东北段城墙（俗称十三门），继马德拉斯步兵第6团两个连“蜂拥蚁附而上”。海龄急调城楼守军与登城之敌“奋勇格杀，至血积刀柄，滑不可握，犹大呼杀贼”，有的抱住敌人“一起从城墙上摔了下去”，战斗至10时北门告失。继萨勒顿旅登陆后，敌第三旅（巴特雷旅）也由金山对岸登陆，在陆军司令郭富直接指挥下主攻西城门。镇江府西城门筑有内外两重城门，防守坚固，守城清军沉着应战，居高临下打退了敌人的几次强攻，直到正午英军才用炸药炸开了西城外城门，与此同时西城内城门也由先已冲入城内的叔得旅一部迂回占领。城陷后，海龄指挥守军在万寿宫、高桥、范公桥、小教场等地节节抵抗，差一点打死英海军头目巴加。直到傍晚，英军几支部队才冲到城的中心，进攻旗营及都统署衙门。守营官兵殊死抵抗，用抬炮、鸟枪“歼敌无数”。战斗结束后，被打散的旗兵仍各自为战，与搜索之敌拚死相搏，零星的抵抗一直持续到深夜。英军攻入旗营后，海龄在都统署内投火自尽。镇江知府祥麟在城陷后“自缢于署,再缢于郡学明伦堂”,皆被救送出城外。丹徒县令钱燕桂“潜于民家,逸出北门”。

海龄,字蓬山,郭洛罗氏,满州镶白旗人,军伍出身,长期随营在京津地区驻防,由山海关驻防骁骑校升任张家口协办中营守备,继升都司、游击、参将、副将,道光十二年(1832 年)被擢大名镇总兵,后调正定镇总兵。鸦片战争爆发后,他先于道光二十年(1840 年)八月被授西安右翼副都统,旋于九月调江宁副都统,十二月调京口副都统。海龄到任后积极备战,视察焦山以下及圌山防务,又于旗库备借款预支旗营官兵半年俸薪,并奏请朝廷调拨英勇善战的青州旗兵 400 人来京口协防。两江总督牛鉴自宝山前线逃返江宁,途经镇江策划筹款“赎城”,海龄坚决抵制,“执滞不与一议和事”。英军攻城前夕,他下令“城中居民置水瓮、砖石为巷战计”。战斗中他身先士卒,英勇战斗;失败后以身殉国,与城共存。海龄是鸦片战争中的抗英爱国将领,也曾赢得敌人的尊敬。但海龄有些防御措施明显失当,因而受到地方士绅的非议。

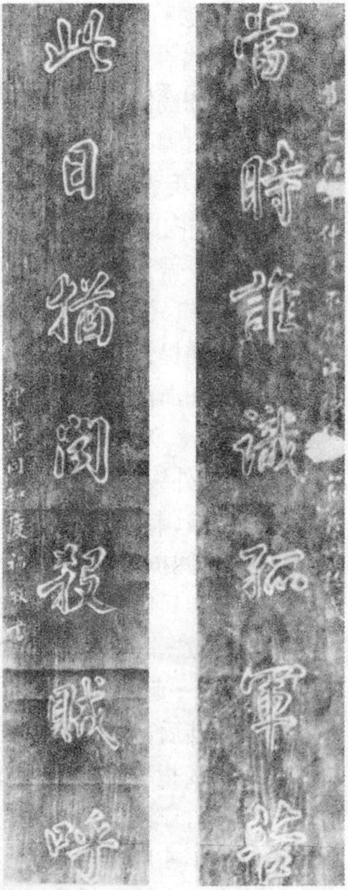

青州同知庆福所题
赞誉镇江守军的楹联



英军占领镇江后烧杀淫掠,无恶不作,镇江人民受到一场空前的浩劫。“其死之形状,或水、或火、或绳、或坠楼、或触柱、或饮刃、或吞针；其死之情，或孝、或义、或节、或势迫、或格伤、或饥极、或病甚；其死之所处，或梁间、或井底、或池畔、或空屋、或深林、或漕河、或大江。八月寇退，尸气满城。虽夏秋以来，大雨凡几，不能解也。”（《壬寅义葬义冢记》）妇女受害尤甚，丹徒人杨棨在《出围城记》中说：“夷鬼沓来，不移时妇女尸满道上，无不散发赤体，未死者多被拥抱而去。”战前镇江是一座美丽而繁富的城市，战后的镇江城是满目凄凉的景象。侵华英军在镇江的罪行再次暴露出资本主义和殖民主义的凶残。无产阶级革命导师恩格斯在写于1857年4月作为《纽约每日论坛》报社论发表的《英人对华的新远征》一文严厉批判了英军的海盗式行为，并对镇江军民的英勇抵抗作了高度评价：

> “英国人……逼近镇江城的时候，才充分认识到：驻防旗兵虽然不通兵法，可是决不缺乏勇敢和锐气。这些驻防旗兵总共只有1500人，但却殊死奋战，直到最后一人。他们在应战以前好像就已料到战斗的结局，他们将自己的妻子儿女绞死或者淹死；后来从井中曾打捞出许多尸体。司令官看到大势已去，就焚烧了自己的房屋，本人也投火自尽。在这次战斗中，英军损失了185人，他们为了对此进行报复，在劫城的时候大肆屠杀。英军作战时自始至终采取了极端残酷的手段，这种手段是和引起这次战争的走私贪欲完全相符的。如果这些侵略者到处都遭到同样的抵抗，他们绝对到不了南京。”

中英镇江之战是英方出动兵力最多、损失也最大的一次战役，直接进攻镇江城的英军总数有近7000人，是役据英方自己统计共伤亡185人，据今人茅海建所著《天朝的崩溃》所作的统计，其伤亡人数超过了先前几次战役中英军伤亡数字的总和。中英镇江之战又是鸦片战争中英双方的最后一战，镇江城失守致漕运咽喉被扼及英军船舰云集南京江面，迫使清政府最后屈服。8月29日，清议和使臣在英舰皋华丽号上签署了近代中国第一个不平等条约——《中英南京条约》，中国由封建社会开始沦为半殖民地半封建社会。

## 二、太平军对镇江的占领与失守

鸦片战争后，外国资本主义列强向中国大量倾销廉价工业品，鸦片走私更加猖獗，加之战费与赔款负担的转移，社会矛盾日趋激化。战争失败使清政府威信一落千丈。1851 年 1 月（道光三十年十二月），洪秀全在广西桂平县金田村起义，建号太平天国。太平军转战广西，突入两湖，于 1853 年（咸丰三年）3 月 19 日攻克东南重镇南京，改称天京，定为都城。随后太平军攻占镇江、扬州，肃清天京外围的敌人，作为天京下游屏障。

1853 年 3 月 30 日，太平军将领罗大纲、林凤祥、李开芳、吴如孝率部东进，几乎没有遇到什么抵抗就占领了镇江城，清江苏巡抚杨文定、京口副都统文艺、镇江知府豫立、丹徒知县张坦等闻风而逃。自 1853 年春至 1857 年底，太平军在镇江驻守四年零八个月，占领期间实行男女分营及“圣库”制度，军纪严明，买卖公平，“关照街市各铺照旧开张”，“镇江各乡镇生意大起”，“闻得人皆卖东西与贼者”（《蘋湖笔记》），得到当地百姓的拥护。太平军还推行一系列社会改革措施，如废除苛捐杂税，惩治地痞恶霸，禁食鸦片，禁喝酒赌博，禁止妇女缠足，惩治卖淫嫖娼，并组织群众对“清妖”作战。太平军还实行独立自主的外交政策，1853 年 4 月英国公使文翰、1854 年 6 月美国公使麦·莲先后打着“中立”的幌子到天京窥探情况，其所乘兵船事先未打招呼，驶至镇江江面时受到守城太平军的开炮警告，表现出太平天国维护航行主权的态度与决心。太平天国建省后，镇江隶属于江南省（省会天京），太平军还在府城北与西北构筑新城一座，新城自北固山前峰沿龙埂筑堞至后山山顶，再西向沿江筑城至运河入江口，折南沿运河至西城门，长六里余，大大增强了太平军的防御力量。

定都天京后，太平天国全力西征，经略上游，清政府乘机组建江南大营和江北大营。1855 年（咸丰五年）4 月，清江苏巡抚吉尔杭阿在镇压上海小刀会起义后率 7000 清军赶来增援镇江城外的清军，筑大营于城西南九华山，并以重兵扼西乡高资至龙潭间，以切断镇江与天京的联系。1856 年(咸丰六年)初,清军围城兵力增至万余,形成京岘山(东郊)——九华山(南郊)——高资、下蜀(西乡)的弧形包围圈。镇江城内虽有吴如孝统率的万余太平军,但粮草、火药缺乏,加之江面也被清水师封锁,处境十分困难。当时太平军在西征战场已取得决定性胜利,太平天国领导人决定从西线调集大军回援天京、镇江。1856 年 2 月,燕王秦日纲、冬官丞相陈玉成、地官丞相李秀成率部东进,与清军相持于下蜀、高资一带,陈玉成驾轻舟自上游突入镇江城水门内与守将吴如孝策划内外夹击之计。3 月,秦日纲、李秀成的援军对高资清军营垒发起进攻,城内守军出城夹击大败清军,连破敌营 16 座。两军胜利会师,镇江西面之围遂解。4 月,太平军乘胜渡江,与瓜洲太平军会合,连克扬州、浦口,击溃清江北大营。再挥





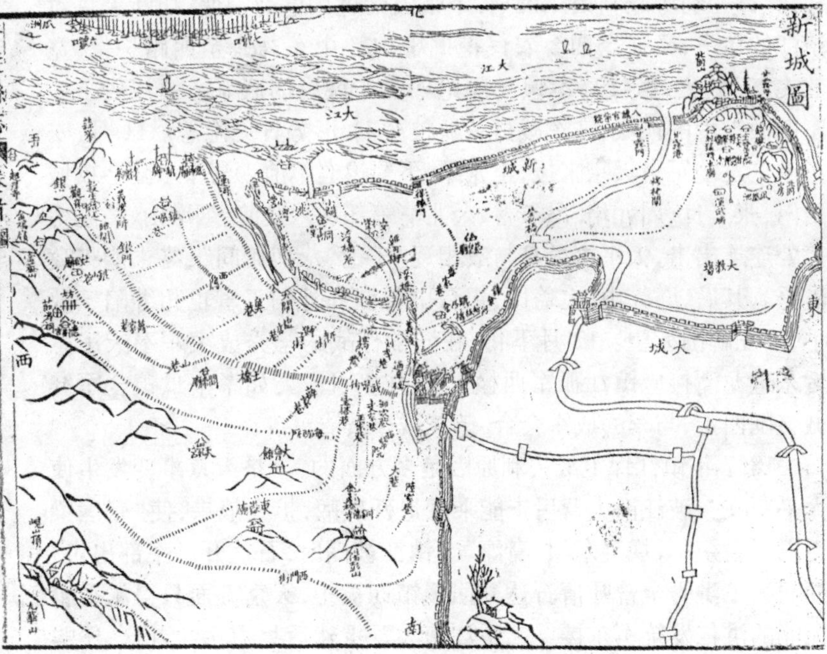


太平军所筑镇江新城图(载光绪《丹徒县志》)

师过江,合围九华山清军营垒,江苏巡抚吉尔杭阿开枪自杀,镇江南面之围亦解。5月,太平军石达开部回援天京。6月,天京城内太平军与石达开部、秦日纲部等太平军向江南大营全线出击,清军溃败,钦差大臣向荣逃至丹阳自缢身亡。至此,镇江方面除东郊京岘山尚有清军残垒外,“西连金陵……往来自若”,解除了威胁三年之久的军事压力。

正当太平天国革命事业如日中天之时,天京事变爆发,大好形势陡然逆转,清军乘机卷土重来。清政府授和春为钦差大臣,接办江南军务,以张国梁为帮办,重建江南大营。1857年(咸丰七年)6月,清军攻陷溧水,7月再陷句容,8月江南大营军由张国樑统领云集镇江四郊,守将吴如孝“以七八千众自银台山驰拒”。9月,江南大营头子和春、许乃钊等赶到镇江策划,令张国梁重兵屯高资西,切断天京对镇江的接济,又强令四乡农民挖掘壕沟,“由东马头至西路一带,宽数丈,深数丈,虽坟墓不顾”,隔绝四乡与城内的联系。镇江成了一座四面被困的孤城,守军减员及缺粮严重,形势日见险恶。11月,安王洪仁发统军自天京来援,至龙潭、下蜀逡巡不前。清军水陆会攻城西南,张玉良、周元培、冯子材、余兆清等部从六摆渡、烟墩山、黄泥桥等处连连出击,太平军虽日与敌相逐“于七、八摆渡间”,终未能将敌击退。其后,磨笄山、宝盖山、银台山等城郊外围工事也相继陷于敌手,镇江解围无望。12月下旬,在安徽作战的李秀成大军奉天王急旨东进龙潭接应镇江孤军西撤。12月27日,吴如孝率瓜镇全军弃城突围西走,与李秀成军会合,镇江城遂被清军攻克。

1857年镇江保卫战失利原因是多方面的,一是天京事变发生使太平军在一破江南大营后未能乘胜追歼残敌,扩大战果,使“张国梁得以抚辑余军,规复东坝、高淳”。镇江被围时,石达开已率部出走,期间天王洪秀全曾吁请石达开回援镇江被拒,天京方面只得派平庸无能的洪仁发统军东援。二是江南大营重建后兵力达8万众,还购置洋枪洋炮,改进武器装备,天京下游双方力量对比发生显著变化。清军一面隔绝天京与镇江的联系,一面责令江北清军围攻瓜洲,使南北岸太平军不能互救。镇江城的失守使天京失去了下游的重要屏障，对太平天国后期下游战局的演变产生了不可忽视的消极影响，湘军头子曾国藩曾说："自洪杨内乱，镇江克复，金陵逆首凶焰久衰"。清统治者认为"自古江南用兵，以镇江为险要"，于咸丰十年(1860年)起专设镇江军务一职，以京口副都统巴栋阿为总办，以骁将冯子材为帮办。

1860年(咸丰十年)5月太平军二破江南大营，钦差大臣和春、帮办大臣张国梁败逃丹阳，太平军乘胜东进，张国梁在丹阳东门外落水而死，太平军连克丹阳、常州、无锡、苏州，和春在浒墅关自缢身亡。但镇江一城仍为清军所据，城内八旗及绿营兵总数增至16000之众，城外江面的清水师力量也大大增强，控扼了瓜镇江面，这都在一定程度上牵制了太平军的力量，其间太平军虽曾数度反攻镇江，但因种种原因未能奏效。清廷嘉奖冯子材委以镇江军务督办，替代病重的巴栋阿，负责守城。

1863年(同治二年)春，苏南形势发生重大逆转，5月淮军及常胜军攻占太仓、昆山，12月又占领苏州、无锡，第二年春又相继占领句容、金坛、溧水、高淳，进而占领常州，太平天国失败已成定局。这年(1864年)年初，镇江清军相度形势也转守为攻，冯子材遣精兵8000余人出南门进扼城郊官塘桥，再以此为据点攻掠四乡村镇及要地，如新丰、博洛、白兔等，5月纠合江北扬州清军攻占丹阳，太平天国苏南根据地至此全部丧失。自1853年(咸丰三年)至1864年(同治三年)，太平军在镇江地区的英雄业绩给名城历史增添了光彩。虽然革命烈火与弥漫硝烟已经逝去了一百多年，但太平军英烈的丰功伟绩世代铭记在镇江人民的心中。

## 三、外国资本主义入侵镇江口岸

1840—1842年的鸦片战争以清政府失败、签订《南京条约》而告终，除割地、赔款外，清政府还被迫开放广州、厦门、福州、宁波、上海五处为通商口岸，中国闭关自守的大门被打开，各国列强除在通商口岸设立企业外，还利用《虎门条约》的规定在通商口岸租地建屋，划定租界。为进一步扩大在中国的侵略权益，胁迫清政府全面修约，1856年英、法、俄、美利用中国内战的机会，共同策划发动了第二次鸦片战争（1856—1860）。1858年（咸丰八年）5月，英法联军攻陷大沽炮台。6月，清政府分别同四国签订《天津条约》，其中规定增开牛庄（后改营口）、登州（后改烟台）、台南、淡水、潮州（后改汕头）、琼州、汉口、九江、南京、镇江为通商口岸，外国商船可在长江各口岸自由航行等，标志着外国资本主义在入侵东南沿海地区后继又全面入侵长江流域。

第二次鸦片战争一结束，英驻华公使普鲁斯即照会清政府，提出分派领事进驻各通商口岸，清政府以江苏巡抚薛焕署理钦差大臣，督办通商事务。镇江是长江下游的交通枢纽，1857年即已被清军从太平军手中收复，而清军与太平军在长江中下游其他地区的争夺却仍在激烈进行中，故而外国列强迫不及待地要先在镇江开口通商，建立租界，早在1858年的中英《天津条约》中就曾特别约定镇江口岸"一年后立口通商"。1861年（咸丰十一年）2月，英国参赞巴夏礼、舰队

镇江云台山上的原英领事馆建筑

司令和普乘兵舰自上海驶抵镇江，察看镇江地势，准备设立署栈以通商。巴夏礼一行与京口副都统巴栋阿、镇江知府师荣光、丹徒知县田祚等谈判，议建署栈及设立租界，并草签《租地批约》。所“租”之地位于府城西门外云台山麓至沿江一带，拟于山上建领事公署，山下建外商货栈、码头等。批租面积初为142亩（山下112亩，山坡30亩），一月后巴夏礼一行自上游回驶途中又来镇江，要求扩大租地面积，经复议增至156亩左右。其地界西至小码头，东至镇屏山下，南至银山门街，北至江边。第二个月镇江正式开埠，办理外商货船的验货收税事务。清政府以常镇道江清骥负责海关监督，暂设关船于镇江对岸七壕口（属扬州江都县），税务办公焦山，镇江实际成为长江的第一个通商口岸。1865年（同治四年），镇江关署建竣于江边的运河入江口，税务司公馆也建于关署附近。在此前一年（1864年），英领事馆及附属建筑也在云台山坡建成竣工。镇江开埠通商及英租界的设立是外国资本主义进一步入侵镇江地区的标志。

镇江英领事馆位于云台山东北麓，是以红砖夹青砖叠砌而成的半叶券廊式建筑，1889年（光绪十五年）被当地民众愤怒火烧，1890年由清政府赔偿照原样重建。1927年3月，北伐军进入镇江，英领事表示愿意将镇江英租界交还中国，租界随即被地方商团接管。1929年11月，英驻华公使照会国民党政府外交部，正式将镇江英租界归还给中国。

开埠后，外国商品大量涌入镇江口岸，1866年（同治五年）进入口岸的洋货值计白银340多万两，1870年（同治九年）进口洋货值增至白银680多万两，四年中翻了一倍。1878年（光绪四年）洋货进口值升至白银920多万两，1894年（光绪二十年）洋货进口值高达白银1000万两以上。由镇江口岸输入的洋货品种有棉纱、棉布、白糖、煤油、火柴、玻璃、鸦片（洋药）、碱、五金、铅丝、洋钉、颜料、纸张、西药、胡椒、肥田粉等。英国工业革命完成于19世纪中叶，由于棉纺工业生产效率不断提高，运输成本不断下降，中国成为外国棉纱、棉布的重要倾销市场。以洋纱为例，1891年（光绪十七年）由镇江口岸进口的洋纱数量达27 000 担,1892 年又增至85 000 担。第二次鸦片战争结束后,鸦片贸易合法化,鸦片以“洋药”名义公开输入中国各通商口岸,光绪年间自镇江口岸输进的鸦片量每年都在1 万担以上,年进口量仅次于上海、广州,位列全国第三。输入镇江口岸的洋油(煤油)量也很惊人,1889 年(光绪十五年)运抵镇江口岸的美油、俄油数计188 万加仑,再由镇江口岸流向苏南、苏北及安徽等邻省的城市及广大农村。19 世纪末,美孚石油公司、英商德士古火油公司、英商亚细亚火油公司都在镇江设有分公司,从事垄断性的倾售经营。这些外国公司(洋行)在江边一带兴建了好几个大储油池,镇江城市正面沿江一带成了名副其实的洋油世界。

各国列强在倾销商品的同时,还经镇江口岸大肆掠取中国内地廉价的农副产品。以1894 年(光绪二十年)为例,经镇江口岸输出的中国内地货物总值约400 多万两白银,品种主要是廉价的农副产品,如小麦、芝麻、黄豆、花生、生油、瓜子、金针菜、枣、猪鬃、羽毛、牛皮、禽蛋等。镇江口岸犹如外国资本主义侵略者用针筒抽取中国人民鲜血的一个取血管口,从这里抽取源源不断的鲜血以养肥殖民者自己。



在倾销商品、掠取廉价农副产品的同时,外国资本还一度垄断镇江口岸的航运经营。1863 年(同治二年),总部设在上海的美商旗昌轮船公司在镇江设立分公司,这是外商在镇江经营的第一家洋行,既经营客运,又经营货运,一时获利甚丰。其后英商太古轮船公司于1874 年、英商怡和轮船公司于1880 年也先后在镇江设立分公司,企图把持镇江口岸的长江航运。

自晚清至民国初年镇江租界及沿江地带洋行林立,洋楼栉比,“银山上下,滨江一带,遂成洋市”,一度呈现出殖民经济的畸形繁荣。但同时也应看到西方近代文明通过通商口岸渗入到古老的国度,也同样渗入到镇江地区,诸如近代建筑、近代马路以及邮政、电讯、自来水等近代公共事业等都给镇江地区移植近代文明带来直接影响,镇江地区的电报业、邮政业、轮航业、电气照明业等出现都很早。近代西方文明的植入客观上冲击了2000多年来落后保守的封建观念，开拓了民众的视野。

## 四、资本主义生产方式的出现

1. 近代航运

19世纪70年代起，洋务派在举办军事工业的同时，陆续创办轮船、煤矿、冶铁、纺织、铁路、电报等一批近代民用企业。镇江是长江下游重要口岸和交通枢纽，又是第二批被迫开放的通商港口之一，洋务派的近代航运业得以首先在镇江出现。同治十一年（1872年）直隶总督兼北洋大臣李鸿章力倡由官方招商集股购置轮船，经营长江及近海航运。第二年1月，轮船招商局在上海正式成立，在上海、镇江、九江、汉口设置轮船招商分局，7月正式经营长江航运（上海——汉口）。7月10日，招商局永宁号轮自上海启航，第二天停靠镇江，这是近代中国商轮首次航行中国内河之举，也是近代中国轮运第一次登陆镇江。上海轮船招商局镇江分局的码头设在江边龙窝（今市区长江路平政桥以西）一带，计有铁质趸船一艘及货仓、堆栈及栈房若干。招商局成立并营运后即与美商旗昌轮船公司展开长达数年的激烈竞争。1877年，旗昌公司在竞争中亏损严重，被迫以222万两银价将16艘江海轮及长江航线上的全部码头设施盘给了招商局，使上海招商局的船舶总吨位增至3万余吨，成为远东一支实力可观的近代船队。同样，镇江分局的规模也随之大扩，码头、栈房不断添建，客流、货流川流不息，成为镇江城市沿江的一道风景线。自19世纪90年代开始，镇江民营航运业发展迅速。光绪二十四年（1898年）立生小轮公司、丰和小轮公司、顺昌和记轮船公司先后开业，经营镇江至苏常及镇江至苏北清江浦、兴化等地的客、货运输。其后瑞丰、丰源康、立丰、华达、大同、天泰等民营小轮公司相继跟入，有的如天泰公司就拥有小轮五六艘，具有一定的经营规模。

2. 近代工业

中国近代民族工业出现于19世纪70年代，其中1869年的上海发昌机器厂及1872年的广东南海继昌隆缫丝厂是最早出现的民族资本主义企业。但直到甲午战争前,中国民族工业发展缓慢。甲午战争中国战败,各国列强又乘机掀起瓜分中国的狂潮,这一切大大激发了中国人民的保国意识,一时抵制洋货、设厂自救、保护权利的呼声遍及全国各地,出现了私人资本兴建工矿的第一次高潮。镇江地区的近代工业就出现在甲午战争后的19世纪末至20世纪初。光绪二十一年(1895年),扬州盐商李维元集资15万元在镇江西城外的金山河东侧创建四经丝厂(不久改名永利丝厂),日产生丝50公斤以上。同年,商人尹汉台也于西城外的小码头西津坊建成大纶丝厂,有资本额18万元,日产生丝70公斤。这两家缫丝厂是镇江地区最早的近代民族新式工业,且投资规模都不小。光绪二十九年(1903年)商人朱芗倚等将合兴面粉厂由瓜洲迁来镇江,新建三层楼制粉车间,添置新式磨粉机,日产面粉200袋。民国初年,合兴厂改组为贻成面粉厂,资本额扩大到20万元,日产面粉2000袋,成为当时镇江地区的代表性企业之一。清末镇泰榨油厂、开城铅笔铅罐厂、大照电灯公司、茂昌机器厂、瑞昌造船厂、义生火柴厂、丹阳阜阳实业公司等如雨后春笋般的越建越多。这些新式企业主要投资纺织、面粉、榨油、火柴等与百姓日常生活密切相关的轻工业领域,但也有如大照公司投资于电力工业而取得成就的例子。

镇江大照电灯公司筹建于1903年,1905年发电营运,为江苏最早民营电力公司。创办者郭礼徵,又名郭鸿仪,安徽亳县人,20岁考进南京文正书院,深得老师张謇的赏识。继又考进上海汇文书院,学习西方近代科学。后因故来到镇江,获悉镇江英租界工部局酝酿办电。为争办电权利,他在民资巨头张謇等人支持下,决定在镇筹建电厂,经常镇道台呈报江苏巡抚立案,不久获准。自1903年至1906年,郭礼徵多方筹集资金,不惜变卖家产,计集股银10万两,租用府城西门外江边的东荷花塘为厂址建设厂房,又向国外采购容量共150千瓦的两台直流发电机及配套锅炉。光绪三十一年(1905年)10月正式发电营运,供应照明。此后多次增加资本,扩充设备,不仅

京畿路上建于民国前期的老邮政局

供应照明用电，而且供应动力用电，成为当时江苏民营电力工业的佼佼者。

3. 近代邮电

中国近代邮政于第二次鸦片战争后试办于海关。同治五年(1866年)，中国海关总税务司赫德于北京、天津、镇江、上海四处海关内首先附设邮务办事处，承办外国使馆和侨民的邮件传递。光绪四年(1878年)起又在海关内附设书信馆，将邮政对外开放，开辟了天津——北京、天津——牛庄、天津——镇江的骑差邮路，贴用大龙邮票(第一套)，是为镇江近代邮政之始。光绪二十二年(1896年)，清政府正式成立独立运营的大清邮政总局，又在全国各大商埠设立24个邮政大局。镇江邮政局即为全国24个大局之一，局址仍设在镇江海关税务司署内，但不受海关管辖。此外，在城内堰头街及城外柴炭巷内还分设邮政支局。除邮政外，近代电信业也于19世纪70年代引进中国，镇江也是最早得益的商埠之一。光绪六年(1880年)，李鸿章在天津设立电报总局，委派盛宣怀为总办，购置器材，查勘线路，培训电报人才。第二年年底，津沪有线电报线路架设竣工，开始通报营业。天津电报总局下设天津紫竹林、大沽口、济宁、清江(淮阴)、镇江、苏州、上海电报分局。镇江电报分局与上海等分局同级，局址初设城外运河入江口附近的姚一湾。光绪年间又陆续开办镇江至南京、镇江至汉口等地的沿江电报业务。

4. 近代铁路

铁路是近代工业革命的产物，直到19世纪70年代才引进中国，

镇江宝盖山
铁路隧道(载民国《江苏省会辑要》)

1876年由英商修筑的吴淞铁路是近代中国的第一条铁路,其后发展十分缓慢。同办厂、办矿一样,修筑铁路的高潮也是出现在甲午战争后的19世纪末,最早动工的是比利时银行借资的芦汉铁路。芦汉铁路上马后,刘鹗、容闳等先后建议建筑津镇铁路(天津——镇江)。刘鹗,字铁云,镇江丹徒人,年轻时曾行医,后经商,官候补知府。《丹徒县志摭余》称他“生平学术渊深,通晓洋务。……熟谙机器、船械、水学、力学、电学、算学、测量学等艺者”,著有《历代黄河变迁图考》、《弧角三术》、《铁云藏龟》、《老残游记》等,堪称近代奇才。光绪二十二年(1896年),他在北京上书直隶总督王文韶,建议借外资建筑津镇铁路,以利漕运(其时运河北方段日益淤浅)和民生,因遭地方绅商及丹徒籍在京官员的反对而罢论。两年后江苏候补道容闳又以已集股银1000万两而无需举借外债为由呈请筹办津镇铁路,又因大买办盛宣怀等人的反对再遭罢议。直到1907年筑路一事才正式提到议事日程,清政府委派张之洞、袁世凯与外国银行谈判并签署正式贷款合同,随即开工,但原拟中的津镇铁路改定为津浦铁路(天津——江宁浦口),镇江与重塑东南交通枢纽的机遇擦肩而过。光绪二十九年(1903年),清政府与英国银行签订《沪宁铁路借款合同》,两年后动工兴筑,分段筑竣。1907年4月,沪宁铁路常州至镇江段建成通车,在镇江境内的吕城、陵口、丹阳、新丰都建有车站。1908年3月,镇江至江宁(南京)段也建成通车,镇江城南门与西门外京畿岭下及与丹徒高资并设车站,其中主站镇江站(俗称西站、老站)建筑面积360余平方米,站内建有跨轨天桥。沪宁铁路的全线通车是近代江苏发展史上的重要标志之一。

## 五、辛亥革命及镇江近代化

### 1. 民主革命家赵声与辛亥镇江光复

1901年《辛丑条约》签订后,中国完全跌入半殖民地半封建化的深渊,清政府沦为帝国主义统治中国的工具和走狗,民族危机与社会危机空前严重,资产阶级革命运动在各地蓬勃兴起。1911年4月民主革命家孙中山和黄兴、赵声等经过半年精心筹备,发动了震惊全国的广州"黄花岗起义"。赵声(1881—1911),字伯先或百先,镇江丹徒县大港镇人,出身于当地的耕读世家,为大港赵氏之25世孙。自小读书习武,长大后文武双全,又爱打抱不平,在乡里有"侠义少年"之誉称。1901年他考入江南水师学堂,继入江南陆师学堂,学习西方民主政治学说及近代军事技术。1903年,赵声东渡日本,结识黄兴、何香凝等,接受了资产阶级革命思想。回国后,曾任新军第九镇的营管带、标统等职,1906年春在南京加入同盟会。其后在他引荐下,倪映典、熊成基、柏文蔚等先后入会。因宣传反满革命思想,为两江总督端方所憎恶,赵声被迫离南京出走,南下广东新军中任职。1910年,赵声、倪映典等指挥广州新军起义,失败后寄居九龙。是年11月,孙中山在南洋槟榔屿召开骨干会议,赵声与会。会后回香港任统筹部副部长,与黄兴筹备新的起义。1911年4月黄花岗起义爆发,黄兴指挥革命党人与清军激战

赵声像

一夜，终因举事前仓促变更计划致孤军力单而告失败，英勇牺牲和被捕就义的有近百人。参加这次起义并壮烈捐躯的镇江籍烈士就有宋建侯、阮德山等6人。赵声与胡汉民率二百多人的援军从香港赶到广州，城门已闭，赵声忧愤成疾，不久病逝于香港。赵声是镇江籍的著名资产阶级民主革命家，民国元年（1912年）南京临时政府追赠他为上将军，并将其灵柩迁葬于镇江南郊竹林寺附近。

黄花岗起义是武昌起义的预演，1911年10月10日武昌起义爆发，各地纷纷响应，很快出现全国性的光复局面。在短短一个月内，鄂、湘、陕、赣、晋、滇、浙、苏、皖等13个省先后宣布脱离清政府而独立。在江苏，11月3日上海起义，11月5日苏州和平光复，11月8日镇江武装光复。

镇江光复前驻有旗兵（步、骑及炮营）约2000人，由京口副都统载穆统领驻防城内。其后清政府又自南京调来巡防营1500人来镇，分驻城外象山、北固山及西门一带。镇江城外南郊一带还驻有南洋新军第9镇（师）35、36两标（团）共5营士兵。受武昌起义影响，驻镇江新军革命情绪与日俱增，标统杜淮川等借口治病逃离镇江，士兵公推36标3营管带、同盟会会员林述庆为驻镇新军首领。武昌起义爆发后林述庆即赴上海同盟会中部总会汇报驻镇新军情况，并讨论起义事项，返镇后即在军中加紧开展活动。为加强对起义的领导，上海中部总会又派同盟会骨干、镇江丹徒籍的李竟成率部分敢死队员来镇江开展工作。李竟成与林述庆制订起义计划并作分工，以林控制新军，而由李等策反驻镇其他清廷部队，并联络地方政界、商界、学界等头面人

林述庆像

物参加光复大业。11 月 7 日驻镇新军各营在东门外京岘山集合，由林述庆、李竟成宣布起义，成立镇江军政府，以林述庆为军政府都督、李竟成为军政府军务部长。京口副都统载穆见大势已去，提出以保障旗兵及旗民的生命财产为条件缴械投降。11 月 8 日，起义士兵及民军分路进城，镇江武装光复。

2. 辛亥革命与镇江近代化

辛亥革命推翻了满清王朝，结束了 2000 多年的封建君主专制，推进了中国社会的近代化，同样也促进了镇江地区的近代化。

辛亥革命创立民国并使民主共和思想深入人心，促进了中国社会的近代化。镇江曾是长江下游同盟会活动的重要据点，武昌起义后不到一个月镇江即告光复，镇军还加入江浙联军为光复南京作出贡献，光复南京的江浙联军总司令部就设在镇江，3000 多人的镇军还是攻打南京的中路军主力。1912 年元旦，南京临时政府宣告成立，镇江各处悬挂五色国旗（含五族共和意）。不久清帝下诏逊位，镇江民众举行“共和庆祝典礼”，喜庆气氛弥漫全城。袁世凯建立北洋政府后，镇江依旧是资产阶级革命派在南方的一处根据地。先是同盟会镇江支部（第二年改称为国民党镇江支部）宣告成立，继隆重举办追悼民国上将军赵声的万人大会，盛况空前。一时人人以赵声同乡为荣，革命与共和成为街谈巷议的话题。这年 10 月，孙中山先生来镇视察并发表演讲，使民众的民主意识与共和观念进一步增强。1913 年，爆发的“二次革命”是资产阶级革命派为捍卫辛亥革命成果而进行的大规模反击战，据清末民初学者陈庆年日记所记，镇江城门就张贴有讨袁传单，驻镇民军则闻风响应。失败后镇江革命党人多数出奔，其中有些仍追随孙中山致力于国民革命。袁世凯复辟帝制失败后，出现军阀割据的局面，江苏被直系军阀长期控制。直系头子冯国璋于 1913 年（民国二年）至 1917 年（民国六年），出任江苏都督，调北洋陆军第 5 师驻防镇江，师长兼任镇江镇守使。1916 年（民国五年），第 5 师调离，由陆军 19 师换防。1917 年，冯国璋出任北京政府代理大总统，而以心腹、江西都督李纯接任江苏都督。军阀统治期间，扩充军队，搜括民财，军阀混战给镇江人民带来深重灾难，也激起了镇江人民的不满和反抗。

赵声铜像
（镇江伯先公园内）

革命解放了生产力。民国成立后，以孙中山为首的资产阶级革命派大力倡导实业，南京临时政府颁布了一系列保护和奖励民族工商业的政策和法令，反映了中国民族资产阶级冲破封建束缚加快自身发展的迫切要求，一时“有志于实业者项背相望”。民国成立不久，第一次世界大战爆发，欧美列强暂时放松了对中国的压榨，给中国民族资本主义工商业的进一步发展赢来一个黄金时期。辛亥革命后镇江地区也很快出现第二个兴办实业的高潮。据《丹徒县志摭余》及《江苏省会辑要》等记载，从民国初年至“五四”前后的几年中新办的工业公司有省立第三工厂（1913 年）、茂昌机器厂（1913 年）、大源机器油饼厂（1914 年）、贻成面粉厂（1914 年）、大港震兴鱼竹公司（1916 年）、高资成德铜矿公司（1916 年）、高资树艺公司（1917 年）、光华绸厂（1917 年）、慈幼织布厂（1918 年）、华兴织布厂（1918 年）、丹阳肇明电灯股份有限公司（1918 年）、句容亚西煤矿（1918 年）、高资石矿公司（1919 年）、荧昌火柴厂（1920 年）等。其中荧昌有工人 600 多人、大源有员工 450 多人、光华有工人 200 多人，都具一定规模，大源油

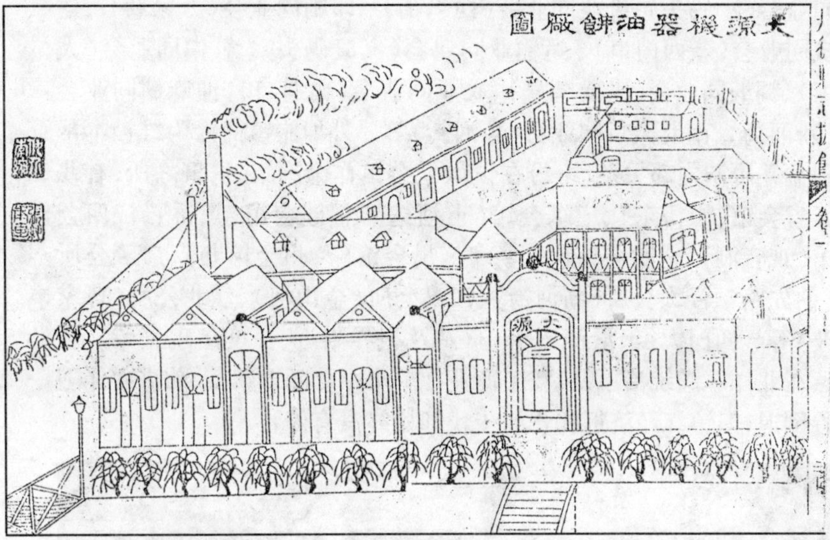


大源机器油饼厂(载《丹徒县志摭余》)

饼厂还是长江下游出现的第一个机器榨油厂,年产豆饼 79 万余公斤,所产机榨豆饼曾获得江苏省第一届地方物品展览会一等奖。举办的农业公司则有丹阳蚕桑试验场(1915 年)、丹徒渣滓种苗繁殖场(1917 年)、句容华兴垦殖公司(1917 年)等。

在这股实业热中,成立于民国元年(1912 年)的镇江实业会与清末即已成立的镇江商会为发展地方工商业积极策划,多方奔走,出力尤多,在民国初年各地实业团体与各地商会中均享有知名度。自民国初年至 20 世纪 20 年代,镇江金融业、典当业、绸缎业、布业、衣业、鞋帽业、米业、木业、糖业、油麻业、百货业、木器业、烟酒业、酱醋业、纸业、药业、旅馆业、餐饮业、印刷业、建筑业等发展势头很快,同业公会随之越设越多,有江绸同业会(演军巷)、米业同业会(新河街)、布业同业会(布业公所巷)、京广杂货同业会(天主街)、煤、铁、锅业同业会(打索街)、茶业同业会(西坞街)、药业同业会(天主街)、木业同业会(小码头)、纸业同业会(西坞街)、印刷同业会(万家巷)、建筑同业会(新西门口)、运输业同业会(义渡码头)、鞋帽同业会(大街)、绸缎同业会(大成绸号)、衣业同业会(山巷口)、油麻糖同业会(新河街)、南北杂货同业会(新河街)等。外埠旅镇商人为维护本帮利益并协调内部关系,纷纷在镇设立会馆作为聚集、议事之所,有北五省会馆(黑桥东)、广东会馆(上河边)、福建会馆(黑桥)、江西会馆(观音洞)、全浙会馆(牌湾)、芦州会馆(芦州会馆巷)、广肇公所(伯先路)、泾太公所(新河街)、江汉公所(金山河)、江北公所(曹家坡)等。西门大街、沿江码头、车站及租界附近,一度呈现繁荣。虽然在北洋军阀统治下,镇江工商业在繁华中伴随着萧条,前进中伴随着倒退,但镇江经济近代化的步伐却始终没有停止。

位于润州区伯先路的广肇公所

值得一提的是,民国八年(1919 年)初,孙中山写成《实业计划》一书,对未来的中国建设作了大手笔的规划和构想,其中第三部分建设内河商埠计划中专门提到了镇江。

镇江位于运河与江会之点，在汽机未用以前，为南北内地河运中心重要之地。而若将旧日内地运河浚复，且增浚新运河，则此地必能恢复其昔日之伟观，且更加重要。因镇江为契合黄河流域与长江流域中间之联锁，而又以运河之南端直通中国最富饶之钱塘江流域，所以此镇江一市，将来欲不成为商业中心，亦不可得也。

依吾整治长江计划，则在镇江面前，吾人既以大幅余地，在六英方里以上者，加入镇江。此项大江南面而新填之余地，当利用以为吾人新镇江之都市计划。……镇江、扬州之间，须建船坞，以便内地船舶，又当加最新设备，以便内地船只与航洋船之间，搬运货物之用。……江之两岸，须以石或士敏土坚结筑成堤岸，而更筑应潮高下之火车渡头，以便联络南北两岸铁路客车、货车之往来。至于商业发达之后，又需建桥梁于江上，且凿地道于江下，以便两岸货物来往。街道须令宽阔，以适合现代之要求，其临江街道及其附近，应豫（预）定为工商业所用。此区之后面，即为住宅，各种新式公共营造，均应具备。至于此市镇计划详细之点，吾则让之专门家。（载民国《江苏省会辑要》）

孙中山对加大镇江城市框架、加强港口建设和南北联系、加快交通建设和城市建设、发展工商业等都提出了富有远见的建议。他的建设新镇江的号召在当时虽然不具备实现的条件，但对镇江工商界及广大民众的鼓舞应是巨大的。

城市经济发展带动了近代市政建设。民国初年电话在镇江出现，民国元年（1912 年）镇江电话局在运河入江口附近的姚一湾设立，并建成电话网络，约有电话用户 300 户，其后电话服务业发展很快。交通方面，自清末沪宁铁路全线通车后在镇江火车站每天停靠 4 对客车。民国初年镇沪往返快车近 6 个小时，慢车约 8 个多小时，十分方便。但出城门去车站多为土路，“浮泥成片，万难经久”。民国二年（1913 年）由地方集资首筑砂石新马路，其后镇江设立道路工程局，负责城市道路的规划与修筑。到 20 世纪 20 年代，城内城外马

民国初年的人力车

路、大街陆续兴建或改造拓宽；沟通县际之间的镇句、丹句、镇丹等公路也先后建成，通行汽车。随着马路修筑，民国初年人力车在镇江街头出现。人力车又称黄包车、东洋车，源于日本，清末风行于上海马路，再由上海传入邻近城市。镇江人力车始见于民国二年（1913年），初为铁轮盘，后改为橡胶轮盘。到20世纪20年代人力车渐渐取代轿子与肩舆，成为市民主要代步工具，一些官绅富商家中还自备高档人力车并包雇车夫。民国前期，随工业用电及照明用电需求日增，大照公司几次更新设备，扩大发电能力。1918年丹阳肇明电灯公司建成电厂发电，标志着丹阳近代电气化的开始。镇江公共自来水业出现较晚，20世纪20年代中在华界才建成一小型水厂，但到20年代末全城用水居民也已有1000多家。民国前期镇江还建成通俗教育馆及体育运动场，文明健康大众化的文体活动逐渐开展起来。



辛亥革命进一步推进了镇江地区的教育近代化。清末近代教育已经取代了传统教育，辛亥革命后又对清末教育进行改革。民国元年（1912年）初，南京临时政府教育部颁行普通教育暂行办法，规定各地学堂一律改称学校，并仿效日本学制，实行近代第一个资产阶级学制——壬子、癸丑学制，如镇江府中学堂初改名为镇江府属四县公立中学校，第二年又改称为江苏省立第六中学；润州中学堂及教会女子学堂分别改名为私立润州中学和崇实女子学校。这以后镇江全境新学创办成风，公立、私立中小学校及职业学校不断增建，开设科目与传统旧学也迥然有异。以小学为例，民国八年（1919年）镇江城区有小学 24 所、学生 1100 余人，丹徒县有小学 78 所、学生 2300 余人，丹阳县有小学 75 所、学生 3300 余人。开设课程有修身、国文、算术、历史、地理、自然、英语、图画、手工、唱歌、体操等。

辛亥革命除旧布新，促进了社会风俗的近代化。民国初年剪辫、易服、废除跪拜、禁止缠足、提倡女权等，也给镇江社会带来新气象。据清末民初学者陈庆年日记所记，镇江光复的第二个月各界代表就“开剪发大会于镇舞台”，动员剪发。民国成立后剪除发辫已成革命行动，因为辫子不只是满清专制统治的象征，还是落后于世界民族之林的标记，为此南京临时政府曾下令限期剪除净尽。除自剪外，驻镇军及上海派来的剪辫队“强为行人割发”。男子割辫后依年龄及职业不同或理学生分头，或为短发式，或为平顶光头，一时都觉新鲜。与割辫相连的是易服，前清服饰被弃若敝屣，长衫、西服与日增多，用国产衣料做成的仿制西服——“公服”逐渐流行，其后由孙中山倡导

民国前期的镇江商业广告

的中山装更是风靡全国。而仿西短衫与长裙为女学生所青睐，配以齐颈短发、额前留海，成为新女性的象征。20世纪20年代旗袍开始风行，尽现女子风采。

辛亥革命后废除“老爷”、“大人”等旧称呼，通常以“先生”、“君”等相称；废除跪拜，代之以鞠躬、握手。陈庆年日记记民国初年赴亲友家吊唁，闻“赞礼者呼鞠躬”，来宾中穿西服者鞠躬，余者跪拜，状颇滑稽。后随时间推移，跪拜在公开场合下渐渐绝迹。民国初年提倡男女平等、婚姻自由，给饱受封建礼教禁锢的中国女性以极大鼓舞，不久新文化运动兴起，民主、科学观念深入人心。随新女性增多，婚姻自主、婚事新办已不再鲜见。柳诒徵先生在所撰《江苏社会志初稿》中说：“民国以来盛染欧美之俗，自由结婚，寻即离异，所在多有。”婚礼、丧礼习俗也随之变化，如城市新式结婚（文明结婚），多借学校、教堂等公共会所举行，“赁逆旅，饰汽车，陈军乐，延傧相”，摆筵席，一如现今。另据《上海开埠与江南近代新女性之研究》的一则材料，镇江在民国元年就有一场新式婚礼，进程依次为：证婚人发言、介绍人发言、新人三鞠躬礼、证婚人宣读证书、新人签字及互换戒指。其间凡有答谢皆行三鞠躬，围观者不下千人。至于丧礼，柳诒徵先生说：“民国以来，习为欧风，亲族之丧第以黑纱缠臂为服。……讣告之文，广登日报。受吊之日，杂以军乐。分颁遗像，刊布赞词。祭奠之余，又有追悼之会，演述颂美，一若他事之集会然。”

辛亥革命功彪史册，而民国镇江城市也开风气之先，在近代化进程中表现不俗。

## 六、反帝爱国运动的兴起

第一次世界大战结束后，协约国集团于1919年1月在巴黎凡尔赛宫召开“和平会议”，作为战胜国一员的中国（北京政府于1917年10月宣布对德作战）也派出6人代表团与会。巴黎和会实际上是帝国主义瓜分世界的分赃会议，会上英、美、法大国擅自决定将德国原在中国山东的一切权利转让给日本，直接出卖了中国的利益。

消息传到北京，群情激愤。5月4日北京十多所学校3000多名学生集会天安门前，发表了《北京学界全体宣言》，高呼“外争国权，内惩国贼”的口号游行示威，并火烧赵家楼胡同曹汝霖宅，痛打了亲日派卖国贼章宗祥。北洋军阀政府出动军警逮捕学生，镇压爱国运动。

军阀倒行逆施激起更大的反抗，全国各地学生纷纷投入斗争。5月18日镇江第九师范、江苏省立六中等校中小学生手举标语，高呼口号，沿城内主要街道游行示威。第二天，镇江学生联合会宣布成立，积极开展声援北京学生的爱国斗争。与此同时，由镇江知识界组织的通俗演讲会改名为已未星期演讲会，以演讲形式进行反帝宣传，提高民众觉悟。

6月3日以后，“五四运动”中心由北京移到上海，斗争主力由学生变为工人，上海出现工人罢工、学生罢课、商人罢市的三罢斗争高潮。在上海的影响下，从6月6日起江苏各地工人大罢工，6月10日沪宁铁路全线火车停驶，镇江火车站空无一人。镇江商界提出“抵制日货、提倡国货”的口号，声明“不代下户经办日货，自身不用日货，不吃日货，不穿日货，不坐日船，不用日币”。镇江商会还会同教育界共同组成商学代表团，开展了轰轰烈烈的抵制日货的斗争，宣布自6月7日起各商号、商店一律罢市。镇江商会会长吴兆恩电告北京政府，呼吁释放被捕学生，认为“此次北京学生行动虽激烈，实出于爱国热忱”。工商业者的参战表明了民族资产阶级期望改变国家贫弱状况及经济上实现自主的愿望。

6月10日，北京政府被迫罢免曹汝霖、章宗祥、陆宗舆三个卖国贼的官职，释放被捕学生。迫于民众的压力，6月28日，出席巴黎和会的中国代表拒绝在和约上签字，“五四运动”取得初步胜利。

由于青岛未交还中国，各地爱国斗争仍在继续。天津首先成立各界联合会，并派代表到外地活动，也来到镇江，以推动成立全国各界联合会组织。在天津代表的积极活动下，石家庄、太原、汉口、南昌、九江、安庆、杭州、南京、镇江等城市相继建立了各界联合会组织。

1919年10月，在上海四川路青年会举行了全国各界联合会成立大会，孙中山也派代表出席并致辞祝贺。全国各界联合会的成立表明中国各阶层的反帝爱国斗争开始由自发逐渐向自主转变。

"五四运动"是彻底的不妥协的反帝反封建的爱国运动，是中国新民主主义革命的开端，促进了马克思主义在中国的广泛传播，并在思想上、干部上准备了中国共产党的成立。"五四运动"后，镇江进步青年和爱国知识分子吸收新思想，学习新文化，组织进步团体，研究马克思主义学说，探讨救国救民的真理，其中夏霖、黄竞西、嵇直等成为镇江地区新民主主义革命运动的先驱。

# 主要参考书目

《二十五史》,上海古籍出版社,1986 年
《春秋左传》,华龄出版社,2002 年
《资治通鉴》,台海出版社,1997 年
《吴越春秋》,(汉)赵晔撰,江苏古籍出版社,1993 年
《方舆胜览》,(宋)祝穆撰,中华书局,2003 年
《元丰九域志》,(宋)王存撰,中华书局,1984 年
《汉唐方志辑佚》,刘纬毅辑,北京图书馆出版社,1997 年
《廿二史劄记》,(清)赵翼著,中华书局,1984 年
《京口山水志》,(清)杨棨撰,宣统三年(1911 年)刻本
《建康实录》,(唐)许嵩撰,中华书局,1986 年
《元和郡县图志》,(唐)李吉甫撰,中华书局,1984 年
《嘉定镇江志》,清宣统二年(1910 年)刻本
《至顺镇江志》,江苏古籍出版社,1990 年
《中国通史》,白寿彝总主编,上海人民出版社,1999 年
《中国历史地图集》,谭其骧主编,中国地图出版社,1982 年
《中国历史地理概述》,邹逸麟编著,福建人民出版社,1999 年
《长水粹编》,谭其骧著,河北教育出版社,2000 年
《中国古代史纲》,张传玺主编,北京大学出版社,1991 年
《长江文化史》,李学勤、徐吉军主编,江西教育出版社,1995 年
《六朝文化》,许辉等主编,江苏古籍出版社,2001 年
《六朝都城》,卢海鸣著,南京出版社,2002 年
《中国宗教通史》,牟钟贤、张践著,社会科学出版社 2003 年
《中国居士佛教史》,潘桂明著,中国社科出版社,2002 年
《元代回族史稿》,杨志玖著,南开大学出版社,2003 年

《五代十国方镇年表》,朱玉龙编著,中华书局,1997 年
《润州先贤录》,(明)姚堂辑,陶凤楼石印本。
《南明史略》,谢国桢著,上海人民出版社,1957 年
《李德裕年谱》,傅璇琮著,齐鲁书社,1984 年
《李白年谱》,安旗、薛天纬著,齐鲁书社,1982 年
《苏东坡》,颜中其著,黑龙江人民出版社,1981 年
《陆游传》,朱东润著,海南出版社,2002 年
《米海岳年谱》,(清)翁方纲编,粤雅堂丛书
《中国书法全集·米芾》,曹宝麟主编,荣宝斋,1992 年
《云山日记》,(元)郭畀,清宣统三年(1911 年)刻本
《京江柳氏续谱》,柳甡春等纂,民国元年(1912)刻本
《京江张文贞公年谱》,丁传靖撰,镇江市图书馆藏
《丹徒京口张氏家乘》,张永清等修,道光五年(1825)刻本
《康熙起居注》,中国第一历史档案馆整理,中华书局,1984 年
《清史编年》(乾隆朝),中国人大清史研究所编,中国人民大学出版社,1991 年
《初渡集》,(日)策彦周良著,《大日本佛法全书》七十三卷
《日本文化史》,叶渭渠著,广西师范大学出版社,2003 年
《鸦片战争末期英军在长江下游的侵略罪行》,上海人民出版社,1958 年
《道光朝筹办夷务始末》,民国十九年(1930)影印本
《天朝的崩溃》,茅海建著,三联书店,1995 年
《蘋湖笔记》,(清)无名氏,镇江市图书馆藏
《镇江剿平粤匪记》,陈庆年撰,镇江市图书馆藏
《丹徒县志摭余》,李恩绶、李丙荣辑,民国 7 年(1918 年)刊本
《续丹徒县志》,高觐昌等纂,民国 19 年(1930 年)刊本
《江苏省会辑要》,贾子彝纂,民国 25 年(1936 年)刊本
《方志著录元明清曲家传略》,赵景深、张增元主编,上海古籍出版,社 1987 年

《上海图书馆馆藏家谱提要》，王鹤鸣等主编，上海古籍出版社，2000 年
《近代江苏藏书研究》，江庆柏著，安徽文艺出版社，2000 年
《江苏区域文化研究》，张森林、马砾编著，江苏古籍出版社，2002 年
《五四爱国运动资料》上册，中国社科院近代史资料室编辑，中国社会科学出版社，1979 年
《里乘》（五），柳诒徵著，《镇江文史资料》29 辑
《京口文化》，严其林、程建著，南京大学出版社，2001 年
《京江赋》，镇江市档案处、档案馆编印，1984 年
《镇江交通史》，张立主编，人民交通出版社，1989 年
《长江航运史》（近代部分），江天凤主编，人民交通出版社，1992 年
《镇江指南》，朱瑾如、童西蘋主编，镇江指南社，民国 21 年（1932 年）
《镇江市志》，镇江市地方志编委会，上海社会科学院出版社，1993 年
《丹徒县志》，丹徒县志编委会，江苏科技出版社，1993 年
《丹阳县志》，丹阳市地方志编委会，江苏人民出版社，1992 年
《句容县志》，句容县地方志编委会，江苏人民出版社，1994 年
《江苏戏曲志》（镇江卷），郁亦行主编，江苏文艺出版社，1997 年
《镇江市教育志》镇江市教育局编志办公室，江苏科技出版社，1994 年
《丹阳市教育志》，丹阳市教育局编志办公室，江苏古籍出版社，2002 年

# 后　记

镇江是国家历史文化名城之一，历史悠久，人文资源丰富。在地域文化研究不断深入的今天，受有关部门委托撰写《镇江史要》，作为《镇江文化丛书》中的一种，确实是一件很有意义的事。

20 世纪 80 年代中，本邑学者王骧先生著有《镇江史话》，虽时过 20 多年，但开创之功不可没。本书尝试从新的角度，以新的观点和材料对数千年镇江历史作一次概括和提炼，并曾于 2006 年 4 月以《镇江史述》为书名公开出版。这次作为丛书中的一册，在内容和配图上作了调整和删减，并进行细致的审核和订正，取名《镇江史要》。

本书共八章，从原始社会叙述到民国初期，深入浅出，注意将学术性、研究性与可读性结合起来。书中所附古图为作者从上海图书馆及镇江图书馆所藏典籍中觅得，书中有关近代建筑、景点等照片为作者拍摄。

苏州大学出版社何桂林先生对本书作了认真审改，特表谢意。

严其林　谨记

2007 年 4 月 16 日

**图书在版编目(CIP)数据**

镇江史要/严其林著.—苏州：苏州大学出版社，2007.9
(镇江文化丛书/张甫雄主编)
ISBN 978-7-81090-937-2

Ⅰ.镇… Ⅱ.严… Ⅲ.镇江市—地方史 Ⅳ.K295.33

中国版本图书馆 CIP 数据核字(2007)第 136523 号

**镇 江 史 要** 严其林 著

| | |
|---|---|
| **责任编辑** | 何桂林 |
| **出版发行** | 苏州大学出版社<br>(苏州市干将东路 200 号 215021) |
| **经　　销** | 江苏省新华书店 |
| **排　　版** | 镇江文苑制版印刷有限责任公司 |
| **印　　刷** | 丹阳市教育印刷厂 |
| **开　　本** | 880mm×1 230mm 1/32 |
| **印　　张** | 6.75 插页 4 |
| **字　　数** | 186 千字 |
| **版　　次** | 2007 年 9 月第 1 版 2007 年 9 月第 1 次印刷 |
| **印　　数** | 1—4 000册 |
| **标准书号** | ISBN 978-7-81090-937-2 |
| **定　　价** | 12.00 元 |